Christhard Läpple

VERRAT VERJÄHRT NICHT

Lebensgeschichten aus einem
einst geteilten Land

I Hoffmann und Campe I

1. Auflage 2008
Copyright © 2008 by
Hoffmann und Campe Verlag, Hamburg
www.hoca.de
Satz: Pinkuin Satz und Datentechnik, Berlin
Gesetzt aus der Aldus LT Std und der Trade Gothik LT Com
Druck und Bindung: GGP Media GmbH, Pößneck
Printed in Germany
ISBN 978-3-455-50088-2

HOFFMANN
UND CAMPE

Ein Unternehmen der
GANSKE VERLAGSGRUPPE

Alle sechs Geschichten in diesem Buch basieren auf historischen Dokumenten und intensiven Gesprächen mit den Beteiligten. Die Namen der Akteure sind geändert.

INHALT

VORWORT

»Ich wollte meinem Land dienen. Ich wollte ein neues, ein besseres Deutschland. Ich war Idealistin und bin es noch heute«, bekennt sich Tanja zu ihrem Agentenjob. Die Frau, die Freunde, Familie und Kollegen hintergangen hat, lächelt freundlich. »Mit dem großen Wort Verrat würde ich vorsichtig umgehen. Es war ein Krieg, da wurden alle Mittel eingesetzt.«

Tanja war jung, attraktiv und hundertprozentig überzeugt, das Richtige zu tun. Die Pädagogin ließ sich in den achtziger Jahren in die Bundesrepublik einschleusen und forschte Professoren, Prominente und Politiker aus. Ihr kleiner Sohn blieb in der DDR zurück. Sie führte ein Doppelleben, lieferte Dossiers und denunzierte, bis sie nicht mehr konnte. Der Druck war unerträglich geworden, ihre Ehe im Westen gescheitert. Das Ende als Spionin kam im Jahr vor der Wende.

»Ich wollte diesen Staat nicht umstürzen. Ich wollte diesen Staat ändern«, sagt Kerstin, die wegen »Hetze« zu sieben Jahren Haft verurteilt wurde. Die aufgeweckte Berlinerin hatte Ende der siebziger Jahre Erzählungen über den Alltag einer DDR-Familie veröffentlichen wollen. Dazu kam es nicht, sie verfing sich im Spinnennetz der politischen Polizei. In den quälenden Monaten ihrer Untersuchungshaft begann sie ihren Vernehmer sympathisch zu finden. Es war der Mann, der sie anklagte, ihr das Kind wegnahm und sie als gefährliche

Verräterin kriminalisierte. Warum sie ihm vertraute, versucht sie bis heute herauszufinden.

Zwei deutsche Lebensläufe, die von der Dramatik des Kalten Krieges erzählen. In der Zeit der Konfrontation ging es keineswegs fein zu, sondern abstoßend und unerbittlich. Die jeweiligen Illusionen und Irrtümer einer geteilten Welt prallten ungebremst aufeinander. Die Ost-West-Konflikte bilden die Szenerie für eine Landschaft des Verrats.

Die sechs vorliegenden Lebensgeschichten sind aus rund eintausend Biografien ausgewählt worden, die im Rahmen der Recherche für eine Fernsehdokumentation zum Kalten Krieg erarbeitet wurden. Die Lebenswege führen durch beide Teile Deutschlands, sie berühren Menschen in Ost und West. So entstehen Momentaufnahmen zweier Gesellschaftsentwürfe, die sich zwei Generationen lang unversöhnlich gegenüberstanden.

Es lässt einen nicht los. Verrat trifft einen in Mark und Bein. Für die Seele gibt es keinen Gips! Es hört nicht auf. – Jeder, der sich mit dem Thema »Verrat« beschäftigt, wird solche Sätze hören. Worte, die ich nicht mehr vergessen habe. Wer waren, wer sind diejenigen, fragte ich mich, die dieses System ermöglichten? Abenteurer? Idealisten? Karrieristen? Psychopathen? Zyniker?

Tanja und Kerstin sind Pseudonyme. Dennoch gibt es diese Frauen. Nichts ist erfunden. Ihre Geschichten sind authentisch. Sie reden offen über ihre Erlebnisse an den Fronten des Kalten Krieges. Manchmal als Täter, manchmal als Opfer. Manchmal verschwimmen die Grenzen, viele Lebensläufe geben bis heute Rätsel auf.

Mir fiel auf, dass viele Verstrickte innere Widersprüche durchlebten, dass sie schwankten zwischen Anbiederei und Rebellion, dass sie manchmal sogar beides waren: Verräter und Verratener, Kollaborateur und Objekt, Freund und Feind des Systems.

Alles geht ineinander über. Es sind Menschen mit zwei Gesichtern und zwei Lebenswirklichkeiten, zum einen als Geheiminformant, zum anderen als Gegner des Systems. Viele haben mitgemacht, freiwillig, überzeugt, verschämt oder notgedrungen, um den Sozialismus vor dem Feind aus dem Westen zu schützen, wie es hieß. Als sie in unlösbare Gewissenskonflikte gerieten, wurden sie vom Sicherheitsapparat selbst observiert und drangsaliert. Besonders im Kulturbetrieb finden sich viele solcher widersprüchlichen Lebensgeschichten: Christa Wolf, Brigitte Reimann, Ulrich Plenzdorf, Heiner Müller oder der Liedermacher Gerhard Gundermann wurden vom Geheimdienst zeitweise geführt und später verfolgt. Das prominenteste Beispiel ist die Geschichte des Physikers Robert Havemann. In den frühen Jahren des Kalten Krieges war der von den Nazis zum Tode verurteilte Naturwissenschaftler aus Überzeugung Geheimer Informant der Staatssicherheit. Als er später offen der Politik der SED widersprach, wurde er aus der Partei ausgeschlossen, unter Hausarrest gestellt und bis zu seinem Tode 1982 als Staatsfeind Nummer eins bekämpft. Heute gilt Havemann als Vorbild für Mut und Zivilcourage, im vereinten Deutschland werden Straßen und Schulen nach ihm benannt.

Wie geht das zusammen? Wann verzeihen wir Verrat, wann nicht? Warum solidarisieren sich viele Ostdeutsche mit Biografien im Dunstkreis des Regimes, wie die Debatte um Gregor Gysi zeigt? Sind das alles Ewiggestrige oder vom Westen Enttäuschte?

Zwanzig Jahre nach dem Ende der Teilung brechen einige ehemalige Inoffizielle Mitarbeiter in diesem Buch ihr Schweigen, sie erzählen, wie es wirklich war. Mir fiel auf, dass ein altes Verhaltensmuster nach wie vor gilt: Männer organisieren Geschichte, Frauen erleiden und durchschauen sie. Diese Beobachtung gilt besonders für jene historischen Momente, in denen erst der Einzelne, dann ein ganzes System scheitert. Bei Tanja und Kerstin ist hautnah mitzuerleben, wie die Luft zum Atmen immer dünner wird und die Menschheitshoffnung Sozialismus am weiblichen Wahrheitssinn zerbricht. Die meisten Männer, die früher als »Fliegenfänger« des Sicherheitsministeriums im Einsatz waren, tun sich im Gegensatz zu den Frauen weitaus schwerer damit, offen zu sein. Nur wenige Exagenten waren bereit, einen Blick hinter die Kulissen des Spionagegeschäftes zu gewähren.

»Man liebt den Verrat, nicht aber den Verräter«, heißt ein bekanntes Sprichwort. Dieses Buch beschäftigt sich mit dem Phänomen des Verrats in der Zeit des Kalten Krieges und den Folgen bis heute. Je nach Standort hieß das geheime Fußvolk der Schlacht im Osten »Kundschafter« oder »Spitzel«, im Westen »Spione« oder »Fünfte Kolonne Moskaus«.

»Alles Stasi, außer Mutti!« Frank Castorf, der Berliner Theaterintendant, hat mit seinem Kultspruch eine verbreitete Sicht auf die Dunkelecken des deutschen Bruderkrieges karikiert. Natürlich haben die meisten Menschen versucht, sich in der Diktatur zu arrangieren, einen »mittleren Weg« zu gehen. Dieser Weg der Anpassung bedeutete, dass man ein wenig kooperierte, sich dann zurückzog, in der Hoffnung, in Ruhe gelassen zu werden.

Das Leben war anders. Anders, als die Medien ständig berichten, sagen alle, mit denen ich gesprochen habe. »Wir reden aneinander vorbei, die Menschen im Westen wollen uns nicht verstehen. Es gibt viel zu viele Klischees, zu viele Vorurteile«, sagt eine frühere Ostdeutsche, die seit der Wende im Westen Deutschlands lebt.

Die Stasi ist schließlich gescheitert; seit zwanzig Jahren ist die Organisation entmachtet. Doch das Gift ihrer Arbeit, ihrer Lügen und Denunziationen wirkt weiter. Dieses Buch will nicht auf- oder abrechnen, diffamieren oder verharmlosen. Dieses Buch sucht erzählerisch Genauigkeit. Juristisch ist das Phänomen Verrat nicht zu bewältigen.

Die Zeit ist reif für einen anderen, unverstellten Blick. Es geht um verpasste Chancen und beschädigte Biografien im vereinten Deutschland. Hinter jedem Aktenzeichen aus den Archiven steht ein Mensch, ein Lebensweg, ein Schicksal. In jedem Fall stellt sich die Frage nach dem Handlungsspielraum des Einzelnen, nach Anstand, Verantwortung und Rückgrat in einer Diktatur. Nicht die Stasi-Papierberge sind das Problem, sondern unser Umgang damit.

Über zweieinhalb Millionen Deutsche haben ihre Akte in den letzten Jahren eingesehen. Diese Begegnungen mit der eigenen Vergangenheit führten rasch von den Taten weg, mitten hinein in unsere gemeinsame Geschichte. Es gibt ein großes Bedürfnis, über den unerkannten Verrat in nächster Nähe zu sprechen. Das Buch bietet keine weiteren »Enthüllungen«. Es will etwas anderes wagen: Das Eis soll gebrochen werden, um diejenigen zu Wort kommen zu lassen, die bisher geschwiegen haben. Die beschriebenen Schicksale sind voller Hoffnungen, Dramatik und Irrtümer. Es lohnt sich, genauer hinzuschauen.

DER MEISTERSPION AUS DRESDEN

Ein Kaffeehausgespräch

Der Mann geht nicht, er flaniert. Gemessenen Schrittes schlendert er um den Goldenen Reiter, ganz in Schwarz, Mantel, eleganter Hut, breite Krempe, auch der Aktenkoffer ist schwarz.

August der Starke thront hoch zu Ross, mitten in Dresden. Vor ihm wartet der Mann, der als Fachmann für Geheimdienstbelange gilt. Er genießt den Ruf, ein Meisterspion des Kalten Krieges gewesen zu sein. Einer, den man fragen kann, wie es wirklich war.

Genau so habe ich mir den Endfünfziger vorgestellt, den ich nur vom Telefon kenne. Hier passt alles. Die Stimme zur Person, der Auftritt zur Kulisse.

Seine Umgangsformen sind von ausgesuchter Höflichkeit. Er stellt sich vor und spricht über Hegel, Hölderlin und die Bedürfnisforschung in der modernen Mediengesellschaft. Keine Frage, Johannes Diba (Name geändert) ist ein Mann von Bildung und Wissen. Er sei ein Überlebenskünstler, sagt der frühere Professor der renommierten Dresdner Kunsthochschule über sich selbst, aber was plaudere er da. Er sei einfach nur froh, seine Sprache wiedergefunden zu haben.

Wir wollen ungestört über etwas sehr Aufregendes, Heikles, Verwirrendes reden, über die Wirklichkeit oder das, was man dafür hält. Er führt mich in ein nahes Kaffeehaus. Er klappt sein Köfferchen auf, zieht eine Klarsichtfolie hervor und nimmt Haltung an. Er wirkt erstaunlich ruhig und abgeklärt. Er setzt seinen ersten Zug. Das Leben sei ein Schachspiel, sagt er, man dürfe nie zu früh aus der Deckung kommen.

Johannes Diba gestikuliert, redet, ringt um Worte, manchmal stolpert er über einzelne Begriffe, die Konsonanten sperren sich, dann nimmt er mehrere Anläufe, bis es gelingt. Das Wort Deutungshoheit ist ihm besonders wichtig, er presst es heraus. Sicherheitshalber hat er das Wort auf einem Zettel notiert, den er über den Tisch reicht. Das leichte Sächseln verleiht seinem Vortrag etwas Liebliches.

Er liebt Andeutungen und ist ein Anhänger der Dialektik. »Das Leben hat immer zwei Seiten, so wie der Kalte Krieg auch«, führt er aus. »Sie haben die Akte, ich mein Leben. Sie kennen nur einen Bruchteil, ich den Rest, das unterscheidet uns«, sagt er und testet meine Reaktionen. Wir einigen uns, dass er *seine* Geschichte erzählen kann, ohne Auflagen, Einschränkungen oder Rücksichtnahmen. Das sei der einzige Grund, warum er sich auf eine Begegnung eingelassen habe, erklärt er. Wer die Zeit verstehen wolle, müsse Leuten wie ihm zuhören, »obwohl«, er hält kurz inne, »wer weniger weiß, schläft besser. Wissen Sie, von wem das stammt? Von Stalin!«

Wieder grinst er vielsagend. Dann sagt er aus heiterem Himmel: »Ich habe einmal alle meine Kontakte zu Geheimdiensten dieser Welt, die ich hatte, zusammengezählt. Ich komme am Ende auf neunzehn.«

Ich schaue ihn verwundert an. Bisher kannte ich nur seine Stasi-Laufbahn. Die biete alleine genommen Stoff »für drei Romane«, bestätigt er. Das wirkliche Leben übertreffe manchmal jedes Buch, jeden Film, jedes Theaterstück. Diba genießt seinen erfolgreichen Auftakt in vollen Zügen. »Ich war in den Strukturen. Das war damals so. Ich bin ein Kind des Kalten Krieges. Stasi, KGB, CIA, BND, Verfassungsschutz, und wie sie alle heißen, kenne ich von innen. Interessanterweise sind sich alle diese Herrschaften in einem gleich: Sie wollen die Guten sein, die Bösen sind stets die anderen. Die Dümmsten übrigens waren die Kubaner und die Ukrainer.«

Johannes Diba lächelt triumphierend. »Neunzehn Geheimdienste.« Er ergänzt: »Wenn man über ganz bestimmte Kenntnisse oder Fähigkeiten verfügt, die kein anderer hat, kommt fast jeder Geheimdienst der Welt auf einen zu. So ist das!«

Als der Kellner nach weiteren Wünschen fragt, antwortet Diba, jetzt noch nicht, man müsse erst arbeiten.

Kindheit

Geboren wurde Johannes Diba 1948, drei Jahre nach Kriegsende, im thüringischen Ronneburg. Der Geburtsort ist reiner Zufall, seine Eltern waren Strandgut des Zweiten Weltkrieges. Dibas Eltern stammten aus der Nähe von Waldenburg im Braunauer Ländchen, seit 1945 jenseits des Eisernen Vorhangs und Teil der Tschechischen Republik. Sie waren Sudetendeutsche und bei den neuen Herren unerwünscht. Sie wurden »wie Vieh« vertrieben, den Verlust ihrer Heimat konnten sie nie verschmerzen.

Der Flüchtlingszug hält am Bahnhof Ronneburg. Wer in der vorderen Hälfte des Zuges sitzt, muss aussteigen. Wer sich im hinteren Teil befindet, kann sitzen bleiben. Der Zug fährt nach kurzem Halt weiter, über die Sektorengrenze in den Westen, nach Niedersachsen. Vater Fritz Diba sitzt vorne im Zug, folglich muss er mit seiner Frau in Thüringen aussteigen und wird Bürger der DDR. Der Bruder, im hinteren Teil des Zuges, wird Bürger der BRD. »So einfach ging das damals zu«, sagt Johannes Diba. »Mein Vater kam als Invalide nach Hause, er hatte nur noch einen Arm. Kriegsverletzung. Er war als einfacher Soldat in Frankreich und später an der Ostfront in Weißrussland. Er wurde im Krieg vom Herrenmenschen zum richtigen Menschen. Er hat sich sehr verändert im Gegensatz zu meinem Onkel.«

Diba ist jetzt richtiggehend empört. »Wissen Sie, der Bruder meines Vaters war ein Nazi und kämpfte in der SS. Er fuhr mit dem Flüchtlingszug weiter. Mein Onkel hätte aussteigen können, das tat er nicht. Er wollte rüber in den Westen. Er ging später zur Bundeswehr.«

Vater Diba fällt der Neuanfang in der sowjetisch besetzten Zone schwer. Viele Umsiedler, wie sie in der DDR genannt werden, stoßen auf Ablehnung. Der kriegsversehrte Vater Fritz schlägt sich mehr schlecht als recht als Handelsvertreter für Bekleidung durch. Die Familie lässt sich in Gera nieder, später zieht sie nach Leipzig, dort gehen die »Geschäfte ein wenig besser«.

Der Vater wird zum großen Vorbild. Der Invalide erzählt seinem Sohn von den Schrecken des Krieges. Die kleinen Leute seien immer die Leidtragenden, gibt er mit auf den Weg, sie müssten alles ausbaden. Außerdem, schärft er ihm ein, wer reich ist, sei noch längst kein besserer Mensch. Vater Wilhelm (Name geändert) spricht mit großem Respekt von den Russen, »die haben richtig gekämpft, im Gegensatz zu den Amerikanern«. Johannes Diba bewundert seinen Vater. »Er war nie jähzornig, er hörte zu, er hatte immer einen Rat. Er vererbte mir seine Abscheu gegenüber dem Kapitalismus. Er hoffte auf den Sozialismus. Er war kein Funktionär.«

Über seine Mutter weiß er wenig zu berichten, die Ehe scheint unter keinem glücklichen Stern zu stehen. In dieser Frage bleibt er einsilbig. Er deutet an, dass seine Kindheit wenig freudvoll war. Kurz vor seiner Einschulung wird er in ein Kinderheim eingewiesen. Die Trennung ist ein Trauma. »Meine Mutter war überfordert, mein Vater in großen Schwierigkeiten. Damals in den Nachkriegszeiten war das fast ein normales Schicksal. Das Heim, in das ich kam, war sehr streng. Arrest, Prügelstrafe, das komplette Programm.

Heute denkt man sicher anders über solche Erziehungsmaßnahmen.«

Diba wird im Geiste der neuen Zeit erzogen. Seit er lesen
kann, begeistert er sich für die Helden des neuen Staates. Er
beschafft sich die Werke von Marx, Engels und Lenin; es sind
die offiziellen Vorbilder. Schon im Alter von zwölf Jahren
verschlingt er die »Blauen Bände«, die Gesamtausgabe von
Karl Marx und Friedrich Engels. Mit dreizehn Jahren versteht er sich als Kommunist.

»Es gab für mich nichts anderes, ich sah mich als Teil einer Menschheitshoffnung«, sagt Diba, der seine Lesebrille
auf die Stirn hochgeschoben hat. Er sitzt kerzengerade, konzentriert sich auf jedes Wort. Er wirkt wie ein Buchhalter,
der seine Bilanzen vorlegt. »Ich habe alle Bände gelesen. Ich
habe aus freien Stücken Aufsätze und Referate über Marx
geschrieben. Ich fand das spannend.«

Leipzig 1965

Mitte der sechziger Jahre absolviert Johannes Diba in Leipzig
eine Lehre als Fernmeldebaumonteur. Er ist siebzehn Jahre
alt. Er steckt mitten in der Pubertät. Er lernt Leitungen zu
verlegen, doch seine wahre Leidenschaft gehört der Rockmusik, die 1965 junge Leute genauso begeistert wie im Westen.

»Wir fanden Beatmusik faszinierend. Wir durften sie aber
im Jugendclub nicht hören. Das war verboten. Wegen westlicher Dekadenz, hieß es. Das ärgerte uns maßlos. Wir beschlossen, uns zu wehren. Mit einigen Freunden verfassten
wir zwei Flugblätter. An den genauen Inhalt kann ich mich
nicht mehr erinnern, aber einen Satz weiß ich noch, der ging
ungefähr so: Man kann die Jugend nicht mit der Maschinenpistole erziehen. Verbote sind Unsinn.«

Einer der Kameraden bekommt Gewissensbisse und informiert seinen Vater über die geplante Flugblattaktion.

»Auf dem Weg zum Jugendclub wurde ich auf offener Straße in der Leipziger Schumannstraße verhaftet. Ich wurde zum Hauptbahnhof zur Transportpolizei gebracht. Dort wurde ich allein in einen großen Raum mit Käfigen gesperrt. Oben liefen zwei Hunde lang. Ich wurde als Agent und Spion beschimpft. Später kam ich zur Stasi in die Untersuchungshaft. Ich wurde wochenlang verhört und wie ein Verbrecher behandelt. Man sah in mir den Rädelsführer und ›denkenden Kopf‹.«

Johannes Diba ist Mitglied der FDJ. Er steht zu diesem Staat. Er meint nur, dass sich die Führung in Sachen Rockmusik irrt. Jetzt bekommt er auf sein Aufbegehren Reaktionen zu spüren.

»In der Zelle durfte man sich tagsüber nicht hinsetzen. Das war nur mit ausdrücklicher Erlaubnis möglich. Man musste den ganzen Tag stehen. An den Wänden waren Bretter mit Ketten befestigt, die man abends herunterklappte, um darauf zu schlafen. Sobald wir die Pritschen abends herunterklappen durften, wurde ich aus der Zelle abgeholt. Die Verhöre waren grundsätzlich nachts.«

Der junge Mann ist verwirrt. Sein Weltbild kommt ins Wanken. Warum sperrt ihn der Staat ein? Er tröstet sich mit dem Gedanken, dass es in allen Staaten der Welt Gefängnisse wie in Leipzig gibt. Er beobachtet den Haftalltag und achtet auf jedes Detail, auf jede menschliche Geste.

»Da war ein Wärter, der mir beistand. Ich sollte angefaulte Kartoffeln schälen. Ich hatte aber nur ein stumpfes Messer. Er gab mir ein anderes. Er sagte: Du musst als junger Mensch essen. Wenn du frei bist, musst du stark sein. Die Gesellschaft braucht dich noch.«

Diba versucht mit seinen Vernehmern zu diskutieren. Er ist der festen Überzeugung, dass ihm Unrecht geschieht, dass der Staat den falschen Kurs eingeschlagen hat.

»Die Vernehmer waren jung. Nicht sehr viel älter als ich. Es ging immer wieder um den Begriff der Freiheit. Und den

Begriff des Feindes. Wer ist Freund, wer Feind unserer Sache? Ich habe die Klassiker des Sozialismus zitiert. Freiheit ist die Einsicht in die Notwendigkeit der Dinge und solche Sätze.«

Der Jugendliche, der sich als glühender Sozialist versteht, ist ein Gefangener des eigenen sozialistischen Staates. Darüber schüttelt Diba noch heute verärgert den Kopf. »Das Schlimmste war, dass ich von meinen Genossen eingesperrt worden war.«

Der Staatsanwalt verlangt die volle Härte des Gesetzes, solche Verleumdungen dürfe sich das Land nicht gefallen lassen. Er fordert zwei Jahre und sechs Monate, wegen Diffamierung und Hetze. Diba ist schockiert. Der Staat, für den er durchs Feuer gehen würde, will ihn wegen eines Flugblatts zweieinhalb Jahre einsperren. Diba versteht die Welt nicht mehr.

»Ich bekam die Strafe auf Bewährung, weil ich noch nicht volljährig war und sich mein Lehrer, ein alter Kommunist, für mich eingesetzt hat. Er sagte: ›Da habt ihr den Falschen eingesperrt.‹ Das hat wohl geholfen. Er hat mich rausgeholt.«

Der Lehrer, der sich für ihn einsetzt, fordert seinen Schüler auf, in die Partei einzutreten. Jetzt erst recht, sagt er, das sei die einzig richtige Antwort. Man dürfe den Stalinisten nicht das Feld überlassen.

»Es klingt heute verrückt, aber ich glaubte ihm. Das Knasterlebnis hat mich bestärkt, in die Partei einzutreten und für den Sozialismus zu kämpfen. Ich wurde erst in der Zelle ein richtiger Genosse. Trotz der Demütigungen, trotz der Willkür. Aus der DDR wegzugehen war für mich nie eine Alternative.«

Am 11. November 1965 wird Johannes Diba aus dem Leipziger Stasi-Gefängnis an der »runden Ecke« entlassen. An das Datum kann er sich exakt erinnern, denn der Beamte gibt ihm eine merkwürdige Bemerkung mit auf den Weg. Drüben im Westen feiere man an diesem Tag den Auftakt der »närrischen Tage«, er solle sich aber künftig von allen Narren fernhalten. Ein Rat, findet der entlassene Lehrling Diba, den er bis heute nicht vergessen hat.

Bau auf, bau auf

Ende der sechziger Jahre beendet Diba seine Lehre und arbeitet als Fernmeldemonteur. Doch das füllt ihn nicht aus. Er will sich bewähren, er möchte seinem Land dienen.

Diba ist wissbegierig, fleißig und sprachbegabt. »Hervorragende Russischkenntnisse« attestiert ihm die Parteileitung. Man verspricht ihm eine große Zukunft, solche Männer brauche das Land. 1969 wird er Funktionär der Freien Deutschen Jugend, der Jugendorganisation FDJ, in der praktisch jeder Jugendliche Ostdeutschlands Mitglied ist. Seine Berufung macht er zum Beruf. Er kann sich für seinen Staat einsetzen, er kümmert sich um den Nachwuchs. Zehn Jahre lang ist er Leiter an der FDJ-Schule Zschorna bei Dresden. Er bildet junge Funktionäre aus.

1972 geht er für ein Jahr nach Ost-Berlin und hilft bei der Organisation der Weltfestspiele der Jugend. Er heiratet, aus der Ehe gehen in den siebziger Jahren zwei Kinder hervor. Diba interessiert sich immer stärker für Fragen der Philosophie, liest Nietzsche, Hegel, Hölderlin. Er will wissen, was die Welt im Innern zusammenhält.

»Ich war bei der FDJ eine Zeit lang zuständig für die Presse. Als Journalist bei der FDJ-Zeitung ›Junge Welt‹ habe ich mich nicht wohlgefühlt. Da konnte man nicht schreiben, was man vorfindet, was man denkt oder was wirklich geschieht. Alles wurde vorgekaut. Das war nichts für mich. Da bin ich wieder weggegangen.«

1980 gelingt ihm der Sprung nach Dresden an die Hochschule. Der Zweiunddreißigjährige promoviert über »Fragen der Bedürfnisforschung in der Kultur«, er unterrichtet zum Thema »Kunst und Marxismus«. Der ehrgeizige Genosse gilt

»als Mensch, der Verständnis für die wahre Kunst hat«, fasst ein internes Parteipapier zusammen, er »verfügt über gute Menschenkenntnisse«.

Das Dresdner Künstlermilieu reizt ihn. Er ist fasziniert von der Szene, von den vielen »bunten Vögeln«, von ungewöhnlichen Menschen. Anpasser und Mitläufer verachtet er. Die Dresdner Szene hat viele kreative Köpfe, Maler wie A.R. Penck oder Autoren wie Sascha Anderson und Lutz Dammbeck. Diba lernt sie alle kennen. Im Sommer 1981 haben die Herren von der Sicherheit seine Kontakte und sein Talent erkannt und klopfen bei ihm an:

»Ich wurde immer wieder angesprochen. Die kamen auf mich zu. Meine Kontakte zum MfS waren für mich das Normalste der Welt. Der konkrete Anlass war, glaube ich, eine jugoslawische Studentin. Sie war auffallend hübsch, hatte viele Westkontakte.«

Am 8. September 1981 notiert Unterleutnant Matte (Name geändert) von der Bezirksverwaltung Dresden: »Ein Bild der Studentin hatte er bereits mitgebracht.«

Aus dieser Tonbandabschrift geht hervor, dass Diba gerne und ausführlich plaudert. Ein Wesenszug, der sich wie ein roter Faden durch die Akten zieht. Diba ist wie ein Durchlauferhitzer. Was er aufschnappt, gibt er weiter. Er ist ein guter und genauer Beobachter. Die Bereitschaft zum heimlichen Dauerdienst ist für ihn eine Art Selbstverständlichkeit. Die Stasi heißt für ihn auch heute noch kurz und bündig die Firma, für das Ministerium benutzt er weiter das Kürzel MfS, es steht für Ministerium für Staatssicherheit.

»Die Verpflichtung war für mich ein rein formaler Akt. Ich gebe zu, ich habe absolut freiwillig mitgemacht. Ich hatte schon damals mehr Vertrauen zur Firma als zur Partei. Beim MfS waren keine Dummen. Da waren Leute, die denken konnten, mit denen man reden konnte. In der Partei waren viele Betonköpfe. Das war mein Ansatz. Ich konnte und wollte mit beiden spielen, mit Partei und Firma.«

Im Fall der Jugoslawin teilt er mit, dass sie angeblich bereit sei, Pässe für DDR-Studenten zu organisieren, die das Land verlassen wollen. Der Stasi-Offizier vermerkt am Ende seines Berichtes handschriftlich: »Maßnahmen zur jugoslawischen Studentin einleiten und Information an Diensteinheit, wo der Verlobte arbeitet. Beide müssen unter operative Kontrolle gestellt werden. IM-Kandidaten dazu mit einsetzen.«

Wenig später wird ein Bekannter der Jugoslawin verhaftet, andere bekommen Schwierigkeiten. So beginnt Dibas Spitzelkarriere.

Der frischgebackene Doktor der Philosophie entwickelt eine ausgesprochene Schwäche für das weibliche Geschlecht. Immer wieder berichtet er über Affären, Seitensprünge und sexuelle Eskapaden. Dresden muss Anfang der achtziger Jahre ein ziemliches Sündenbabel gewesen sein. Seine Berichte spickt er mit privaten und intimen Details. Darüber redet Diba heute ungern. Er verzieht das Gesicht und winkt ab.

»Das geht doch keinen etwas an. Ich habe keinem geschadet. Was *die* mit den Informationen gemacht haben, das wusste ich doch nicht.«

Der gute Spitzel

»Zuverlässig, diszipliniert und intelligent«, so wünscht sich die Dresdner Stasi den perfekten Spitzel. Im Januar 1982 formuliert der mittlerweile zum Oberleutnant beförderte Matte einen Einsatzplan. Vom Trojanischen Pferd Diba, der sich ungehindert in der Künstlerszene bewegt, erwartet man eine Menge.

»Er muss über ein gut ausgeprägtes Einschätzungsvermögen verfügen, gepaart mit einem guten Beobachtungsvermögen. Er muss über eine gute Menschenkenntnis verfügen. Er muss die Fähigkeit zum konspirativen Verhalten besitzen. Der IM muss überdurchschnittlich belastbar sein.«

Johannes Diba wählt sich seinen Decknamen bei der Stasi selbst aus: Florian Reiter (Name geändert).

Florian ist der Vorname des Schwiegervaters, Reiter der Mädchenname der Mutter. Er unterschreibt: »das MfS bei der Erfüllung seiner Aufgaben zum Schutz und zur Sicherung der DDR vor ihren inneren und äußeren Feinden zu unterstützen«.

Dann wird er von der Leine gelassen, wie ein Spürhund. Diba ist einer, den man nicht anleiten muss. Er funktioniert völlig selbstständig. Er streut gezielt Gerüchte, seine Texte »zum Entfremdungsprozess im Sozialismus« seien zensiert und verboten worden. Das macht Eindruck. Das spricht sich herum. Das Bild des gegängelten Wissenschaftlers, der laut Stasi-Vorgabe »genauso denkt wie die bildenden negativen Künstler und auch Probleme hat, Gedanken nicht veröffentlichen zu dürfen«, ist eine glaubwürdige Legende.

Er ist ein geschickter Strippenzieher, geschickt in jeder Hinsicht. Von wem, bleibt sein Geheimnis. Der Dissident als Denunziant. Diba dringt in das Oppositionsmilieu wie ein Messer in Butter ein. Er geriert sich als freundlicher, hilfsbereiter Weggefährte und mitfühlender Womanizer. Frauen sind seine Passion. Von einer Kollegin erfährt er, sie könne in der DDR nicht schöpferisch arbeiten, da man immer nur aufpassen müsse, nicht »Scheiße zu bauen«. Über eine andere Frau berichtet er, sie mache »vordergründig auf Künstlermasche«, wobei »ihr Äußeres, bis hin zur Körperhaltung und Gehabe bewusst auf erotische Wirkung ausgerichtet ist«.

Über ihr Privatleben weiß »Reiter« alias Diba zu berichten: »Die Wohnung ist stilvoll, aber leger eingerichtet. Auffallend für mich war die Vielzahl von angebrochenen Spirituosenflaschen, die an mehreren Stellen des Wohnzimmers auf dem Fußboden anzutreffen waren.«

Der Informant vergibt Noten und doziert. Er macht sich zum Regisseur seiner Inszenierungen. Er weist auf Gefahren hin, die entstehen können, wenn man als Spitzel zu forsch vorgeht. Man müsse sich Zeit nehmen, gibt er seinen Offizieren in einem besonders sensiblen Fall zu bedenken, denn »jedes Drängen kann Verdacht wecken«.

Im Juni 1982 registriert ein hoher Offizier in Dresden, man habe mit Florian Reiter einen Spitzenmann in Künstlerkreisen etablieren können. Er habe sich zum idealen Aufklärungs- und Frühwarnsystem auf zwei Beinen entwickelt. Das Beste daran sei, keiner habe etwas bemerkt.

»Er versteht sich in der Rolle des interessierten Wissenschaftlers der Philosophie zu bewegen mit opportunistischen Ambitionen, ohne sich aber konkret festzulegen, sondern immer etwas offen zu lassen.«

Dissident und Denunziant

Zwei Jahre lang ist Diba in der Dresdner Szene als »Tangotänzer« unterwegs. So beschreibt er selbst seine wilde Zeit zu Beginn der achtziger Jahre. Verwerfliches mag er in seinem Doppelleben auch heute nicht erkennen, denn, »dieser Job diente meinem Lande«, das ist sein Verständnis. Diba versucht den Begriff Verrat genauer zu definieren. Ob er Skrupel gehabt habe? Auf diese Frage scheint er gewartet zu haben. Er schiebt sich seine ständig rutschende Lesebrille höher auf den Haarschopf, überlegt, verlängert die Pause, schließlich sagt er:

»Verrat heißt, dass ein Ziel erreicht werden muss, koste es, was es wolle. Der Zweck heiligt die Mittel.«

Diba scheint seinen Job gut und gerne gemacht zu haben. Viele der Verratenen wissen bis heute nicht, wer sie damals angeschwärzt oder verpfiffen hat. Liegt darin das Geheimnis seines Erfolges? Diba denkt nach, er sagt:

»Ich war immer ein kritischer Kopf. Ich musste mich nicht verstellen. Ich musste nichts spielen. Ich war authentisch. Ich war ich.«

Diba gestikuliert mit seiner Brille, er atmet tief durch.

»Die anderen durften nur nicht merken, dass man sie an der Nase herumführt. Neunzig Prozent waren Vorbereitung. Termine, Namen, Adressen. Da durfte man nichts durcheinanderbringen. Das ist Handwerk. Das kann man lernen.«

Im Gegensatz dazu müsse sich der Geheimdienstapparat ständig verstellen. Die Arbeit sei dann als erfolgreich und effektiv zu bezeichnen, wenn weder Erfolge noch Scheitern bekannt werden, wenn das Wirken nicht an das Licht der Öffentlichkeit gerät. Das sei ihnen doch in Dresden zweifellos gelungen. Diba lächelt.

Hatte er wirklich keine Gewissensbisse? Sieht er sich heute als Verräter?

»Verräter ist ein törichtes Wort, das Journalisten schnell benutzen, allzu schnell. Was heißt ehrlich sein? Das heißt im Kern, nicht alles zu sagen. Verrat ist für mich, wenn ich einem anderen eine Zusicherung gebe, die ich nicht einhalten will.« Diba setzt eine Pause. Dann fährt er fort:

»Für andere Menschen war meine Tätigkeit möglicherweise Verrat. Sie haben es so empfunden, das muss ich akzeptieren. Mir wäre es lieber, ohne diesen Vorwurf leben zu können. Es gibt aber zwei Seiten des Verrats, eine subjektive und eine objektive. Es gibt einen klaren Unterschied zwischen politischem und moralischem Verrat.«

In Handbüchern über Geheimdienste heißt es, sie seien für Aufklärung und Abwehr feindlicher Aktionen zuständig. Die Dienste versuchen demnach, vorrangig im Ausland politische, ökonomische oder militärische Ziele aufzuklären, die das eigene Land bedrohen. Was aber, frage ich, wenn ein Land diesen Apparat in erster Linie gegen eigene Bürger wendet? Wenn Verrat, Täuschung, Lüge, Betrug, Bestechung und Erpressung zum Alltag im Innern gehören, um Macht zu erhalten?

Nach einem kurzen Moment kontert er:

»Was ist mit heute? Glauben Sie wirklich, dass es hierzulande mit rechten Dingen zugeht? Wer die Macht in den Händen hat, gibt sie nicht her. Seien Sie nicht naiv.«

Dann spricht er über Dostojewski und seinen Roman »Dämonen«. Die »Umwertung aller Werte« sei im Namen der Revolution gerechtfertigt, habe er früher gelernt. Der russische Anarchist Michail Bakunin hatte Dostojewski in der Formel zusammengefasst: »Für den Körper die Gewalt, für die Seele die Lüge!«

Ich will mehr über diesen Umwerter der Werte Michail Alexandrowitsch Bakunin wissen und erfahre, dass er sich im Mai 1849 gemeinsam mit dem Komponisten Richard Wagner am Aufstand von Dresden beteiligt hatte. Bakunin und Wagner träumten von einer sächsischen Republik. Sie wurden nach dem gescheiterten Dresdner Maiaufstand per Steckbrief gesucht.

Diba ergänzt, die Judas-Frage berühre ein altes philosophisches Problem. Mit dem Verrat sei es wie mit der Wahrheit. Eine absolute Wahrheit gebe es nicht. Wer das behaupte, rede sofort der Lüge das Wort.

Johannes Diba gerät in Fahrt. Das Lokal ist am späten Nachmittag leer. Der Kellner langweilt sich hinter dem Tresen. Diba beugt sich weit über den Kaffeetisch. Er grinst und erklärt, die Frage sei nicht, worin die Wahrheit besteht, sondern wem sie gehört. Man kämpfe nicht, um die Wahrheit zu erkennen, sondern um sie zu besitzen. Darum sei es im Kalten Krieg gegangen.

Wenn die Partei ruft

Im Mai 1983 wird Diba Kulturbeauftragter der Sozialistischen Einheitspartei Deutschlands in Dresden. Eine Weisung verlangt, dass Funktionäre während ihrer Tätigkeit nicht spitzeln sollen. Hochrangige Beamte sollen nicht als Inoffizielle Mitarbeiter eingesetzt werden. Die Kunstfigur Florian

Reiter wird offiziell abgeschaltet, in der Sprache des Sicherheitsapparates heißt das, außer Dienst gestellt. Er verwandelt sich zum Schläfer, aber »nicht komplett, so war das auch nicht«, gibt Diba augenzwinkernd zu.

Als Kulturverantwortlicher lernt er die Innenausstattung der Macht kennen. Es ist ein grauer Alltag. Mangel bestimmt das Geschäft und hohle Phrasen. Was nicht passt, wird passend gemacht.

Diba fühlt sich den Funktionären haushoch überlegen. Er verachtet sie insgeheim, weil sie nach der Devise arbeiten, »diene dem Vorgesetzten, ohne selbst zu denken«, flüstert er seinen Führungsoffizieren im Sommer 1984 zu. Diba konspiriert munter weiter und verspottet seine Parteigenossen als Laienspieltruppe, die nur in der Lage sei, »Grimms Märchen« zu verbreiten.

Bürokraten sind seiner Meinung nach unfähig, den Marxismus kreativ anzuwenden oder weiterzuentwickeln. Diba ist überzeugt, dass unter ihrer Alleinherrschaft das geistige Leben erstarre. Der Apparat selbst, so Diba, produziere Karrierismus und Mitläufertum. Es blühten Gleichgültigkeit, Ergebenheit, Liebedienerei und Überheblichkeit. Sobald es eng werde, poche die Partei auf ihre Macht. Das Volk reagiere mit gehässiger Aufsässigkeit oder ziehe sich zurück. Tatsächlich sind in den achtziger Jahren die Ausreisezahlen im Raum Dresden mit die höchsten der Republik. Jährlich verlassen Tausende die Stadt, in erster Linie begabte, junge, gut ausgebildete Menschen.

Mitte der achtziger Jahre vollzieht sich in Moskau ein Generationenwechsel. Aus dem Zentrum der Macht kommen ungewohnte Töne. Ein gewisser Michail Sergejewitsch Gorbatschow wird neuer Generalsekretär. Dibas Hoffnungen auf einen reformierten Sozialismus bekommen Gesicht und Namen.

Er schwärmt in einem Aufsatz:

»Wir begrüßen und wollen die Veränderungen im Sozialismus, deshalb trauen wir unserer sozialistischen Gesellschaft die Veränderungen nicht nur zu, sondern sind davon überzeugt, dass die revolutionäre Wandlungsfähigkeit des Sozialismus bewiesen wird. Genosse Gorbatschow ist uns dafür Personifizierung!«

Seine Gorbatschow-Begeisterung ist einhundert Prozent Diba. Er trifft sich »mit russischen Freunden«. Wer das ist, lässt er offen. Er hofft auf einen Aufbruch. Moskau soll es richten.

»Ich war immer in den Strukturen. Ich gehörte dazu. Ich schaute mich um. Man sondierte die neue Entwicklung.«

»In den Strukturen« ist eines seiner Lieblingsworte. Es ist ein Begriff, der für alles oder nichts stehen kann. Mehr sagt er nicht. Diba kokettiert mit russischen Geheimkontakten. Darauf angesprochen, lächelt er sibyllinisch. Wie so häufig lässt er Dinge in der Schwebe. Es bleibt offen, was stimmt und was nicht, was echt und was falsch, was Biografie und was Dekoration ist.

Er sagt:

»Mitte der achtziger Jahre haben wir die neue Entwicklung in der Sowjetunion lebhaft diskutiert. Wir hatten Hoffnung. Wir wollten in Dresden was ändern.«

In dieser Zeit, im August 1985, kommt ein blasser, unauffälliger Mann aus Leningrad in die Elbestadt. Der zweiunddreißigjährige Major soll in der Dresdner Angelikastraße im Auftrag des KGB Kontakte knüpfen. Seine Aufgabe besteht darin, geeignete DDR-Bürger und Studenten aus der Dritten Welt für die Zusammenarbeit zu gewinnen. Er sucht Leute wie Johannes Diba. Der junge KGB-Major heißt Wladimir Putin.

Der Schläfer erwacht

Im Frühjahr 1986 verwandelt sich der Kulturfunktionär Johannes Diba wieder in den Stasi-Informanten Florian Reiter. Er gibt seinen Verwaltungsjob in der Partei ab, nimmt eine Dozentenstelle an der Hochschule für Bildende Künste an und wird Professor. Parteispitze und Kulturministerium gratulieren, seine Führungsoffiziere wollen nicht im Abseits stehen. Sie versprechen ihm eine blühende Zukunft, wenn auch hinter verschlossenen Türen, so sind nun einmal die Gesetze der Konspiration. Einer prostet ihm mit den Worten zu: »Ein ordentlicher Professor wird in Krisen und im Verteidigungsfall bei uns wie ein Oberst behandelt.«

Die Akten erzählen, dass Diba sein Comeback zuallererst für praktische Dinge nutzt. Acht Jahre Wartezeit für ein neues Auto seien genug, klagt er. Das einflussreiche Ministerium möge ihm helfen. Seine Bitte nach einem neuen Skoda wird jedoch abgelehnt, selbst das Mielke-Ministerium kann die langen Lieferfristen der Planwirtschaft nicht verkürzen. Erst ein halbes Jahr später, im September 1986, deutet ein Offizier an, die Mobilität des Mitarbeiters verbessern zu können. »Ersatzweise ist ein rumänischer Dacia möglich«, mehr sei nicht drin. Den Wagen nimmt er an, jetzt ist der Dienstreisende »Reiter« uneingeschränkt einsatzfähig.

Florian Reiter läuft im Jahre 1987 zu alter Form auf. Im Januar meldet er eine Dresdner Doktorandin, die Kontakte zu kritischen Künstlern pflegt. Im März kümmert er sich um eine Kollegin, »eine Schlüsselfigur« im Hochschulklub, »die homosexuell veranlagt« sei. Er soll sie anwerben. Dabei erfährt er, dass es beim »Frauenfasching auch nicht anders« zugehe als bei »normalen Feiern«.

Im Mai erstattet er Meldung über ein »Mannequin mit Westgeld«. »Ihr soziales Umfeld ist offensichtlich gestört«, will er erfahren haben, sie verkehre »mit einigen verrückten

Fotografen«. Er bietet ihr »Arbeitsmöglichkeiten« an, um im Gespräch zu bleiben. Im Juni kundschaftet er im Studentenclub Bärenzwinger einen Leseabend mit Günter Grass aus. Er stellt beruhigt fest, dass es »keine böswilligen Gruppen im Publikum gab«, und fügt hinzu: »Die Auflösung ging deshalb sehr schnell, weil der Raum überfüllt war, und alles wollte raus an die frische Luft.«

Seine Rolle als kritischer und verständnisvoller Wissenschaftler spielt er überzeugend, niemand schöpft Verdacht.

Er schnüffelt und biedert sich an, er redet und provoziert, er interveniert und intrigiert. Es gibt für ihn keine Tabus. An der Schule seines vierzehnjährigen Sohnes geschieht im Oktober 1987 während der Unterrichtsstunde etwas, was der Lehrer nicht bemerkt. Ein Mitschüler der achten Klasse lässt einen selbst gefertigten Zettel mit Anti-DDR-Sprüchen herumgehen. Der Sohn Dibas nimmt das Papier an sich, packt es in die Tasche und übergibt es am Abend seinem Vater. Johannes Diba ist empört und meldet den Vorfall bei der Staatssicherheit. Er übergibt den »handgeschriebenen Zettel mit der Aufschrift: ›Wer die Sachsen hasst ist gegen die Einheit Deutschlands‹ und ›Russen raus aus unserem Deutschland‹« an die Offiziere, die wiederum eine Untersuchung an der Schule veranlassen. Der »Verfasser des Hetzzettels« wird an der 118. Oberschule in Dresden »ermittelt«, heißt es in den Unterlagen, es handelt sich um einen vierzehnjährigen Schüler.

Diba, der als Jugendlicher wegen angeblicher »Verleumdung« selbst in die Mühlen von Polizei und Staat geraten war, sieht seine »Anzeige« als patriotische Pflicht an. Diba heute: »Mit diesen Sprüchen wurde die Sowjetunion beleidigt und angegriffen. Das russische Volk hat Deutschland unter großen Opfern von den Nazis befreit. Das konnte ich nicht tolerieren. Das musste ich anzeigen, schon aus innerer Überzeugung.«

Auf die Frage, warum er diese Aktion eines pubertierenden Vierzehnjährigen nicht mit dem Schüler selbst oder dessen Eltern oder, falls es ihm persönlich wichtig war, mit dem Klassenlehrer oder gar dem Schuldirektor hatte klären wollen, zuckt Diba mit den Schultern. Er überlegt, fühlt sich ein wenig ertappt.

Mit fester Stimme sagt er schließlich: »Ehrlich gesagt, auf diesen Gedanken bin ich überhaupt nicht gekommen. Das fällt mir erst jetzt als Möglichkeit ein. Diese Vorgehensweise war einfach nicht in meiner Vorstellungswelt. Ich hatte damals keinerlei Bedenken. Unser Staat wurde angegriffen. Ich musste ihn verteidigen. Ich fand mein Verhalten richtig.«

Gruppe »Lutsch«

Dibas Augen leuchten, wenn er auf die Gruppe »Lutsch« zu sprechen kommt. »Lutsch« ist russisch und heißt übersetzt ungefähr Strahlkraft. Unter älteren Genossen hat das Wort einen magischen Klang. Bis heute ist unklar, ob sich hinter diesem Wort reine Wunschgedanken oder wirkliche Absichten verbergen.

Diba lacht bedeutungsvoll, dann flüstert er leise, als gebe er geheime Zahlencodes für Schweizer Schließfächer preis: »Ich wurde 1987 angesprochen. Mein Gegenüber war der Bruder eines hohen MfS-Offiziers, der in Moskau ausgebildet wurde. Der Mann aus Moskau sagte: So geht es nicht weiter. Was können wir tun, um den Sozialismus zu retten? Wie können wir Gorbatschow unterstützen? Wir wollten einen Plan für die neue Zeit machen. Viele wollten Reformen, viele wollten mitmachen, aber trauten sich nicht.«

Den Namen des großen Unbekannten will Diba nicht preisgeben. Der Mann habe einen Tumor, liege im Sterben. Diba beugt sich nach vorne, er spricht mit belegter Stimme weiter: »Der Name ›Lutsch‹ war uns unbekannt. Wir trafen uns nur in kleinsten Zusammenhängen, meistens unter vier

Augen. DDR-weit sollen rund fünfhundert Personen eingeweiht gewesen sein, Spitzenleute aus Geheimdienst, Militär und Partei. Unter uns Verschwörern gab es einen bestimmten Erkennungssatz, der ging ungefähr so: »Wenn die Politik von Gorbatschow beginnt.«

So viel ist heute bekannt: In der Zeit von Glasnost und Perestroika bereitete die KGB-Außenstelle in Berlin-Karlshorst eine Operation mit dem Namen »Lutsch« vor. Verantwortlich war zu dieser Zeit der Ost-Berliner Leiter Anatolij Nowikow. Das Projekt, so ein Dossier des Kölner Verfassungsschutzes, hatte das Ziel, reformwillige DDR-Bürger in gesellschaftliche Spitzenpositionen zu bringen. Zugleich wollte Moskau das mächtige Ost-Berliner Ministerium für Staatssicherheit im Sinne Gorbatschows kontrollieren. General Nowikow hat seine Geheimnisse mit ins Grab genommen, er ist 2004 verstorben. Die spannende Frage, wie Moskau Einfluss auf die deutsche Wende genommen hatte, ist bis heute nicht geklärt.

Diba sympathisiert Ende der achtziger Jahre mit Moskau. Er trifft häufig sowjetische Geheimdienstleute, manche kennt er, andere nicht.

»Ich hatte enge Kontakte zu einer Russin, die war in der Kommandantur der Reichsbahn in Dresden beschäftigt. Ihr Mann war General bei den Fliegern. Sie gehörte zum engsten ›Lutsch‹-Kreis. Die Frau, sie hieß Nadja, arbeitete für Putin. Ich hatte mit Wladimir Putin mindestens einmal persönlichen Kontakt in Dresden.«

Im Juni 1988 schickt Diba im Auftrag seiner Gesinnungsgenossen ein Lebenszeichen an die Außenwelt. In einem Aufsatz in der Zeitschrift »Bildende Kunst« fordert er »neues Denken« und schreibt: »Wer von seiner Gesellschaft Veränderungen fordert, der traut sie ihr auch zu.«

Er beruft sich auf Gorbatschow. Er testet die Wirkung und sucht Mitstreiter. Niemand reagiert.

Versorgungsengpässe

In dieser Zeit, im Sommer 1988, beschäftigt sich Diba mit dem Alltag und der desolaten Lage im Lande. Die Ergebnisse sind verstörend und ernüchternd. Reiter notiert in einem Geheimdienstdossier:

»Versorgungsprobleme sind permanente Fragen der staatlichen Tätigkeit. Sie treten ständig auf, oftmals in unterschiedlichsten Warengruppen, vom täglichen Brot bis Pkw. Es gibt über Jahre stabile zyklische Versorgungsschwierigkeiten zum Beispiel im Sommer mit Getränken.«

Im Raum Dresden fehlt es Ende der achtziger Jahre an vielen Dingen des täglichen Bedarfs. Mal mangelt es an Senf, mal an Ketchup, mal an der Wurst selbst. Das tägliche Leben produziert kafkaeske Zustände. Die meisten Bürger sind vierzig Jahre nach Etablierung der Menschheitsidee Sozialismus mit dem Sammeln und Jagen einfachster Dinge beschäftigt. Ohne Beziehungen läuft nichts. Ersatzteile müssen mühsam erstanden werden. Sogenannte »Bückware«, das können Apfelsinen, Bücher oder Fahrradschläuche sein, wechselt nur noch unter dem Ladentisch den Besitzer. Das nervende Anstehen, der ständige Mangel machen die Menschen mürbe. Die Parolen von der Überlegenheit des Systems werden allenfalls müde belächelt, selbst dort, wo sie verbreitet werden, im Parteiapparat.

Florian Reiter registriert bei den für die eklatanten Missstände Verantwortlichen Stillstand und Resignation. »Auch hier gibt es Müdigkeit. Es gelingt keine grundlegende Wende.« Das Land stehe vor dem Ausverkauf, notiert er am 20. Juli 1988.

»Vor allem Bürger aus der Intelligenz, besonders Mediziner, geben zunehmend nicht ökonomische, sondern politische Gründe für die Ausreise an. Fragen sind zum Beispiel, wann erfolgt eine Reform des politischen Systems der DDR, sodass öffentlicher Meinungspluralismus möglich ist. Warum werden die persönlichen Menschenrechte nicht genügend beachtet?«

Die Partei, heißt es weiter, entscheide »über den Kopf hinweg«, bei Konflikten gebe es »kein kameradschaftliches Gespräch«, sondern einsame Beschlüsse »ohne die notwendige Kompetenz«. Führende Genossen zeichneten sich durch »ungenügende persönliche Reife« aus, sie seien von »starken Bildungslücken und damit gegebener Inkompetenz« geprägt.

Diba verfasst diese Bankrotterklärung auf sechs handschriftlichen Seiten. Seine Schrift ist fahrig und nervös. Das Dossier liegt einsortiert zwischen Spitzelberichten. Welche Wirkung die Zeilen bei den Vorgesetzten haben, ist der Akte nicht zu entnehmen.

Diba nimmt immer verwegenere Geheimaufträge an. Warum tut er das? Der Mann lächelt im Kaffeehaus sein Agentenlächeln und sagt, vielleicht hoffte er damals, auch in Zukunft auf der Seite der Sieger zu stehen? Es sei mit Händen zu greifen gewesen, wie die Partei Tag für Tag an Ansehen und Selbstvertrauen verlor.

Die Genossen vom Geheimdienst bestärken ihn, auf der richtigen Seite zu sein. Sie schätzen seine Arbeit. Diba fühlt sich geschmeichelt und bestätigt dieses enge Verhältnis: »Ich hatte wesentlich mehr Vertrauen zu den Offizieren als zu Parteigenossen. Beim MfS waren kluge Köpfe. In der Partei erlebte ich viel zu viele verbohrte Betonköpfe. Mit denen konnte man nichts verändern. Ich setzte meine Hoffnungen in die Staatssicherheit. Ich spielte die einen gegen die anderen aus. Das reizte mich, das ist wie beim Tango. Alles eine Frage des richtigen Partners.«

Ende November 1988 tritt der Tangotänzer einen riskanten »Auslandseinsatz« an. Als Leiter der Kunsthochschule Dresden reist er nach Nürnberg, um Möglichkeiten der Zusammenarbeit auszuloten. Tatsächlich soll er einen geflüchteten Hochschulangehörigen zur Rückkehr bewegen. Diba scheitert. Er kehrt ohne den DDR-müden Kollegen von der einwöchigen Westreise zurück. Obwohl seine Mission ein Fehlschlag ist, erhält der Dienstreisende viel Lob. Seine Sparsamkeit beim Klassenfeind sei vorbildlich, heißt es, so habe er von eintausend Westmark verauslagten Spesen vierhundert zurückerstattet. So etwas kommt selten vor. Für seine »treuen Dienste« erhält er einen Orden.

Im Wartestand

1989 nehmen die Verschwörertreffen in Dresden zu. Eine kleine lose Gruppe von Geheimdienstleuten und Genossen trifft sich, diskutiert, entwickelt und verwirft Projekte. Hinter der Fassade der Macht werden Sorgen um die Zukunft des Landes zunehmend auch die um die eigene Zukunft. Die Kommunalwahlen können im Mai 1989 noch einmal abgehalten werden, als wäre nichts passiert. Am Ende schönt die Parteileitung die Zahlen auf neunundneunzig Prozent Zustimmung. Doch zum ersten Mal wird laut von Wahlfälschung gesprochen.

»Im Mai '89 wussten wir, es muss was passieren. Wir haben intern darüber intensiv geredet. Das war einhellig: So kann es definitiv nicht weitergehen. Entweder wird es ein schönes Weihnachten für uns geben, oder uns gibt es nicht mehr, das war die Meinung.«

Die »Lutsch«-Leute schmieden Pläne, streng vertraulich. Sie kommen aus der unzufriedenen Elite der jüngeren Führungskräfte aus Partei, Wirtschaft und Geheimdienst, »viele Russen, viele Deutsche, sehr schlaue Leute, die meisten um Mitte vierzig«. Doch keiner traut dem anderen, die Kommunikationswege sind umständlich, verwirrend und widersprüchlich.

»Das Problem bei den Russen war immer, dass man nicht wusste: Sind sie nun für oder gegen Gorbi?«

Den ganzen Sommer 1989 über kursieren Gerüchte und Spekulationen. Angeblich gebe es bereits ein festes Konzept für den Tag X, um die unfähigen alten Männer im Politbüro abzulösen. Man wartet auf Befehle aus Moskau.

»Es gab in dieser Phase viele Überlegungen. Der weltberühmte Physiker Manfred von Ardenne sollte Staatsratsvorsitzender werden. Als Integrationsfigur. Er wurde in Moskau gefragt, ob er bereit sei.«

Im Juli 1989 veröffentlicht Diba einen Text, in dem er sich auf Kant beruft: »Aufklärung ist der Ausgang des Menschen aus seiner selbst verschuldeten Unmündigkeit. Unmündigkeit ist das Unvermögen, sich seines Verstandes ohne Leistung eines anderen zu bedienen.«

Der Mut zu Veränderungen sei den Realitäten geschuldet, schreibt Diba. Zwar dürfe man sich über die »kapitalistische Produktionsweise« keine Illusionen machen, man kann nicht »durch regelmäßige Grasfütterung aus einem Löwen einen Vegetarier machen«, doch Handeln sei jetzt das Gebot der Stunde.

»Wir machen die Erfahrung, dass die früheren Vorstellungen von einer raschen Entwicklung des revolutionären Prozesses im Weltmaßstab ebenso wie die Hoffnung auf einen schnellen Sieg des Sozialismus im ökonomischen Wettstreit mit dem Kapitalismus aus einer Unterschätzung der Möglichkeiten des Kapitalismus resultieren.«

Der andere Diba, der Agent, Informant und Denunziant, funktioniert verlässlich weiter. Am 13. Juli 1989 übergibt er seinem Führungsoffizier eine »Liste der Zusatzstudenten und Meisterschüler des Studienjahres 1989/90« und denunziert eine Bibliothekarin an seiner Hochschule, die in den Westen flüchten will. Der Offizier schreibt anerkennend: »Gute Berichte«.

Revolution in Dresden

Ende September 1989 schmückt sich die Stadt Dresden. Die DDR-Führung will den 7. Oktober und ihr vierzigjähriges Bestehen glanzvoll begehen. Fahnen werden gehisst, Transparente gemalt; auf einem steht: »So wie wir heute arbeiten, werden wir morgen leben.«

Es liegt etwas in der Luft. Johannes Diba ist wie aufgedreht. Er eilt durch die Stadt, hetzt von Termin zu Termin, diskutiert an der Hochschule, spürt, dass eine Entscheidung naht. Diba will den richtigen Zeitpunkt nicht verpassen, er liegt auf der Lauer, er ist bereit, loszulegen. Seit Tagen wartet er auf entsprechende Signale. Wann kommen sie? Meldet sich Moskau?

In der Semperoper stecken die Proben für die Jubiläumsgala in der heißen Phase. Beethovens »Fidelio« steht auf dem Programm. Doch die Musiker sind nicht ganz bei der Sache. Dafür sind sie wie viele Dresdner viel zu aufgewühlt.

Zehntausende DDR-Bürger haben das Land über Ungarn verlassen. Seitdem der westdeutsche Außenminister Hans-Dietrich Genscher in Prag die Erlaubnis der Ausreise für weitere viertausend Botschaftsflüchtlinge angekündigt hat, ist Dresden in nervöser Unruhe. In einer paradoxen Reaktion hat die ostdeutsche SED-Führung entschieden, die Züge von Prag über das Gebiet der DDR in den Westen zu lotsen. Die Züge müssen durch Dresden, das spricht sich wie ein Lauffeuer herum.

Am 3. Oktober 1989 versammelt sich am Hauptbahnhof eine riesige Menschenmenge. Gerüchte kursieren, dass mehrere Züge am nächsten Tag die Stadt passieren sollen. Johannes Diba ist nicht vor Ort. Er wartet auf neue Befehle, auf ein Signal.

Die Behörden erklären den Ausnahmezustand. Am 4. Oktober 1989 um ein Uhr morgens wird in einer Kaserne ein

»zentraler Zuführungspunkt« eingerichtet, zeitgleich wird der Einsatz der siebten Panzerdivision angeordnet, man rechnet mit dem Schlimmsten. Vor und im Bahnhof versammeln sich im Laufe des Tages bis zu zwanzigtausend Menschen, ein harter Kern hat das Ziel, die Züge zu stürmen.

Als die Polizei gegen 22 Uhr den Bahnhof zu räumen beginnt, entwickeln sich bürgerkriegsähnliche Szenen. Jugendliche werfen Pflastersteine und demolieren Teile des Bahnhofs. Mehrere Einsatzfahrzeuge gehen in Flammen auf. Der Chef der Dresdner Volkspolizei lässt Wasserwerfer, Tränengas und Schlagstöcke einsetzen. Doch die Volkspolizisten sind heillos überfordert. In Aufruhrbekämpfung ungeübt, nehmen sie wahllos Menschen fest, darunter auch Unbeteiligte.

Unmittelbar nach der Schlacht am Hauptbahnhof schwirren Gerüchte durch die Stadt. Ein westdeutscher Fernsehsender meldet, ein Polizist habe in Panik das Magazin seiner Maschinenpistole leer geschossen und dabei sechs Demonstranten getötet. Eine Falschmeldung, es gibt keine tödlichen Schüsse, aber viele hielten eine solche Eskalation für möglich. Die DDR-Medien schweigen, erst später wird, so wörtlich, »von asozialen Elementen« gesprochen. Angst geht um in Dresden, Angst vor einer »chinesischen Lösung«.

Johannes Diba meldet sich regelmäßig bei seinen Führungsoffizieren. Er sieht mit eigenen Augen, wie dramatisch die Lage ist. Er weiß, dass die Dresdner Staatssicherheit von einem wild entschlossenen Hardliner geführt wird.

»Generalmajor Johannes Böhm, der Chef von Dresden, war ein richtiger Betonkopf. Er sagte, jetzt ist der Mob los. Jetzt müssen wir durchgreifen. Er wollte die Konterrevolution im Keime ersticken. Mit dem war nicht zu spaßen. Dabei hatte man im September 1989 unteren MfS-Dienstgraden ihre Dienstwaffen abgenommen, das weiß ich ganz sicher. Die hatten Angst vor ihren eigenen Leuten. Böhm nahm sich später, ich glaube 1990, das Leben.«

Am 5. Oktober 1989 kurz vor zwei Uhr nachts rollen drei überfüllte Züge aus Prag durch den Dresdner Hauptbahnhof. Es muss eine gespenstische Szene gewesen sein. Die riesige Halle ist geräumt, überall stehen Einsatzkräfte. Die Züge fahren im Schneckentempo mit zwanzigstündiger Verspätung in Richtung Westen.

Johannes Diba ist in Alarmbereitschaft. An seiner Hochschule für Bildende Künste wird das bizarre Geschehen am Hauptbahnhof diskutiert. Noch traut sich niemand, offen die Partei zu kritisieren. Dibas Offizier überreicht ihm an diesem Tag einhundert Mark »für seine geleisteten Leistungen« und lobt seine Einsatzbereitschaft. In den Unterlagen heißt es weiter, »dass Florian Reiter eine Einsatzgruppe während der Feiertage an der Hochschule aufstellte, deren Vorsitzender er ist«.

Das sei kompletter Unsinn, sagt Diba heute, eine derartige Kampfgruppe habe er zu keinem Zeitpunkt befehligt.

Dresden wird an diesem 5. Oktober 1989 für Ausländer und Fremde wie eine Festung abgeriegelt. Die Stadt an der Elbe ist eine geschlossene Stadt. Insgesamt verhaftet die Volkspolizei über eintausenddreihundert Bürger.

In der prunkvollen Kulisse der Semperoper wird die ganze Zeit der »Fidelio« geprobt. Das Bühnenbild der Regisseurin Christine Mielitz zeigt einen hohen Drahtzaun, viel Stacheldraht, dahinter ein modernes Gefängnis. Am Ende des Stücks holen die Frauen, gekleidet wie heutige Dresdnerinnen, ihre aus der Haft entlassenen Männer ab.

»Leise, leise, haltet euch zurück, ihr seid belauscht von Ohr und Blick«, probt der Gefangenenchor in der Semperoper. Die lokale »Sächsische Zeitung« fordert am gleichen Tag alle Dresdner auf, zu Hause zu bleiben.

Der Festakt

Am Abend des 7. Oktober 1989 versammeln sich die Honoratioren der Stadt in der Semperoper. Der Dresdner Chef der Sozialistischen Einheitspartei Deutschlands, Hans Modrow, sitzt in der Loge. Auch Johannes Diba ist als verdienter Genosse unter den Ehrengästen. Im Parkett und auf den Rängen wird heile Welt gespielt, auf der Bühne Beethovens »Fidelio«. In der Pause darf niemand das Opernhaus verlassen, die Portale sind verschlossen, aus Sicherheitsgründen. Draußen vor der Tür formieren sich Tausende Menschen zu einem Protestmarsch. Die Initiatoren der Demonstrationen werden festgenommen. In der Semperoper wird am Ende der Gefangenenchor mit stehenden Ovationen gefeiert.

Einer, der dabei war, schildert seine Eindrücke. Sein Name ist Martin Walser: »Inszenieren und spielen die hier vielleicht so gut, weil sie wissen, warum sie etwas spielen? Das wäre eine Erklärung. Da auch die Kostüme anstrengungslos von heute waren, wirkte der Gefangenenchor am durchschlagendsten. Sicher auch, weil er ohne Gestendramatik eine ganz genaue Studie der Angst exekutierte. Jedes Wort wurde verstanden.«

Johannes Diba hatte sich vor dem Konzert heftigen Auseinandersetzungen an der Hochschule stellen müssen. Zum ersten Mal waren Dozenten der Hochschule als Stasi-Spitzel angegriffen worden, auch er. Diba hatte mit solchen Vorwürfen nicht gerechnet. Er muss reagieren.

»Es ging hoch her. Ich trat die Flucht nach vorne an. An diesem 7. Oktober offenbarte ich auf der Hochschulversammlung meine MfS-Kontakte. Ich informierte Mitarbeiter und Anwesende. Wer es wissen wollte, konnte es nun wissen.«

Er sei als Hochschulleiter dazu verpflichtet gewesen, habe er sich damals herausgeredet, er habe niemanden belastet, die Zusammenarbeit sei inzwischen beendet. Offenbar glaubte man ihm, keiner fragte nach, er kam mit seinen Erklärungen durch.

Er schaut mich an, rührt in seinem Kaffee. Wieder das undurchdringliche Lächeln. War es wirklich so? Es folgt eine dieser Pausen, die genauso viel erklären wie verhüllen.

Sein zweites Ich, den Denunzianten Florian Reiter, lässt er nach seinem öffentlichen Bekenntnis keineswegs ruhen. Die Akten belegen das Gegenteil. Er haut seine Kollegen weiter in die Pfanne, als hätte sich nichts verändert. Er berichtet über Versammlungen, nennt Ross und Reiter, schwärzt Studenten an. Er spielt öffentlich den Unzufriedenen, der Anpassung, Duckmäusertum und Stillstand attackiert. Er sucht Anschluss an neue Gruppen und mimt den mutigen Reformer.

Auf die Frage, warum er Freunde, Bekannte und Mitstreiter weiter hintergangen hat, überlegt Diba einen Deut länger als sonst, dann antwortet er: »Ich machte weiter, weil wir damals nicht wissen konnten, dass die DDR bald nicht mehr existiert. Das ist heute im Nachhinein leicht zu verurteilen. Wir wollten die Führungsrolle behalten. Dazu mussten wir wissen, was los war. Wir wollten die Kontrolle behalten. Die Möglichkeiten waren reduziert, aber wir waren noch nicht am Ende.«

Nach kurzem Nachdenken ergänzt er:

»Ich konnte einfach nicht aufhören. Das war wahrscheinlich mein Verantwortungsbewusstsein.«

Rette sich, wer kann

Der Tag nach den offiziellen Feiern ist ein Sonntag. An diesem 8. Oktober 1989 schickt Staats- und Parteichef Erich Honecker ein Telegramm nach Dresden, in dem er anordnet, »keine Ansammlungen zuzulassen und Gruppenbildungen sofort zu unterbinden«. Die Partei versucht die Straßen zurückzuerobern. Im Zentrum der Stadt patrouillieren Kompanien der Offiziershochschule und Bereitschaftspolizisten. Über fünfhundert Mitarbeiter der Verwaltung sollen auf dem Theaterplatz die unzufriedene Menge als »Agitatoren beruhigen«.

Das gelingt offenbar nicht, am Nachmittag ergeht der Befehl, den Theaterplatz zu räumen. Ein Demonstrationszug, der sich gleichfalls formiert, wird gewaltsam aufgelöst; über zweihundertfünfzig Menschen werden verhaftet.

Die Dresdner sind in diesen Stunden unter sich. Auch am darauffolgenden Montag weilen weder westliche Beobachter noch Fernsehteams in der Stadt. Dabei vollzieht sich an diesem 9. Oktober ein entscheidender Wandel von innen, ohne dass diese Entwicklung von außen gesteuert oder bemerkt wird.

Diba ist an beiden Tagen rastlos unterwegs. Er spürt den Geist der Rebellion, er registriert, wie die Macht der Partei stündlich schwindet, er saugt Stimmen und Stimmungen auf. Er sucht seit Wochen Kirchen auf, Orte, die er sonst nicht aufsucht, in denen sich der Unmut besonders deutlich artikuliert. In den vier größten Kirchen versammelt sich am Abend des 9. Oktober 1989 das reformbereite Dresden, das einen Neuanfang will. Über fünfzehntausend Menschen treffen sich und demonstrieren gegen die alte Honecker-DDR und die Stasi-Deutschen in Partei, Wirtschaft und Gesellschaft. Generalmajor Böhm, der Hardliner der Dresdner Stasi, meldet beruhigend nach Ost-Berlin, es habe »im Zeitraum von 19:00 Uhr bis 24:00 Uhr im gesamten Stadtgebiet von Dresden keinerlei feindlich-negative oder provozierende Vorkommnisse« gegeben. Dresden sei ruhig geblieben, im Gegensatz zu Leipzig.

Auf den Straßen der Elbe-Metropole bleibt es ruhig, doch in den überfüllten Kirchen wird Tacheles geredet. Immer offener konstatieren Redner den Bankrott des Staates. Ungeschminkt und ohne Schnörkel. Die Menschen wollen nicht mehr. Es reicht.

Johannes Diba

Unter den Demonstranten sind zahllose Spitzel. Einer meldet am 9. Oktober 1989: »Es wurde aber auch zum Ausdruck gebracht, dass man vom Staat nicht erwarten könne, dass die angestauten Probleme der letzten vierzig Jahre in einer Woche gelöst werden können.«

Der Reformer

Johannes Diba wird in diesen Stunden klar, dass er an die Spitze der Bewegung muss, will er nicht zu den Verlierern gehören. Er schreibt am 13. Oktober 1989 in der »Sächsischen Zeitung« einen Artikel, in dem er auf Gorbatschow als Hoffnungsträger setzt. Seine Zeilen beginnt er mit dem Satz: »Der Sozialismus darf in unserem Land nicht zur Disposition gestellt werden.« Dann widmet er sich den Themen, die in den Medien verschwiegen werden. Diba schreibt:
»Erschreckend viele, vor allem junge Menschen haben unser Land verlassen. Ich stelle mir vor allem die Frage, welche in unserem täglichen Leben begründeten Ursachen es dafür gibt und warum der Gegner ein leichtes Spiel hat.«
Diese Sätze klingen heute harmlos, damals wirkten sie wie eine Palastrevolution. Johannes Diba wagt sich aus der Deckung, er präsentiert sich als einer, der den Mief von Jahrzehnten Funktionärssozialismus abgeschüttelt hat. Damit kommt er an. Von nun an sitzt Diba auf Podien, formuliert Stellungnahmen und verfasst flammende Aufrufe.
Es ist wie am Vorabend der Erstürmung der Bastille, ein Hauch von Revolution weht durch die Stadt an der Elbe. Diba ist wie aufgedreht. In den Resolutionen, an denen er mitschreibt und die er an seinen Stasi-Offizier weiterleitet, heißt es kämpferisch: »Wir können nicht dulden, dass dieses Land weiter an Substanz verliert – die Zeit des Wartens und der Ungewissheit muss vorbei sein.«
Diba gründet Mitte Oktober 1989 den Gesprächskreis

»Moderner Sozialismus«, er streitet in Dresden für das Neue Forum und wendet sich »gegen die Ausgrenzung sogenannter Oppositioneller«. Er fordert: »Es ist mit Erscheinungen von Demütigungen und Machtmissbrauch Schluss zu machen und die Zustimmungsdemokratie zu einer alternativen Entscheidungsdemokratie zu qualifizieren.«

Der Professor genießt das Vertrauen an der Hochschule *und* in Künstlerkreisen, er streitet für die Zukunft von Partei *und* Opposition. Nach allen Seiten offen, taktiert Diba zwischen allen Fronten. Er schafft es, den Aufruhr gegen die Partei im Namen der Partei zu organisieren. Entscheidend ist für ihn die alte Lenin-Frage: Wer hat die Macht, wo geht sie hin? Diba gleicht einer flinken Kompassnadel, konsequent auf den Machterhalt eingenordet.

»Prima Sache.« Am 25. Oktober 1989 gratuliert sein Führungsoffizier zum jüngsten Coup. Diba schafft es in das Führungsgremium des Neuen Forums in Dresden. Niemand schöpft Verdacht. Diba ist im Zentrum des »Gegners« angekommen, ein Erfolg in »Abstimmung mit der dienstlichen Leitung«. Die Genossen sind erleichtert, sie haben Sorge, dass die Entwicklung außer Kontrolle geraten könne. Typen wie Diba zählen zu den letzten Strohhalmen. Die Lage ist Ende Oktober brisant.

»Auf der Kocherwiese trafen sich nach den Ereignissen vom Hauptbahnhof rund tausend Funktionäre und Genossen zu einer Versammlung. Die Menge war erregt. Man wollte gegen den Mob vorgehen. Man war aber auch gegen die Spitze der Partei. Ein NVA-Major der Reserve forderte zum Putsch in Berlin auf: ›Wir fahren mit einer Kompanie nach Berlin und machen alles klar.‹ Modrow zögerte und wiegelte ab.«

Der Putsch bleibt aus. Diba setzt auf eine eigene Revolution. Ende Oktober 1989 besucht er den Vordenker der DDR-Opposition Rolf Henrich vom Neuen Forum. »Genosse Modrow ist in Kenntnis gesetzt«, heißt es im Stasi-Protokoll.

Diba alias Florian Reiter wird »mit Hintergrundinformationen zur Person« ausgestattet; die Benzinkosten bezahlt das Ministerium, und die Spesen rechnet Diba hinterher ab.

»Ich führte die Aufträge als eine Art Feuerwehrmann aus. Ich war immer dort, wo es am meisten brannte. Und es brannte lichterloh.«

Am 9. November 1989 fällt die Mauer, fünf Tage später vermerkt ein Stasi-Bericht, Diba habe Schriften der Bürgerrechtlerin Bärbel Bohley mit dem Titel »Ansätze der Basisdemokratie« übergeben. Der Professor bekommt zweihundert Mark Prämie und neue Aufträge. Doch jetzt geht vieles durcheinander. Das Volk wünscht die »Stasi in die Produktion«. Der riesige Sicherheitsapparat schwankt zwischen Bereitschaft zum Losschlagen, Ohnmacht und totaler Resignation. »Was bitter für uns war, wir stellten fest: Die Konterrevolution war mitten im Volke, sie kam nicht von außen. Viele im Apparat, vorneweg Johannes Böhm, der Stasi-Chef von Dresden, wollten das nicht wahrhaben, einige haben das bis heute nicht akzeptiert.«

Der letzte vorgefundene Spitzelbericht trägt das Datum 15. November 1989. Florian Reiter schreibt über die Initiatoren »einer alternativen Bewegung von Mitgliedern der SED«; es drohe die Spaltung der Partei. Ein letztes Mal schwärzt er an, nennt Uhrzeit, konkrete Namen und Orte. Diesmal erhält er einhundert Mark in Westwährung. Ein letzter Plan sieht vor, dass er in West-Berlin die Lage sondieren und in Hamburg seine Kontakte zum Institut für Friedensforschung und Sicherheitspolitik fortsetzen soll. Weitere Befehle seien abzuwarten. Dann endet die Akte. Die Bände zu Florian Reiter konnten in letzter Minute gerettet werden, die Akte war für den Reißwolf vorgesehen.

Anfang Dezember 1989 entlässt die Revolution ihre Spitzel. In der Nacht vom 5. zum 6. Dezember 1989 wird die Dresdner Stasi-Zentrale an der Bautzener Straße gestürmt. Florian Reiter ist tot, Diba lebt.

Die geheimnisvolle Gruppe »Lutsch« spielt im Wendegeschehen keine Rolle. Im entscheidenden Moment, im Oktober 1989, als die Macht auf der Straße liegt, herrscht Funkstille, weder kommen Befehle noch Aufträge. Was ist aus dem großen Plan geworden? War die Gruppe »Lutsch« nur ein Phantom, ein Tummelplatz für Verschwörungstheoretiker? Diba lächelt wieder wie eine Sphinx. Er schaut in die Ferne, sagt nur drei Worte, die alles erklären sollen: »Moskau hat geschwiegen.«

Von Dresden nach Hamburg

Plötzlich gilt nichts mehr, was Dibas Leben vierzig Jahre lang bestimmt hat. Die Karten sind neu gemischt. Was gestern noch oben war, ist heute unten und umgekehrt. Diba muss sich neu erfinden, eine reformierte, bessere DDR, wie sie ihm vorschwebte, interessiert keinen mehr. Das Volk versetzt seine Vordenker, lässt sie stehen. »Die Sachsen wollten nur noch heim ins Reich«, stellt Diba achselzuckend fest.

Diba macht eine Rechnung auf. Sein wichtigstes Kapital ist seine Vergangenheit. Als Kind des Kalten Krieges verfügt er über exzellente Kontakte, kennt die Spielregeln der Geheimdienste, spricht perfekt Russisch. Freigestellt, bietet er seine Dienste auf dem Markt der Möglichkeiten an, erzählt er. Er kalkuliert, dass Leute aus dem Gorbatschow-Lager im Westen gebraucht werden.

Nach dem Mafia-Motto, die Macht zerstört nur denjenigen, der sie nicht hat, nimmt er wieder Kontakte auf. Ende November 1989 orientiert er sich nach Hamburg, der Partnerstadt Dresdens. Schon vor der Wende hatte er Verbindungen zum Institut für Friedensforschung und Sicherheitspolitik. Solche Institute »wimmeln von Agenten aller Schattierungen«, grinst Diba, da müsse doch in der Zukunft etwas möglich sein.

»Gleich nach der Wende war ich häufig in Hamburg. Ich traf mich mit einem Bundestagsabgeordneten. Ich besuchte die Führungsakademie der Bundeswehr. Dort stellte ich mich Anfang Januar 1990 vor. Man war neugierig auf mich. Die westlichen Dienste haben mir zu dieser Zeit jedes Wort von den Lippen abgelesen.«

Diba steigt zum gefragten Ostexperten auf. Die Führungsakademie der Bundeswehr lobt in einem Zeugnis, seine Vorträge seien »wissenschaftlich und anspruchsvoll«. Er reist durch den Westen der Republik. Er übernachtet in teuren Hotels in Frankfurt, Stuttgart oder München. Diba, äußert sich ein ranghoher Vertreter der Bundeswehr anerkennend, vermittle Offizieren »fundierte Einsichten in die gegenwärtigen Entwicklungen in den neuen Bundesländern«. Er sei ein »intimer Kenner der dortigen Transformationsprozesse«. Abschließend lautet das Fazit: »Die Lehrtätigkeit von Herrn Prof. Diba genießt das Wohlwollen des Lehrkörpers.«

Diba erinnert sich: »Es war schon eine bizarre Situation. Der Klassenfeind hat mich als Kollegen und Gesprächspartner sofort akzeptiert. Ich habe mich in Hamburg immer als Mann Moskaus vorgestellt.«

Nach der ersten demokratischen Wahl zur DDR-Volkskammer im April 1990 verlieren westliche Geheimdienste ihr Interesse an dem Mann aus Dresden. »Da war plötzlich alles anders. Von einem Tag auf den anderen. Die wollten nichts mehr von mir. Sie meinten wahrscheinlich, sie könnten das jetzt alleine.«

Er wird als Lotse in der untergehenden DDR nicht mehr gebraucht. Dennoch übernimmt er weiter »kleine Aufträge« für »kleine Honorare«. Welche Auftraggeber es in dieser Zeit waren, lässt er offen. »Berufsgeheimnis«, sagt er, »viele haben sich gemeldet: Finnen, Rumänen, Bulgaren, was weiß ich, wer.« Er bleibt in dieser Frage ungewöhnlich verschlossen. Meine Frage, welche Decknamen er bei bundesdeutschen Diensten gehabt habe, quittiert er mit Schweigen.

Auch nach dem Untergang der Staatssicherheit telefoniert er regelmäßig mit seinen Führungsoffizieren. Mit manchen trifft er sich, viele sind in Sorge. Diba genießt offenbar ungebrochen großes Ansehen. Er deutet an, dass er Anfang der neunziger Jahre bei den Putschversuchen in Moskau vor Ort war. Später ist er auf dem Balkan, im jugoslawischen Bürgerkrieg. »Ich war ständig in Belgrad. Da hat man mich gebraucht«, sagt Diba. Ansonsten möchte er keine Details verraten, »ich bin doch nicht verrückt«. Solche Jobs habe er nach der Wende angenommen, mal für die eine, mal für die andere Seite, »das hat sich einfach ergeben, irgendwie muss man seine Miete verdienen«.

Dibas Wahrheiten sind nicht von dieser Welt. Mit weicher, geheimnisvoller Stimme plaudert er von Verschwörungen, Kriegen, politischen Notwendigkeiten. Wenn er auf die CIA oder den KGB kommt, klingt das nicht bedrohlich. In seinem sächsischen Singsang klingen diese Begriffe spielerisch und lieblich wie eine Schumann-Sonate.

Ich merke, wie ich langsam, aber sicher den Überblick verliere. Es fällt schwer, auseinanderzuhalten, was wahr und was erfunden ist; möglicherweise kennt Diba die Grenzen zwischen Realität und Fiktion selbst nicht mehr. Wahrscheinlich ist diese Unschärfe eine branchenbedingte Begleiterscheinung, eine Berufskrankheit.

Der Mann im schwarzen Anzug putzt seine Brille. Er scheint erschöpft zu sein. Er schlägt eine kleine Pause vor. Der Kellner bringt uns einen weiteren Kaffee. Dann zwinkert er mir zu: »Das ist für mich harte Arbeit, verstehen Sie? Früher fielen mir solche Gespräche leichter. Ich muss mich sehr konzentrieren. Das strengt an. Ich habe noch viele Geschichten auf Lager. Da traut sich aber keiner ran. Das ist den meisten Medien zu heiß. Die wirklich brisanten Geschichten werden doch gar nicht angepackt. In diesem Land gibt es viele Leichen im Keller.«

In der Marktwirtschaft

Johannes Diba versucht sich Mitte der neunziger Jahre als Journalist. Er hat die Storys, er hat die Kontakte. Nun übt er den Beruf aus, den er eigentlich verachtet; zu schnell, zu oberflächlich, zu wenig Tiefgang – Journalisten seien stets den Mächtigen verpflichtet. Doch er braucht einen Job, nachdem ihn die Dresdner Kunsthochschule evaluiert hat – »abgewickelt und vor die Tür gesetzt«.

Er vermarktet seine Beziehungen zunächst im Hörfunk, dann im Fernsehen. Bei einem renommierten Politmagazin betätigt er sich als Rechercheur und Informationsbeschaffer. Alles, was Schlagzeilen oder Quote verspricht, besorgt Diba. In der Nachwendezeit werden brisante Stoffe verlangt. Er beschafft Material über Menschen- und Mädchenhandel oder aus der rechten Gewaltszene im Osten. Die meisten seiner Kronzeugen werden auf dem Bildschirm unkenntlich gemacht, das erhöht die Spannung und schützt Beteiligte vor unerwünschten Nachfragen.

Die Aufträge werden mehr. Bis Ende der neunziger Jahre lebt er von Themen aus der Vergangenheit, er recycelt die Reste des Kalten Krieges. Dabei kennt er keine Skrupel. Was die Medien verlangen, liefert er. Er kann gut davon leben. So berichtet er über die vermeintliche KGB-Geheimgruppe »Lutsch«, die weiter »mitten in Deutschland« im Untergrund agiere. Er prangert alte Seilschaften an, die weiter aktiv wären, die Stasi habe Ämter, Polizei und Politik unterwandert. Die Täter sind unter uns, lautet seine Botschaft.

Aus dem früheren Stasi-Informanten Diba ist ein scharfer Stasi-Ankläger geworden.

Diba ist jetzt nur noch erschöpft. In diesen Momenten sieht er aus wie Anfang siebzig, dabei ist er noch nicht einmal sechzig.

Ist er einer dieser üblichen Wendehälse, die zu Systemwechseln gehören wie der Kater nach einer rauschenden Party? Hat er für ein paar Mark Ideale und Überzeugungen gewechselt wie gerade mal verlangt?

Diba hat mit diesen Fragen gerechnet. Er atmet tief durch. Dann rückt er die Brille auf der Stirn zurecht. Er setzt zu einem längeren Monolog an.

Es habe sich in der Menschheitsgeschichte gezeigt, beginnt er, dass jeder Extremismus nur geschadet habe. Er sei nach der Wende zum Kummerkasten für viele ehemalige Funktionäre geworden. Die Russen hätten den DDR-Leuten gesagt, sie hätten ihre Macht »leichtfertig und dusselig« verspielt. Die Welt sei nun einmal nicht eine Beethoven-Symphonie, eine Anspielung auf Lenin, der gesagt hatte, bei Beethovens »Apassionata« möchte man allen Menschen zärtlich über den Kopf streicheln. So sei die Welt aber nicht, ergänzt Diba, denn laut Lenin müsse man einige Köpfe unbarmherzig abschlagen.

Heutzutage wollten alle nur noch in »Business« machen. Das Wort »Business« spricht er mit kühler Distanz in Anführungszeichen. Man müsse neue Chancen erkennen und nutzen, das sei stets seine Devise gewesen. Da er die alten Kameraden kenne, wisse er, wie sie tickten. Sich selbst nicht treu zu sein, das sei Verrat.

Aber wie konnte er, frage ich, seine früheren Genossen aus der Partei nach der Wende in Radio und Fernsehbeiträgen angreifen? Gehöre er zu jenen, die für ein paar Groschen ihre Seele verkaufen? Das gehe an der Sache vorbei, wehrt Diba ab. Heute stehe für ihn fest, er habe sich nichts vorzuwerfen. »Für mich war klar: Das Volk hat uns abgewählt. Alte Seilschaften wollten das nicht wahrhaben. Bis heute nicht. Gegen solche Leute, gegen diese alten Seilschaften, gegen diese Betonköpfe habe ich journalistisch gearbeitet. Das war mein Antrieb. Da habe ich nichts zurückzunehmen.«

Auf meine Frage, ob er nun Öl oder Sand im Getriebe des

Regimes war, zögert er. Er sehe das anders, er sei ein Spieler gewesen, er habe versucht zu gewinnen.

Mit einem Schlag ist alles anders

Im Herbst 2000 plant Diba eine Korea-Reise. Doch aus der geplanten Reportage über das ferne, geteilte Land wird nichts. Urplötzlich ist alles anders.

Mitten in der Nacht trifft ihn zu Hause der Schlag. Von einer Sekunde auf die andere geht nichts mehr. Er hat noch Glück im Unglück. Seine Frau findet ihn, ruft den Notarzt, er kommt auf die Intensivstation, die Ärzte können sein Leben retten.

Diba ist zweiundfünfzig Jahre alt. Er ist an den Rollstuhl gefesselt und kann »nicht einmal mehr Mama sagen«, erinnert er sich. Aus heiterem Himmel ist er ein Invalide, ein Aphasiker geworden. Der Mann des Wortes ist sprachlos. Er braucht Jahre, um die durch Blutmangel im Gehirn verursachten Schäden im Sprachzentrum wieder in den Griff zu bekommen.

Johannes Diba ist zäh, er kämpft und gibt nicht auf. Buchstabe für Buchstabe, Silbe für Silbe, Wort für Wort erobert er sich die Sprache zurück. Er versucht, ins Leben zurückzukehren, doch gleichzeitig laufen andere Dinge aus dem Ruder. Seine Ehe zerbricht, der geliebte Sohn zieht in den Westen. Während langer Klinikaufenthalte hat er Zeit, über sein Leben nachzudenken.

»Der Schlaganfall war die Quittung des Körpers für mein bisheriges Leben. Man kann wahrscheinlich schlecht zwei Seelen in der Brust haben, das geht auf Dauer nicht gut. Stets spielte ich verschiedene Rollen. Das kann man offenbar nicht ein ganzes Leben aushalten. Wahrscheinlich musste es so kommen.«

Diba nimmt sein Schicksal an. Er sucht nach Auswegen.

Untätig zu bleiben ist ihm unvorstellbar. Der Mann aus Dresden erfindet sich neu, von Grund auf. Er analysiert die eigene Krankheit, Ursachen und Folgen wie einen soziologischen Vorgang. Er lernt wieder zu schreiben, was ihm ungleich schwerer fällt als das Sprechen, er gründet Selbsthilfegruppen. Er bildet sich zum Berater fort, er leitet andere Aphasiker an. Er reist durch die Lande, hält Vorträge, produziert zwei Filme.

»Viele Aphasiker können weder schreiben noch sprechen, aber sie sind keineswegs geistig behindert. Auch wenn sie von Ärzten und Therapeuten oft so behandelt werden.«

Diba hat eine neue Mission. Er will Schlaganfallmenschen ihre Sprache wiedergeben.

Ich frage ihn, ob der Schicksalsschlag möglicherweise der Preis für sein Doppelleben war. Ohne Zweifel, antwortet Diba. Dennoch stelle sich »die alte Kafka-Frage« von Schizophrenie und Verrat anders. Natürlich lüge sich fast jeder in unangenehmen Situationen seine Wahrheit zurecht. Doch das sei nicht der entscheidende Punkt. Die Welt zerfalle nicht nur in Gut und Böse. Er sei ein politischer Mensch, er glaube nach wie vor an den Sozialismus, der Kapitalismus werde nicht das letzte Wort in der Geschichte haben, davon sei er überzeugt.

Diba wird noch einmal munter, er zitiert ein Beispiel aus seiner Arbeit in der Beratungsstelle für Schlaganfallpatienten. »Täuschung kann durchaus den Sinn haben, ein Ziel zu erreichen. Stellen Sie sich folgende Lage vor: Ein Patient wird nach einem Schlaganfall und überstandenem Tumor nie wieder seine Sprache erlangen können. Was soll man tun? Soll man ihm die Wahrheit sagen oder ihm die Hoffnung belassen? Ich tendiere eindeutig zum Prinzip Hoffnung. Vielleicht schafft er es doch!«

Johannes Diba möchte jetzt in Ruhe gelassen werden. Er fühle sich »ausgepresst wie eine Zitrone«. Er verlangt die Rechnung.

Ich frage, ob er Bedenken hat, seine *ganze* Geschichte zu veröffentlichen. Er zögert. Dann sagt er: »Warum nicht?« Halbe Sachen seien sowieso nicht seine Sache. Er wolle nur die Deutungshoheit behalten. Das Wort geht ihm jetzt erheblich leichter über die Lippen. Nein, er habe nichts zu befürchten, ergänzt er, seit seinem Schlaganfall sei er angstfrei, sozusagen ein anderer Mensch. Nur wer ohne Angst ist, das habe schon Schiller erkannt, der sei ein wahrhaft freier Mensch.

Nach einer kurzen Pause fragt er mich noch, ob ich Interesse an wirklich brisanten Geschichten hätte. Er habe Insiderkenntnisse über kriminelle Netzwerke, die weiter aktiv seien. Besonders in Sachsen, er könne mir die richtigen Kontakte vermitteln, er wisse, wer Leichen im Keller habe.

Diba lächelt in diesem Augenblick zufrieden und verschmitzt wie ein kleiner Junge. Dann nimmt er Mantel, Hut und Aktenkoffer und geht.

DIE IDEALISTIN
AUS LEIPZIG

Dann müssen wir reden

Der Name ist kompliziert, exotisch und schwer auszusprechen, aber einfach zu finden. Den Eintrag gibt es im Telefonbuch ein einziges Mal in Deutschland, in einer norddeutschen Großstadt. Eines Abends wähle ich die Nummer, die unter Dr. Anna Mwanzana (Name geändert) verzeichnet ist. Der Hörer am anderen Ende wird abgenommen, eine Frau meldet sich mit »Hallo, wer ist da?«. Ich entschuldige mich für die Störung, stelle mich als Journalist vor und bitte, sie sprechen zu können. Worum es gehe, reagiert die Frau misstrauisch. »Um eine Recherche, um ein paar Fragen für eine Fernsehdokumentation, genau genommen geht es um Tanja«, antworte ich.

Das Wort Tanja (Name geändert) verhallt wie ein Echo. Sekundenlang wirkt die Leitung wie tot. Hat sie aufgelegt? Ich frage vorsichtig nach, ob sie noch dran sei. Die Frau atmet. Ich rechne damit, dass sie spätestens jetzt auflegen wird. Nach einer unendlich erscheinenden Pause sagt sie: »Dann müssen wir wohl miteinander reden.«

Eine Woche später stehe ich vor einem schmucken Reihenhaus in einer Stadtrandsiedlung. An der Haustür empfängt mich eine zierliche blonde Frau. Sie sieht gut aus, sie ist eine Frau, nach der sich Männer umdrehen. So hat man sich also eine Agentin im Vorruhestand vorzustellen. Sie bittet mich freundlich herein.

Die Atmosphäre zwischen uns ist etwas bemüht. In ihrem Wohnzimmer ist Afrika versammelt, Landschaftsbilder, Skulpturen von Kriegern, bunte Stoffe auf Sesseln. Die meisten Dinge stammen aus Tansania, sagt sie.

Dann fasst sich die Anfang fünfzigjährige Frau ein Herz. Sie habe sich nach dem Anruf wie ertappt gefühlt, sie befürchtet, dass ihr Leben wieder eine Wendung nehmen könne. Sie erzählt, dass allein der Name Tanja wie ein Schlag in die Magengrube gewesen sei. Ein Gespenst kehre zurück, ein Phantom. Zwanzig Jahre lang sei Tanja tot gewesen, versteckt, verdrängt, vergessen, wie eine lästige Rechnung in der untersten Schublade.

Wieso hat sie mich nicht abgewimmelt? Warum hat sie sich überhaupt auf ein Gespräch eingelassen?

Sie habe sich in den letzten Tagen mit Zweifeln herumgeschlagen. Hätte sie nicht doch besser ihren schönen, aber auffälligen Nachnamen ändern sollen, um einfach von der Bildfläche zu verschwinden? Sie habe überlegt, was zu tun sei, sich nächtelang gequält und so gut wie nicht geschlafen. Ist ihr neues Leben wegen der alten Geschichten bedroht? Was wird aus ihrem Job? Sie hat zwei Söhne, der Jüngere wohnt bei ihr. Die Angehörigen wissen von nichts. Was heißt das für ihre Freunde? Sie ist verunsichert und spricht ihre Bedenken offen aus.

»Alles stimmt, alles funktioniert. Keiner weiß, was früher war. Nicht einmal meine beiden Söhne. Wenn ich jetzt in die Medien kommen sollte, ist mein Leben komplett in Gefahr.«

Man kenne sie als Mutter, als freundliche Nachbarin und verlässliche Kollegin in der Erwachsenenbildung. Sie bemühe sich, das erfolgreiche Leben einer berufstätigen, alleinerziehenden Frau zu führen. Nur engste Bekannte wüssten um ihre Sehnsucht nach Weite und Ferne, nach Abenteuern und wahren Gefühlen, nach ihrer großen Liebe, nach Afrika. Den Namen Mwanzana aus zweiter Ehe habe sie nicht abgelegt, fährt sie fort, Afrika soll ein Teil ihres Lebens bleiben, diese Geschichte will sie nicht einfach abschütteln.

Anna Mwanzana war einmal Tanja. Und Tanja war einmal Anna. In ihrem Gesicht steht die Geschichte einer Frau, die ein Doppelleben geführt hat, um einen Traum zu erfüllen, den Traum einer besseren Welt.

Die Akte Tanja

Die Akte ist ausgesprochen ordentlich geführt. Auf Hunderten von Seiten deutsche Gründlichkeit. Die Rede ist von Aktenführern, Vorgängen, Treffberichten, Maßnahmen, Einschätzungen, Auszeichnungen. Es ist ein Wust an Formeln und Fakten. So wird ein Mensch vom Schreibtisch aus geführt und eingeschätzt. Tanjas Überleben in den Stasi-Karteien ist einem reinen Zufall zu verdanken. Die Akte wurde in Leipzig, im berühmt-berüchtigten Haus an der »runden Ecke« angelegt, das heute ein vielbesuchtes Museum ist. Dort diente sie der Hauptverwaltung Aufklärung als Agentin. Tanja war Spionin. Sie kam aus dem Osten, um den Westen auszukundschaften. Sie gehörte zur geheimen Armee des legendären Spionagechefs Markus Wolf.

In den Nachwendetagen sollte ihre Akte vernichtet werden. Ein Gutteil der Papiere war bereits lose in Säcke zum Abtransport verpackt worden, doch ein aufmerksames Komitee rettete die Zettel, die auf Weisung des letzten DDR-Innenministers Peter-Michael Diestel im April 1990 zur Vernichtung vorgesehen waren. Nur in Leipzig verhinderten ein paar Bürgerrechtler seinen Befehl zur Beseitigung aller Hinterlassenschaften von Markus Wolfs Geheimarmee, in keiner anderen Stadt. Durch diese Besonderheit überlebte Tanja. Jede einzelne Seite ihrer Geschichte wurde in den neunziger Jahren wieder zu einer kompletten Akte zusammengepuzzelt.

Fein säuberlich, teilweise in Maschinenschrift, sind mehrere Lebensläufe festgehalten. Übereinstimmend entsteht das Bild einer mustergültigen DDR-Kindheit, einer Jugend, in der eine zuverlässige Genossin heranwächst. Zu lesen ist von einer Frau, die nicht unbedingt ehrgeizig ist, aber voller Sehnsucht nach einer besseren Welt.

Wenige Tage nach Weihnachten 1950 kommt Tanja als Anna Heß (Name geändert) zur Welt. Sie ist die älteste Tochter, weitere fünf Geschwister folgen in kurzen Abständen, darunter vier Mädchen. Sie wächst in einer intakten Großfamilie in bescheidenen Verhältnissen auf. Die Heß' verlassen bald den Braunkohleort Tröbitz in der Niederlausitz. Der Vater ist in der neu formierten Nationalen Volksarmee, er muss als Soldat eines Panzerbataillons nach Mecklenburg. »In Torgelow hatte ich meine schönsten Kindheitsjahre«, schwärmt Tanja, »wir waren frei und wuchsen unbeschwert mitten in der Natur auf.« Als der Vater Ende der fünfziger Jahre ins sächsische Frankenberg bei Chemnitz versetzt wird, ist die kleine Anna traurig. Es war, als habe man sie »aus einem Paradies« vertrieben.

Annas Mutter ist Hausfrau, geht stundenweise arbeiten und versorgt ihre sechs Kinder. 1958 flüchtet ein Teil der Familie in den Westen, darunter Onkel, Tanten und Cousinen von Anna; sie siedeln sich in Augsburg an. Man hält losen Briefkontakt. Annas Familie bleibt in der DDR.

Sie engagiert sich früh für andere Menschen. Jeden Mittwoch kümmert sie sich um eine ältere Dame in der Nachbarschaft. Sie putzt, pflegt und versorgt die Nachbarin nach der Schule, für Anna ist diese Hilfe eine Selbstverständlichkeit.

Das junge Mädchen glaubt, was in der Schule gelehrt wird: Der Sozialismus ist die Zukunft. Er schafft eine gerechtere Gesellschaft. Sie streitet für Gemeinschaft und gegen Individualismus, für die Seele und gegen Geldherrschaft, für Spontaneität und gegen Konvention, für Aufrichtigkeit und gegen Künstlichkeit, für Selbstverwirklichung und gegen Karrieredenken. Es war mehr als eine Mädchenschwärmerei, ergänzt sie, sie habe fest an diese Werte geglaubt. Werte, die heute noch für sie zählen.

Anna Mwanzana sieht traurig aus, als sie von ihrer Jugend erzählt. Ob bei den Jungen Pionieren oder in der FDJ-Gruppe, Anna ist immer ansprechbar, stets für andere da, bereit, alles für die Gemeinschaft zu geben, ohne zu fragen, was sie dafür bekommt.

Sie macht eine Lehre als Webereifacharbeiterin, jobbt zeitweise als Schuhverkäuferin. Mit neunzehn Jahren beginnt sie an der Pädagogischen Hochschule Dresden ein Lehrerstudium. Sie belegt die Fächer Geschichte und Russisch. Schon mit zwanzig tritt sie in die Sozialistische Einheitspartei Deutschlands ein und wird Genossin – aus Überzeugung. Im Gegensatz zu ihren Geschwistern ist dieser Schritt für sie keine leere Geste, sondern ein Bekenntnis zum ersten Arbeiter- und Bauernstaat auf deutschem Boden.

Anna Heß verkörpert die neue Zeit, von der alte Parteigenossen gerne reden. Sie will etwas leisten. Sie heiratet einen Lehrer, nimmt dessen Namen an, ihr erster Sohn heißt Jost (Name geändert). Als junge Lehrerin wird sie nach Hoyerswerda versetzt. Da ist sie dreiundzwanzig Jahre jung.

Hoyerswerda ist eine sozialistische Musterstadt. Aus dem Boden gestampft, um die Braunkohle im Kombinat Schwarze Pumpe zu verarbeiten. Hoyerswerda ist das neue Energiezentrum der DDR.

Anna stürzt sich in die Arbeit als Lehrerin und Mutter, als Genossin und Ehefrau. Sie trotzt allen Widrigkeiten wie ihr literarisches Vorbild Franziska Linkerhand, geschaffen von der früh verstorbenen Schriftstellerin Brigitte Reimann. Solche Bücher habe sie damals verschlungen, erzählt sie. Frauen wie Franziska sind ihre Heldinnen aus den Aufbaujahren gewesen: eine junge Architektin voller Tatkraft und Leidenschaft, die hungrig aufs Leben ist. Dieser Roman über eine Frau, die von großen Idealen träumt und am Ende um

jeden Zentimeter Fensterbreite in einem Plattenbau streiten muss, bleibt unvollendet, genau wie die Geschichte von
Tanja.

Reden oder schweigen

Ihre Leipziger Akte liegt zwischen uns auf dem Wohnzim-
mertisch. Wir sitzen einander verkrampft gegenüber und
trinken Tee. Anna Mwanzana nimmt die Akte, blättert und
staunt. Sie hält die Papiere zum ersten Mal in den Händen,
ihre zweite Identität.

»Wer sich heute zur Staatssicherheit bekennt, kommt an
den Pranger wie früher im Mittelalter. Da ist man chancen-
los. Egal, was man sagt. Dabei haben die Leute nichts verstanden, von der Zeit, von den Umständen und den Gründen. Ich war in keiner Verbrecherorganisation, ich wollte
eine bessere Gesellschaft.« Ihre Stimme flattert ein wenig,
man kann das Ticken der Wanduhr hören. »Ich habe eine Ar-
beitsstelle in der Erwachsenenbildung, ich habe Familie, ich
habe Freunde und Bekannte. Ich führe seit zwanzig Jahren
ein bescheidenes und zurückgezogenes Leben. Ich will das,
was ich mir aufgebaut habe, nicht einfach aufgeben und verlieren für Papier aus längst vergangenen Zeiten. Was wird
passieren, wenn die Sache bekannt wird? Niemand weiß von
Tanja. Niemand!«

Wir diskutieren über Chancen und Risiken eines Auftritts
in der Öffentlichkeit. Man könne ihre Identität verändern,
sie optisch und akustisch verfremden, biete ich an. Und dann
ein ganz anderes Argument: Sie könne sich von der Last des
Doppellebens befreien und einen ehrlichen Neuanfang wagen. Das jahrzehntelange Versteckspiel sei dann vorbei. Anna
Mwanzana bleibt misstrauisch. »Was macht die ›Bild‹-Zei-
tung mit mir? Wie lauten die Schlagzeilen? Heißt das dann
nicht: langjährige Stasi-Agentin endlich enttarnt? Muss ich

nicht spießrutenlaufen? Werde ich entlassen? Was wird aus meinem Sohn? Wie kann ich dann weiterleben?«

Sie bittet um eine Woche Bedenkzeit. Bei der Verabschiedung an der Reihenhaustür fragt sie scheinbar beiläufig, was denn passiere, wenn sie sich weigere, mitzumachen? Habe sie eine Alternative?

Jetzt zögere ich einen Moment. Ich sichere ihr Fairness, Seriosität und Offenheit zu. Ihre Augen kommentieren diesen Satz mit Skepsis. Dann füge ich hinzu, dass die Akte seit wenigen Wochen in Berlin erschlossen und damit für Journalisten zugänglich sei. Jeder, der einen Antrag stelle, könne sie in der Behörde einsehen. Vielleicht schreiben bald andere ihre Geschichte, sage ich, dann habe sie keinen Einfluss mehr.

Anna Mwanzana lässt in der Schwebe, wie sie sich entscheiden wird. Sie überlegt eine Woche lang. Schließlich fasst sie ihren Entschluss. Der Augenblick sei gekommen, weglaufen gehe nicht mehr, jetzt oder nie!

Anna alias Tanja weiß plötzlich, was zu tun ist. Sie spricht ausführlich mit einem ihrer Söhne, Jens (Name geändert). Dann greift sie zum Hörer und telefoniert mit Freunden, Familienangehörigen, auch dem älteren Sohn Jost (Name geändert), und Kollegen, um ihre Geschichte zu erzählen. Zum verabredeten Zeitpunkt klingelt das Telefon auch bei mir. Sie sei bereit, sagt sie: »Reden wir also über Tanja.«

Hoyerswerda

Wir fahren zusammen ins sächsische Hoyerswerda. Die Otto-Grotewohl-Schule, die Zehnte Polytechnische Oberschule, ist einer dieser austauschbaren Plattenbauten mitten in einem riesigen Neubaugebiet. Das dreistöckige Gebäude aus den siebziger Jahren ist renoviert. In einer Ecke des Schulhofes entdecken wir einen verwilderten »Ehrenhain«.

An einer Gedenkmauer, umrahmt von zwei Fahnenmasten und zerbrochenen Schalen, sind verwitterte Buchstaben zu entziffern, ein Zitat Johannes R. Bechers, des DDR-Kulturministers. Hier fand der Morgenappell statt.

»Hoyerswerda war ein besonderes Pflaster für Lehreranfänger, Hoyerswerda galt als schwierig. Weil es sehr viel Jugendliche gab aus sehr unterschiedlichen Bereichen und nichts gewachsen war, alles war neu. Die Besonderheit dieses Schichtsystems des Gaskombinats Schwarze Pumpe hat den Alltag diktiert. Ich konnte nicht mit Eltern arbeiten wie in anderen Städten, in denen Mütter zu Hause waren. Das Schichtsystem für Väter und Mütter war für viele Familien ein großes Problem. Das war die Herausforderung. Das fand ich spannend.«

Ab Herbst 1977 versucht sie ihren Schülern das kleine Einmaleins des Lebens beizubringen. Die Arbeit macht ihr Freude. Sie ist eine engagierte Lehrerin. Vormittags unterrichtet sie Deutsch und Russisch, nachmittags sammelt sie mit der Klasse Altstoffe; die Einnahmen gehen in die Klassenkasse. Am Wochenende lässt sie sich bei Subbotniks einteilen, freiwilligen Arbeitseinsätzen zur Stärkung von Nachbarschaft und Sozialismus.

Der neue Hausmeister hält Anna für eine Schülerin aus der Abgangsklasse, obwohl ihr Sohn Jost schon sechs Jahre alt ist, so klein, zierlich und mädchenhaft wirkt sie. Auf einem Klassenfoto sieht die Junglehrerin aus wie eine sitzengebliebene Schülerin. Ihr Fach Russisch ist nicht beliebt. Die vierzehnjährigen Schüler sind aufmüpfig, sie muss sich durchsetzen.

Im Fach Deutsch geht es um eine Frage, die ihr am Herzen liegt: Wie stärken wir den Sozialismus? Marx und Engels sind ihr vertraut, in vier Jahren Studium in Dresden hat sie die komplette Literatur verschlungen. Lenin ist ein Vorbild.

Die engagierte Lehrerin will eine gerechte Verteilung aller Waren, Güter und Lebenschancen. Kapitalismus ist für sie Ausbeutung und die Herrschaft der Reichen. Manche Eltern, die wegen der hohen Löhne aus allen Teilen der DDR nach Hoyerswerda gekommen sind, tuscheln hinter ihrem Rücken, was das denn für eine »rote Socke« sei?

Der Besuch

In der Bundesrepublik fordert zur gleichen Zeit eine Gruppe linksextremer Terroristen den Staat mit Gewalt heraus. Arbeitgeberpräsident Schleyer wird entführt und ermordet. Im Hochsicherheitstrakt von Stammheim bei Stuttgart setzen prominente Führer der Roten Armee Fraktion ihrem Leben ein Ende. Die BRD sei in ihrer schwersten Krise, steht in den DDR-Medien, der bürgerliche Staat zeige sein wahres Gesicht. Es ist der Deutsche Herbst. In Hoyerswerda ist das weit weg.

In diesem Herbst 1977 bekommt sie eines Tages nach Schulschluss im Lehrerzimmer Besuch von zwei Herren, die aussehen wie Mitarbeiter des Ministeriums für Staatssicherheit, und das sind sie auch. Die Männer fragen nach dem üblichen Geplauder über Wetter und Wartezeiten für Trabis, ob sie nicht beim Aufbau des Sozialismus helfen wolle. Der Herrenbesuch ist kein Zufall. Die Empfehlung kam ohne ihr Wissen vom eigenen Ehemann; er schützt bereits als IM »Gerhard« (Name geändert) die Republik vor Feinden und Störern.

Das junge Ehepaar glaubt an die DDR-Gesellschaft. Nach wenigen Wochen Bedenkzeit stimmt die Lehrerin zu. Mit achtundzwanzig Jahren erklärt sich Anna bereit, »ein hohes Maß an Entbehrungen und Opferbereitschaft« für die Sache in Kauf zu nehmen. Sie entschließt sich »bewusst aus tiefer marxistischer Grundüberzeugung für eine dauerhafte Zusammenarbeit mit unserem Organ«, vermerkt der Werbungsbericht. Den Decknamen Tanja (Name geändert) wählt sie selbst aus.

Vom ersten Tag an erwägen die Offiziere, die attraktive und talentierte Frau im »Operationsgebiet« einzusetzen; Operationsgebiet heißt Bundesrepublik Deutschland. Geplant sind »verdeckte Missionen«, aus Anna soll »eine Art Mata Hari« aus Hoyerswerda werden.

Die junge, berufstätige Mutter macht nun Überstunden und verfasst als Tanja Berichte. Sie lesen sich wie bemühte Deutschaufsätze. Tanja charakterisiert eine Besucherin aus Österreich, die mit einer Delegation in Hoyerswerda weilt. Sie erkundet, wie ein Kollege in den Besitz von Unterlagen der westdeutschen Friedrich-Ebert-Stiftung gelangt. Sie schreibt in Schönschrift, ausführlich und gewissenhaft, manchmal schweift sie ab, verliert sich in Nebensächlichkeiten.

Eigentlich hat sie keine Zeit für kleine Aufpasserjobs und Anschwärzereien im Bekannten- oder Kollegenkreis. Sie zieht nach Leipzig um, in die Stadt, in der sie als Pädagogin promovieren will; ihr Thema lautet: »Fähigkeit und Könnensentwicklung von Schülern der fünften bis siebten Klasse im Geschichtsunterricht«. Die Doktorandin ist unter Druck, dennoch kommt sie auch »trotz Erkältung« aus Leipzig nach Hoyerswerda zu vereinbarten Terminen, lobt ihr Führungsoffizier. Wenn die Partei ruft, ist sie da.

Die junge Frau schafft es, die vielfache Rolle als Mutter, Lehrerin, Wissenschaftlerin und Informantin unter einen Hut zu bringen. Allerdings geht die Ehe in die Brüche. Sie lässt sich scheiden, ihr Sohn kommt zu den Großeltern ins Erzgebirge. Nun bricht sie ihre Zelte in Hoyerswerda ab und wechselt ganz nach Leipzig.

Die Messestadt wirkt weltoffen, es ist eine buntere Welt als im betongrauen Hoyerswerda, und an der Universität geht es international zu. So lernt sie 1978 einen jungen Studenten aus Tansania kennen, der anders ist als die Männer, die sie bisher kannte. Der Afrikaner studiert Agrarwissenschaften in der DDR und plant, sein Studium in der Bundesrepublik abzuschließen, um später in seiner Heimat ein eigenes Unternehmen aufzubauen. Sie verliebt sich in ihn. Der junge, gutaussehende Mann heißt Isaya Mwanzana, genannt Iso (Name geändert).

In diesem Sommer 1978 schickt die DDR den ersten Deutschen ins All, ein Triumph. Die Überlegenheit des Sozialismus werde immer deutlicher, künden die Zeitungen. Der Kosmonaut Siegmund Jähn wird in der Ostrepublik wie ein Volksheld gefeiert. Anna und Isaya planen zu diesem Zeitpunkt eine gemeinsame Zukunft in Afrika. Doch nicht nur Isayas Vater ist dagegen, auch das Ministerium hat andere Pläne als ausgerechnet den schwarzen Kontinent.

Kurz nach Isayas Diplom, das er 1979 mit summa cum laude abschließt, sprechen Leipziger Genossen den Mann aus Tansania an. Er will seine deutsche Frau nicht verlieren, er willigt ein. Aus Tansania wird nichts, aus Anna und Iso entwickelt sich ein Agentenpärchen mit Auftrag »Einsatz in der BRD«.

Die beiden sind inzwischen verheiratet, Anna hat seinen Namen Mwanzana angenommen. Das deutsch-afrikanische Ehepaar fällt auf. Sie sind Exoten in der DDR. Ihr gemeinsames Glück in Leipzig währt nur wenige Monate. Isaya tritt wie geplant sein Stipendium in Gießen an, das im Feindesland liegt. Leipzig und Gießen trennt der Eiserne Vorhang, ein Bollwerk mit Selbstschussanlagen, Minen und Stacheldraht. An dieser Grenze geht ohne Genehmigung nichts. Es sei denn, man stammt aus Tansania. Oder man wechselt die Identität und lässt sich einschleusen: als Frau mit zwei Gesichtern, als frisch verheiratete Akademikerin Anna und als Agentin Tanja der DDR.

Der Auftrag

»Sie waren wie Kameraden für mich«, erinnert sich Anna Mwanzana. Sie fühlt sich einer verschworenen Gemeinschaft zugehörig, einer Art Elite. Die Offiziere der Staatssicherheit sind durch die Bank weg Männer, die meisten Mitte dreißig, sie sprechen sich nur mit Vornamen an. Die richtigen Namen kennt Anna bis heute nicht.

Ein Alfred (Name geändert) stimmt sie 1981 auf ihre Zeit im Westen ein. Der Einsatz werde hart und entbehrungsreich sein. Doch die »objektive Aufgabe« sei umso wichtiger, das müsse der Ansporn sein. 1,3 Millionen Arbeitslose in der BRD seien 1,3 Millionen Gründe, die Herrschaft des Kapitals zu brechen. Die Zeit arbeite für den Sozialismus.

Alfred kommt auf das aktuelle Problem in Europa zu sprechen, »den polnischen Schlendrian«, wie er sich ausdrückt. Die Genossen in Warschau hätten geschlafen und gegen Prinzipien verstoßen. Solidarność sei vom Westen gesteuert, vom Vatikan und von der CIA. Die Bewegung werde bald wieder zerfallen. Der polnische Bazillus könne nicht auf die DDR überspringen, hierzulande wolle man in Ruhe arbeiten und nicht ständig streiken.

Die Offiziere setzen auf Tanja. Ihre analytischen Fähigkeiten, als Pädagogin komplexe Zusammenhänge zu erkennen und auf den Punkt zu bringen, imponieren den Herren. Während dieser »Ausbildung« lernt Tanja eine junge Frau kennen; sie ist Polin und studiert in Leipzig an der Schauspielschule. Nach Gesprächen mit ihr verfasst Tanja Protokolle über die Lage im polnischen Nachbarland. Die Schauspielerin hat kein Blatt vor den Mund genommen. Sie berichtet vom täglichen Anstehen der Menschen für Fleisch, Mehl und Zucker. Viele Warschauer stellten sich dabei schon mitten in der Nacht, um drei Uhr früh, an, um am nächsten Morgen ein wenig Käse oder Butter zu ergattern. Dabei kämen sie auf die verrücktesten Ideen; sie leihten sich zum Beispiel gegenseitig Babys aus, um schneller an die Reihe zu kommen. Lebensmittel würden gehamstert, der Schwarzmarkt blühe, die Stimmung sei auf dem Nullpunkt.

Tanja gibt die Schilderungen der Studentin ungefiltert weiter. Sie informiert, dass ein polnischer Milizionär im Vergleich zu einem durchschnittlichen Arbeiter das Zehnfache an Kindergeld erhalte. Sie notiert, dass die Bevölkerung ein gestörtes Verhältnis zu Staats- und Parteichef Giereck habe. Ihr Dossier über »konterrevolutionäre Stimmungen in der Volksrepublik Polen« erstellt sie wenige Tage vor Ausbruch der wilden Streiks von Danzig. »Lesenswert«, vermerkt ein Ausbilder am Rand.

In der späteren Aussprache rücken sie die verstörenden Informationen aus dem »Bruderstaat« ins rechte Licht. Der starke Einfluss der Kirche und Fehler der Führung seien an »der polnischen Krankheit« schuld. In der DDR gebe es solche Entwicklungen nicht. Die Partei wisse, was das Volk denke.

Monatelang absolviert »Kandidatin Tanja« ein Trainingslager »zur Erziehung und Befähigung« für den Spionageeinsatz im Westen. Ein Genosse Rainer (Name geändert), der sie besonders beeindruckt und den Tanja aus der Studienzeit kennt, erklärt, das bürgerliche Lager werde niemals die Gründung einer sozialistischen Republik verzeihen. Die Bourgeoisie wolle Rache und »unsere Errungenschaften« abschaffen. Man dürfe sich keinerlei Illusionen machen. Die Entspannungspolitik sei ein Fortschritt, aber für viele im Westen ein taktisches Manöver.

Reaktionäre Kreise träumten von einem »Roll-back«, einem »Tag X«. Deshalb sei es unverzichtbar zu erfahren, was führende Politiker und Meinungsmacher in Bonn, Hamburg oder München planen, was sie im Schilde führen.

Tanja wird das Abc des Agentendaseins eingetrichtert. Sie lernt, wie man im Westen unauffällig ein Konto eröffnet, wie Dokumente optimal ausgeleuchtet werden, um sie heimlich zu fotografieren, wo Kassiber zu verstecken sind, wie Geheimtinte und chiffrierter Funkverkehr funktionieren.

Tanja fühlt sich in dieser Gemeinschaft von Gleichgesinnten wohl. Die Leipziger Genossen verstehen sich als Avantgarde im Auftrag einer gerechten Sache. Selbst beim Mittagessen plaudern und politisieren sie über die großen und kleinen Dinge des Kalten Krieges. Sie reden über Kindererziehung, Urlaubsplätze und diskutieren die Chancen einer neuen Bewegung im Westen, die sich grün nennt.

Die Legende

Das Schulungsprogramm ist anstrengend, aber abwechslungsreich. Tanja soll ihre künftige Rolle als Spionin im Westen perfekt spielen können. In den Unterlagen der Tanja-Akte tauchen umfangreiche Anleitungen auf, die sich mit Fragen der Tarnung beschäftigen.

Als Grund für ihren Wechsel in den Westen soll sie persönliche Gründe angeben, heißt es. Sie habe an den Sozialismus geglaubt, aber der Alltag sehe eben anders aus. Sie habe ihr persönliches Glück nicht verwirklichen können. Selbstverwirklichung sei ein magisches Wort im Westen, das würde man drüben sofort akzeptieren, erklärt man ihr. Schließlich sei sie mit einem Afrikaner liiert, der nicht in der DDR habe bleiben wollen. Die Legende besagt, sie sei »eine Genossin im Widerspruch«.

Viel Zeit widmen ihre Ausbilder der Frage, wie Tanja sich in der Öffentlichkeit bewegen solle, ohne aufzufallen. Viele Westler erkenne man in der DDR vor allem an drei Dingen, so ein Offizier: an besseren Schuhen, eleganterer Kleidung und einem selbstbewussteren Auftreten. Westmenschen redeten nicht nur anders, sondern gingen anders, leichter, lockerer. An einem Punkt aber seien erfolgsverwöhnte Westler verwundbar: Sie fühlten sich überlegen, seien eitel und geltungssüchtig. Genau da müsse man ansetzen. Tanja dürfe nicht nach Ostblock aussehen, das sei entscheidend, aber das würde ihr nicht schwerfallen.

Die Stimmung ist gelöst. Es wird viel gelacht. Die meisten Stasi-Witze, die erzählt werden, stammen aus den Büros des Ministeriums selbst, einer geht so: »Der Genosse Oberst verlässt das Dienstgebäude und steigt bei seinem Fahrer ein. Dieser fragt: Wo soll es hingehen, Genosse Oberst? – Egal, antwortet der Chef. – Wirklich?, entgegnet der Chauffeur ratlos. – Fahren Sie, wohin Sie wollen, wir werden überall gebraucht.«

Am Ende bekommt die junge Frau viertausend Westmark. Sie soll sich elegant und modisch kleiden, um attraktiv und anziehend zu wirken. Das Eindringen in eine Männerbastion, das Zentrum der Macht, ist ihr Auftrag. Sie soll Multiplikatoren aus Politik und Medien auskundschaften und für Ziele der DDR werben, was immer das zu bedeuten hat. Eine maßgeschneiderte Aufgabe, um mit den Waffen einer Frau die Sache zu erreichen, so die Kalkulation der Herren vom Ministerium.

Der Tag der Schleusung ist für Dezember 1981 vorgesehen. Fast ein ganzes Jahr lang ist sie geschult worden. Sie hat sich den Westen theoretisch einverleibt und »ein psychodiagnostisches Untersuchungsverfahren« durchlaufen, ein psychischer Belastungstest. Nur in einer Frage haben die Psychologen der Staatssicherheit keine überzeugende Antwort gefunden. Das Problem ist zehn Jahre alt und heißt Jost. Jost ist Tanjas Sohn. Er bleibt in der DDR zurück; Kinder stören im Spionagegeschäft. Tanja hat Gewissensnöte, auch wenn sie diese vor ihren Genossen verheimlicht.

Was passiert mit ihrem Kind? Wie wird es ihm bei seinen Großeltern ergehen? Wie wird sie selbst damit klarkommen? Was soll sie auf seine Fragen antworten, wenn er älter wird?

Der Junge ist ihr wunder Punkt. Anna Mwanzana spricht kaum darüber, einer der wenigen Bereiche ihrer Biografie, die sie hinter einer Mauer des Schweigens verbirgt. Die damalige Trennung schmerzt bis heute.

Notaufnahmelager Gießen

»Kennen Sie den?«, fragt der Beamte Tanja: »Kommt ein Sachse ins Notaufnahmelager. Der Beamte fragt den DDR-Bürger: Sind Sie aus politischen Gründen in den Westen gekommen? – Eigentlich nicht. – Waren es wirtschaftliche Gründe, wollten Sie besser leben? – Ich hatte es gar nicht so schlecht. Der Beamte wird misstrauisch: Sind Sie vielleicht eingeschleust worden, sind Sie etwa ein Maulwurf? – Gott bewahre! – Nun, was wollen Sie bei uns im Westen? – Ich konnte den Dialekt nicht mehr hören.«

Der Beamte im Notaufnahmelager lacht über den eigenen Witz. Er nimmt sich viel Zeit, obwohl die Anlaufstelle für Flüchtlinge und Übersiedler kurz vor Weihnachten mit Menschen aus ganz Osteuropa überfüllt ist. Der Beamte scheint neugierig zu sein. Er interessiert sich für ihren exotischen Familiennamen, für Tansania, für ihre Promotion, er fragt sie nach ihren Plänen. Den hiesigen Arbeitsmarkt für Akademiker schildert er in düsteren Farben. Keiner warte auf Pädagogen aus der DDR, es gebe genug davon. Tanja fühlt sich wie eine Bittstellerin behandelt, »wie ein Zonenkind«, dem man die Welt erklären muss. Das macht sie zornig. Doch ihre Ausbilder haben in solchen Situationen Zurückhaltung verordnet. Nur keine Gefühle anmerken lassen. Emotionen sind gefährlich, sie sind verräterisch. Der Beamte prüft den Antrag ein letztes Mal, dann knallt er mit geübtem Schwung seinen Stempel auf das Dokument. Er heißt sie in der Bundesrepublik willkommen und wünscht frohe Weihnachtstage, das erste Fest in Freiheit, wie er anmerkt.

Das Lager in Gießen ist ein Zweckbau mit lang gezogenem Innenhof, einem riesigen Speisesaal und endlosen Fluren. Bürokratie scheint keine ausschließlich ostdeutsche Spezialität zu sein, sehr gesamtdeutsch, findet Tanja.

Auf einem Laufzettel, den sie bei sich zu führen hat, stehen Positionen, die abzuarbeiten sind. Eine Stelle A ist aufzusuchen. In diesem Büro begrüßt sie ein diskreter älterer Herr »von einer bundesdeutschen Dienststelle«, wie er sich vorstellt. Bei ihm verbringt sie mehrere Stunden. Er diskutiert mit ihr über den soeben stattgefundenen DDR-Besuch von Kanzler Helmut Schmidt bei Erich Honecker. Er will wissen, ob sie in letzter Zeit in Polen war. Von dort höre man über Proteste und die Verhängung des Kriegsrechtes. Tanja weicht aus, verschweigt, dass sie dramatische Schilderungen gehört hatte.

Sie erzählt ihre einstudierte Geschichte einer aufgeweckten DDR-Bürgerin, die in Widerspruch mit den Behörden geraten sei. Sie wolle ihrem Ehemann folgen, der in Gießen ein Stipendium für Landwirtschaft erhalten habe.

Der Mann von der Stelle A fixiert sie und lässt sich immer wieder ihre Ausreisegeschichte erzählen. Er nickt zustimmend, als sie erklärt, nur im Westen könne man sein persönliches Glück mit einem Afrikaner finden. Am Ende des »Informationsaustausches« erbittet er noch ihre Unterschrift unter eine Erklärung. Das Papier sei eine reine Formalität, mehr nicht, das müsse man bei ihrem Lebenslauf als SED-Genossin und Lehrerin machen, man wolle sich im Westen keine Laus in den Pelz holen. Sie verstehe schon, erklärt der Mann von der Stelle A und nickt aufmunternd. Tanja unterschreibt, dass sie und ihr Ehemann keinerlei Verbindungen und Kontakte zum DDR-Staatssicherheitsdienst haben. Dann entlässt er sie in die Freiheit, wie er sagt.

Tanja ist einunddreißig Jahre alt, als sie einen grünen Pass mit einem Adler erhält. Sie beginnt ein völlig neues Leben als Bundesbürgerin. Als Erstes wartet tatsächlich das Glück auf sie. Es steht am Lagerausgang, lächelt und winkt fröhlich. Es ist Isaya, genannt Iso, der junge Mann aus dem einstigen Deutsch-Ostafrika. Nach Monaten der Trennung fallen sie sich in die Arme.

Alltag im Westen

Anna Mwanzana braucht erheblich länger als geplant, um sich im Westen einzuleben. Sie tut sich schwer. Das gelobte Land ist faszinierend farbig, aber fremd. Die Schaufenster sind voll, das Warenangebot in Fußgängerzonen und Einkaufszentren überwältigend. Sie ist konfrontiert mit einer neuen Welt, einer Welt der Sonderangebote und Schnäppchen. Es ist ein Überfluss, der die an Mangel, Wartezeiten und Verzicht gewohnte Ostbürgerin beschämt. Sie erlebt, was viele DDR-Bürger in den ersten Monaten ihrer Übersiedlung erleben. Die Menschen im Westen sprechen die gleiche Sprache, doch sie leben, arbeiten und denken anders.

Manchmal hat sie Heimweh, besonders in langen Nächten. Iso spricht dann von ihrer deutschen Grübelei, tröstet sie und beschwört den Zauber Afrikas. Er erzählt von seiner Heimat Tansania, dem schönsten Land der Erde mit dem endlosen Viktoriasee, unberührten Savannen und dem Kilimandscharo als mächtigem Wahrzeichen, fast sechstausend Meter hoch. Er schildert die babylonische Vielfalt in seinem Land mit mehr als einhundertdreißig verschiedenen Sprachen, trotzdem verstehe man sich gut. Wie kompliziert sich doch die Deutschen benehmen, die nur über eine einzige Sprache verfügen! Er schildert die Not seiner Landsleute. Tansania zählt zu den ärmsten Ländern der Erde. Die Menschen werden im Schnitt fünfzig Jahre alt, und dennoch seien die meisten Tansanier zufriedener als die Durchschnittsdeutschen mit Reihenhaus, Krankenversicherung und Rentenanspruch.

Iso verkraftet den deutsch-deutschen Frontenwechsel leichter als Tanja. Gegenüber dem ostdeutschen Geheimdienst fühlt er sich zu nichts verpflichtet. Das ist nicht seine Welt, das ist die Welt der verfeindeten Deutschen. Iso ist ein fröhlicher Mensch, er ist der ruhende Pol in der Beziehung. Er träumt nicht unbedingt vom Sozialismus, aber er schwärmt von der Politik seines Präsidenten Julius Nyerere, der auf dem flachen Land, in dem vier Fünftel der Bevölkerung leben, die »Ujamaa« eingeführt hat. »Ujamaa«, das ist Swahili und bedeutet so viel wie Verwandtschaft oder Gemeinschaft. Iso will seinem bitterarmen Land helfen. Er plant den Aufbau einer modernen Maisanlage, die er mit deutschem Fachwissen errichten und deren Chef er werden will.

Auch Iso plagt manchmal Heimweh. Eines Tages möchte er zurück nach Tansania, Deutschland ist für ihn eine Zwischenstation. Dennoch kommt seine Doktorarbeit zum Thema Bodenchemie nur mühselig voran; deutsche Prüfungsordnungen sind kompliziert, und die Professoren haben nie Zeit für ihn.

Tanja und Iso wohnen in einer winzigen Wohnung zur Untermiete. Das günstige Quartier im ländlichen Allendorf ist eine Stunde Busfahrt von der Universität Gießen entfernt. Der Hausbesitzer ist Rentner. Er setzt den Mwanzanas zu, macht einerseits Tanja den Hof, regt sich andererseits über Iso auf. Er stichelt, das hätte es früher im Dorf nicht gegeben, »Leute aus dem Busch« auf unsere Kosten. Der Alte schwärmt von seiner Zeit als Abwehrmann im Zweiten Weltkrieg, damals habe es noch echte Kameradschaft und richtige Kerle gegeben. Zehn Jahre sei er in russischer Gefangenschaft auf der Krim gewesen, erzählt er, das habe ihn hart gemacht.

War ihr Vermieter ein gesuchter Nazi? Tanja fühlt sich in solchen Momenten als Spezialagentin zur richtigen Zeit am richtigen Ort. Sie übermittelt die Daten ihres Vermieters nach Leipzig und spekuliert, dass sie möglicherweise im Hause eines untergetauchten Nazifunktionärs wohne. Die Genossen kümmern sich und ermitteln. Das Ergebnis ist ernüchternd: Der Hauseigentümer war weder SS-Mann noch Mitarbeiter des legendären Abwehrchefs Admiral Wilhelm Canaris.

Universität Gießen

Allmählich fasst Tanja Fuß. Nach einigen Monaten Suche bekommt sie eine der raren Assistentenstelle an der Uni Gießen. Siegfried Quandt, ihr neuer Chef, will sein kleines Didaktikinstitut aus dem Dornröschenschlaf wecken. An seiner Seite steht ein ebenso ehrgeiziger, junger Historiker und Fernsehredakteur: Seine Name: Guido Knopp. Sie haben das Ziel, Geschichte ins Fernsehen zu bringen. Sie vermuten eine Marktlücke und wollen mit brisanter Zeitgeschichte zu Erfolg und Quote. Ein gewagtes Unterfangen, aber sie sind von ihrer Mission überzeugt.

Quandt ist von der neuen Mitarbeiterin aus Leipzig begeistert. Er akzeptiert ihre Fluchtgeschichte, fördert die attraktive Frau und nimmt sie bald zu Konferenzen mit. Er hält Tanja für ein großes Talent.

Es gibt keine Vorgaben wie früher, keine ermüdenden Parteisitzungen. Sie schreibt Abhandlungen über das Bild Martin Luthers in beiden deutschen Staaten. Der Geschichtsprofessor ahnt nicht im Entferntesten, dass »die fleißige, loyale und belastbare Assistentin« einen zweiten Auftrag hat.

Im Dezember 1982 kehrt Tanja zum ersten Mal wieder in die DDR zurück. An geheimen Orten in Leipzig trifft sie sich mit den Männern von der Firma. Mikrofone sind eingeschaltet, Bänder laufen mit. So halten die Leipziger Offiziere fest, dass der ehrgeizige Professor in Gießen das erste Institut für Fachjournalismus im Bundesgebiet eröffnen will. »Ein gewisser Guido Knopp« könne ihr ein Praktikum beim ZDF ermöglichen.

Was die Leipziger Herrenrunde begeistert, ist die Tatsache, dass Tanja innerhalb kürzester Zeit Kontakte zu einflussreichen Personen des öffentlichen Lebens knüpfen konnte, darunter der Publizist und Redenschreiber von Willy Brandt Klaus Harpprecht, der bekannte Schriftsteller Sebastian

Haffner oder der jüdische Emigrant Julius Stern, ein Tscheche, der seit dem Prager Frühling als Exilant an der Universität London lehrt.

Nur in einem Punkt äußern die Genossen Kritik: Sie soll weniger Gefühle zeigen und sich auf keinen Fall provozieren lassen. Man habe sie nicht zur Agitation, sondern zur Aufklärung in den Westen geschickt. Bei Auseinandersetzungen brauche sie die DDR nicht zu verteidigen, im Gegenteil, sie müsse sich den Gegebenheiten anpassen und, falls erforderlich, eine stramme Antikommunistin spielen, heißt es in einer Empfehlung.

»Kundschafter« wie Günter Guillaume, der im Bonner Kanzleramt bei Willy Brandt platziert war, seien deshalb so effektiv gewesen, weil sie politisch unverdächtig waren. Guillaume alias »Hansen« habe sich als aufrechter Sozialdemokrat präsentiert, sei stets zuverlässig gewesen, das sei das Geheimnis seines Erfolges gewesen. Er sei ein perfektes Vorbild für die gelungene Penetration in gegnerische Machtzentralen.

Der Führungsoffizier schenkt Tanja zum Geburtstag eine silberne Halskette; die Auslagen in Höhe von einhundertsieben Mark rechnet er als »Aufwandsentschädigung« ab. Das Collier sei eine Anerkennung für ihre Fähigkeit, Führungskräfte an der Nase herumzuführen. Dann schicken die Geheimdienstgenossen ihre Agentin wieder in den Westen. Tanja verlässt motiviert Leipzig, mit der festen Überzeugung, das Richtige zu tun.

Auf der Autobahn

An einem Wochenende im Jahre 1983. Der Stau nimmt kein Ende. Der Professor und seine Assistentin sitzen fest, sie sind auf dem Weg zu einem Kongress. Staus gehören zum Alltag im Westen wie teures Tanken und penetrante Gute-Laune-Moderatoren. Die beiden diskutieren wie häufig über das Tagesgeschehen und Fragen der Zeitgeschichte. Die deutsche Entwicklung ist ihr Lieblingsthema. Hitler, Stalin, die Teilung, Honecker und Kohl.

Die Radionachrichten melden, dass der Warschauer Pakt weiter aufrüstet. Westliche Regierungschefs erklären, dass man zum Handeln gezwungen sei. Anna kommentiert die Meldung und kritisiert die Nachrüstungspläne der NATO. Das sei ein Weg vom Kalten zum heißen Krieg, es drohe ein weltweites Inferno mit totaler gegenseitiger Vernichtung. Quandt hält dagegen. Für ihn sind westliche Mittelstreckenraketen die einzig richtige Antwort auf die östliche Bedrohung.

Ein Wort gibt das andere. Die Assistentin spricht von billiger Propaganda, der Professor entgegnet, aber bitte schön von beiden Seiten. Sie erinnert an die Friedensbewegung, die hunderttausendfach die Politiker zum Einlenken auffordere. Der Professor am Steuer ist genervt. Stau und Termindruck sind das eine, ihre politische Blauäugigkeit das andere. Er zitiert Lenin und sagt, die Demonstranten seien alle nützliche Idioten. Die Mitfahrerin ist entsetzt. Menschen, die sich für den Frieden einsetzen, seien keine Idioten, sondern Helden.

Der Professor erinnert sich genau an die Debatte während des Autobahnstaus: »Sie sagte mit ziemlichem Ernst: ›Lenin war ein Gott!‹ Der Satz und der Tonfall machten mich sehr nachdenklich. Ich habe darauf gar nichts mehr gesagt. Das war einfach ein Wechsel in der Semantik, das war ein Wechsel in der Tonlage, das war ein Wechsel im Gesprächsklima. Das hat mich irritiert.«

Auch Anna Mwanzana hat diesen Schlagabtausch nicht vergessen: »Mir gefiel die Abwertung, die dahinter stand, nicht, und ich habe mich geäußert. Für mich war Lenin so etwas wie ein Heiliger. Dieses Zitat hat mich verletzt, innerlich.«

Der Professor überlegt, ob mit seiner Assistentin etwas

Anna Mwanzana

nicht stimmen könne. Siegfried Quandt erklärt heute: »Da fing ich an nachzudenken: Sie kommt aus Leipzig, ist immer sehr gut angezogen, fährt in den Ferien nach Griechenland und Portugal. ›Lenin ist ein Gott!‹ Da ich mit anderen Institutionen aus Kommunikationsgründen immer zusammenarbeite, zum Beispiel mit dem Polizeipräsidium in Gießen, hatte und habe ich dort noch einen guten Bekannten, der damals auch mit dem Verfassungsschutz zu tun hatte. Ich habe ihm gesagt: ›Also irgendwie kommt mir das ein bisschen merkwürdig vor.‹ Da sagte er: ›Na gut, ich kann das mal überprüfen.‹«

Sein Bekannter arbeitet beim Polizeilichen Staatsschutz. Quandt bittet um vertrauliche Überprüfung einer Mitarbeiterin mit dem ungewöhnlichen Namen Dr. Anna Mwanzana, geboren in der DDR, verheiratet mit einem Afrikaner, übergesiedelt in die Bundesrepublik. Der Kriminalhauptkommissar verspricht diskretes Vorgehen. Wochenlang verhält sich der Professor reserviert, bis eine Antwort aus dem Polizeipräsidium eintrifft. Gegen eine Frau Mwanzana liege nichts vor, man habe nichts gefunden. Die Legende der Staatssicherheit hält. Die Agentin Tanja hat, ohne es zu wissen, ihre erste Bewährungsprobe bestanden.

Wenig später tritt sie ihre erste Stelle beim Fernsehen an. Endlich kann sie dem akademischen Elfenbeinturm entkommen und in die Zentren des Klassenfeindes vorstoßen. Die Leipziger Genossen sind erfreut. Ihr Trojanisches Pferd soll unauffällig im Fernsehsender Erfahrungen sammeln und Beziehungen knüpfen, genau dort, wo Nachrichten, Stimmungen und Meinungen gemacht werden. Die Offiziere gratulieren Tanja zu ihrem Erfolg und feixen, dass die Fernsehleute völlig ahnungslos sind. Siegfried Quandt hat die aufstrebende Journalistin empfohlen, damit sie lernen kann, wie Fernsehen gemacht wird, und schickt sie mit den besten Wünschen für die Zukunft nach Mainz.

Frankenberg im Erzgebirge

Aus der Heimat kommen verwirrende Nachrichten. Tanjas Bruder will die DDR mit seiner neuen Lebensgefährtin um jeden Preis verlassen. Er hat einen Ausreiseantrag gestellt und erklärt, er halte es nicht mehr aus und wolle dem Beispiel seiner Schwester folgen. Die Leipziger Staatssicherheit ist beunruhigt. Ihr schönes Projekt Tanja soll auf keinen Fall durch familiäre Verwicklungen gefährdet werden. Dieser »emotionale Faktor« muss ausgeschaltet werden. Die Schwester bekommt den Auftrag, ihren Bruder von seinen Plänen abzubringen.

Tanja willigt ein. Sie besucht ihren Bruder in der DDR. In ihrem Elternhaus wird heftig gestritten, wie es weitergehen soll, eine Auseinandersetzung, die in vielen Familien stattfindet. Es spielt sich das Dilemma jener Jahrzehnte ab. Die Familie zählt sechs Geschwister, allesamt in der DDR aufgewachsen, drei von ihnen verlassen ihr Land, drei bleiben. Ein Riss geht durch die Familie wie durch das Land. Gehen oder bleiben, abhauen oder anpassen?

Bruder und Schwester diskutieren bis tief in die Nacht. Es geht um Haus, Hof und Heimat, um Arbeit und soziale Sicherheit, persönliche Freiheit und die Zukunft des Landes. Die Geschwister streiten über Gewinn, Verlust und Risiko des Weggehens, über gewachsene Beziehungen und Freundschaften, die man nicht einfach verpflanzen kann.

Wo findet der Einzelne sein Glück, im engen, eingesperrten Osten oder im fernen, fremden Westen? Diese Debatte wird in ostdeutschen Wohnstuben millionenfach geführt, damals wie heute. Die Völkerwanderung hält an. Waren es bis zur Wende überwiegend politische Motive, dominieren seit den neunziger Jahren wirtschaftliche. Es ist eine Abstimmung mit den Füßen, vor allem die Jungen gehen. Seit der Einheit sind weit über eine Million Menschen von Ost nach West gezogen.

Anna Mwanzana

Die Schwester warnt vor dem Schritt. Sie erzählt von persönlichen Erfahrungen und präsentiert Statistiken. Der Bruder hört zu, akzeptiert »die aus eigener Kenntnis der Situation vorgebrachten Argumente« aber nicht, wie der Führungsoffizier später in einem Treffbericht vermerkt.

Tanja scheitert. Der Preis, den sie zu entrichten hat, ist eine Kontaktsperre zum Bruder, da »verwandtschaftliche Verbindungen ihre eigene und die Sicherheit der Organe gefährden«. Tanja fügt sich aus einer Mischung von Pflichtbewusstsein, Überzeugung und politischer Loyalität heraus. Doch sie wirft sich vor, unehrlich und doppelzüngig gegenüber ihrer Familie zu sein, vor allem aber zu ihrem mittlerweile dreizehnjährigen Sohn.

»Ein-, zweimal im Jahr konnte ich meinen Jost in der DDR besuchen. Immer häufiger fragte er mich, warum er alleine zurückbleiben muss. Ich erzählte ihm, ich wolle mit meinem Mann nach Afrika und dort eine neue Existenz aufbauen. Ich vertröstete ihn, vielleicht könne er später nachkommen. Ich wollte Zeit gewinnen. Es hat mich fast zerrissen. Die Abschiede von Jost waren jedes Mal wie Sterben.«

Je älter Jost wird, desto deutlicher spricht er seine Bedürfnisse aus. Er möchte nicht bei den Großeltern bleiben. Auch er will weg, zu seiner Mutter, in den Westen.

Stasi-Hauptmann Renz (Name geändert) wittert Gefahr und notiert: »persönliche Probleme. Tanja geht allmählich auf, dass sie mit ihrer damaligen Entscheidung über Josts Zukunft wohl doch einen Fehler gemacht und eine Reihe Zündstoff angehäuft hat. Sie bittet uns zu prüfen, ob wir helfend eingreifen können.«

Was kein Familienmitglied weiß: Anna Mwanzana ist als Spionin im Westen, freiwillig. Sie war sogar bereit, den eigenen Sohn zurückzulassen. Nun will sie ihn nachholen, doch das ist unmöglich.

Mainz-Lerchenberg

Die Anonymität des großen Fernsehsenders kommt Tanja entgegen. Keiner fragt sie mehr als unbedingt nötig nach dem Woher und Wohin. Sie absolviert ein Praktikum in der neu eingerichteten Abteilung Zeitgeschichte. Sie soll das Handwerkszeug des Fernsehjournalismus kennenlernen.

»Die Kollegen waren sehr nett, sehr offen. Und auch sofort vertrauend in unsere Kompetenz. Ich wurde überhaupt nicht noch mal kontrolliert, auch nicht in Frage gestellt. Es war Arbeitsatmosphäre. Es war konstruktiv, es war bewegend.«

Sie ist einfach da und versucht sich nützlich zu machen. Dass sie von »drüben« ist, verschweigt sie nicht, man hört es an der Oberlausitzer Spracheinfärbung und manchmal an der Wortwahl. Aber ein wirkliches Problem hat sie deshalb nicht.

»Die DDR-Identität spielte keine große Rolle. Ansonsten war es so: Ich kam aus der DDR. Da kommen doch jeden Tag welche her. Viele Menschen sagten: Na klar, herzlich willkommen.«

Ihr wird ein eigener Schreibtisch zugewiesen, und sie hat einen ersten Auftrag. Sie soll so viel Material wie möglich über Vertriebene und deren Schicksal auf Fernsehtauglichkeit recherchieren.

Vertriebene? Tanja bereitet bereits das Wort Bauchschmerzen. Vertriebene ist ein Kampfbegriff des Westens. Diese Menschen sind an ihrem Schicksal selbst schuld, findet sie. Es war die unvermeidbare Folge eines verbrecherischen Krieges, der notwendige Preis für Hitler, Faschismus und Völkermord. Vertriebene existieren nicht in Tanjas Vorstellungswelt, höchstens als Trachten tragende verbohrte Funktionäre von vorgestern, die mit nationalistischem Getöse der DDR nach dem Leben trachten.

Nun liest sie Aufzeichnungen, Protokolle, Tagebücher.

Anna Mwanzana

Mit jedem Satz dieser Geschichten von Menschen, die unter Lebensgefahr geflüchtet sind oder vertrieben wurden, stößt Tanja in fremde Gefilde vor. Tanja erfährt von Not, Hunger und Elend. Derartiges hat sie so noch nie gelesen. Die Texte öffnen eine andere Welt, die ihr bisher verschlossen war. Aus Tätern und Mitläufern werden Menschen mit Gesichtern. Sie ist verunsichert, ihr Weltbild erweitert sich um neue Bilder, Töne, Eindrücke.

Die Praktikantin, die aus dem Osten kommt, wo es offiziell keine Vertriebenen gibt, entdeckt im Westen die Geschichte von der großen Flucht. Sie erfährt von zwölf Millionen Deutschen, die Hitlers Krieg mit dem Verlust ihrer Heimat bezahlen mussten.

Schlesier-Treffen in Bonn

Die Redaktion Zeitgeschichte ist Ende 1984 noch ein Laboratorium, eine Versuchsanstalt für neue Projekte. Tanja fügt sich gut in das Team ein. Sie gilt als aufgeschlossen, selbstständig und effizient. Man habe sie als angenehme Mitarbeiterin in Erinnerung, fleißig und zielstrebig, aber eher unauffällig, sagt ihr damaliger Chef zwanzig Jahre später nach ihrer Enttarnung über sie, einen bleibenden Eindruck habe sie nicht hinterlassen.

Tanja fotografiert voller Stolz ihren Arbeitsplatz, das Redaktionsteam und die Weihnachtsfeier mit Keksen und Kerzenlicht. Sie klebt die Bilder sorgfältig in ein Fotoalbum, der Hausausweis ist wie eine Trophäe dabei. Auch Fotos von Helmut Kohl und Franz Josef Strauß hat sie in ihrem Album verewigt.

Kurz vor Weihnachten darf sie zu Dreharbeiten mit nach Bonn, eine Auszeichnung für die Praktikantin. Auf dem Programm steht ein Vertriebenentreffen der Schlesier mit prominenten Politikern. In der überfüllten Beethovenhalle kommt sie Bonner Politgrößen ganz nahe. Tanja fotografiert sie in der ersten Reihe und fügt auch diese Bilder später in ihr privates Album ein. Während der Veranstaltung ist sie angespannt und durchläuft ein Wechselbad der Gefühle.

»Ja, das waren so Momente, wo ich das Gefühl hatte: Doch, das hat Sinn, dass du dort arbeitest. Und es ist gut, dass es die DDR gibt. Im Grunde genommen war es für mich unvorstellbar, das Thema der Wiedervereinigung so diskutiert zu sehen, wie das im Rahmen der Veranstaltung war, dass man darüber nachdachte, *ein* Deutschland wieder zu haben.«

Einerseits ist sie über den scharfen Tobak gegen die DDR empört, andererseits ist sie auf eigenartige Weise von einem Mann am Rednerpult berührt, der besonders laut gegen alles poltert, was ihr lieb und teuer ist. Der Mann heißt Franz Josef Strauß und ist einer der großen Kalten Krieger. Er sitzt nur wenige Meter entfernt, sie kann ihn aus nächster Nähe studieren. Auch wenn sie es kaum zugeben mag, die Agentin findet diesen barocken bayrischen Kraftmenschen faszinierender als alle Politbürogötter in Ost-Berlin zusammen.

Nach dem Schlesier-Treffen ist die Zeit beim Fernsehen schon wieder vorbei. Tanja erstattet wenige Tage nach Ablauf des Praktikums einen detaillierten Bericht. Alles, was sie in Mainz aufsaugen konnte, gibt sie weiter. Sendekonzepte, Projekte und die ehrgeizigen Pläne des Westfernsehens, Hitler und die Vertriebenenfrage ins Hauptprogramm zu bringen. Die Leipziger Auswerter fertigen aus Tanjas Notizen einen mehrseitigen Bericht über den künftigen »nationalistischen und revanchistischen Kurs der BRD-Medien«. Dieses Papier gilt als so bedeutend, dass es nach oben weitergeleitet wird und sogar die Aufmerksamkeit im Zentralkomitee der SED findet. Erich Honecker nutzt das Dossier, um neue »Machenschaften der reaktionären Bonner Ultras und ihrer Helfershelfer in Mainz« anzuprangern. Die heimliche Kundschafterin erzielt mit ihrer Arbeit öffentliche Wirkung.

Das Ganze hat nur einen Schönheitsfehler: Das, was

Honecker attackiert, war schon Tage vorher an jedem westdeutschen Kiosk nachzulesen. Die Zeitungen der Bundesrepublik hatten ausführlich über das Schlesier-Treffen in Bonn berichtet. Dennoch gibt es für diesen Bericht einen Orden. Tanja erhält »in Anerkennung für vorbildliche Leistungen« die Verdienstmedaille der DDR. Den Orden für »zuverlässigen Schutz von Frieden und Sozialismus« bekommt sie in Leipzig genauso lange, wie die Feierstunde dauert. Nach den Toasts muss sie die Medaille wieder zurückgeben. So sind die Regeln der Konspiration.

Anna Mwanzana war damals eher peinlich berührt, den Wirbel hat sie bis heute nicht verstanden.

»Für mich war das keine Information, die aus meiner Sicht den Wert hatte, den ich eigentlich erarbeiten sollte. Aber natürlich hat es mich gefreut, dass es einen solchen Wert hatte, was ich berichtet hatte. Ich dachte: Okay, dann ist das nicht wertlos, was ich tue.«

In solchen Momenten fühlte sich Anna Mwanzana ein wenig in der Tradition von Tamara Bunke, der Vorzeigeheldin der DDR, die als Ostdeutsche an der Seite Che Guevaras kämpfte. Das entschädigt sie für den ständigen Stress der Versteckspiele und für die Angst vor Entdeckung. Vertriebene und ihre Funktionäre sind und bleiben Revanchisten, befindet Tanja, diese Scharfmacher und Kalten Krieger wollen der DDR an den Kragen und den Sozialismus abschaffen.

In der Hölle von Wetzlar

Als sie wieder im Westen ist, kämpft Tanja nicht mehr um den Weltfrieden, sondern um jede Zeile über Kaninchen, Karneval und Kommunalpolitik, »das volle Programm eben«. Sie arbeitet seit Anfang 1985 bei der hessischen »Wetzlarer Neuen Zeitung«, einem Lokalblatt, als Volontärin. Das Arbeitsamt finanziert der arbeitslosen Akademikerin eine einjährige Ausbildung. Welch ein Wandel nach den Höhen des Fernsehpraktikums. Sie fühlt sich zur »billigen Spaltenfüllerin« degradiert.

Die Woche über streift sie durch Wetzlar und Umgebung, tippt viele Zeilen über Vereinssitzungen und goldene Hochzeiten. Andere Themen darf sie nicht machen, da ihr Chefredakteur selbstbewusste Frauen von der Universität nicht ausstehen kann. Er ist ein Choleriker, der sich an seinen Mitarbeitern austobt. Über Tanjas afrikanischen Familienname stolpert er regelmäßig, das macht ihn noch wütender.

»Er war autoritär, er wirkte als Lokal-Chef wie die Karikatur aus einer billigen Vorabendserie. Er war von Fachwissen ungetrübt, brüllte und stauchte Untergebene zusammen. Die Tage meines Volontariats in Wetzlar wurden zur Qual, zur Hölle auf Erden.«

Sie passt sich an und schreibt statt ambitionierter Reportagen Kurzberichte über achtzigste Geburtstage von Feuerwehrmännern oder den Protest der grünen Ortsgruppe gegen ein neues Gewerbegebiet.

Die sensible Frau wird von Selbstzweifeln geplagt. Sie hat Heimweh; die westliche Welt bleibt ihr fremd, auch im vierten Jahr Bundesrepublik. Das Doppelleben strengt an, in Leipzig maulen ihre Auftraggeber. Die Offiziere erwarten bessere Ergebnisse und »Bewährung durch Leistung«. Immerhin kostet das Agentenpärchen Tanja und Iso jeden Monat vierstellige Beträge.

»Ich stand unter großem Druck, war in einer großen Zerrissenheit. Weil, für mich war ja nicht nur der Druck, dass das MfS [Ministerium für Staatssicherheit] es von mir verlangte, sondern für mich bestand auch die große Frage, was passiert mit dir? Was machst du hier? Wie soll das mit dir weitergehen?«

Im März 1985 bereitet das Ministerium für Staatssicherheit einen besonders heiklen Auftrag vor. Das Agentenpärchen soll Raketenstützpunkte in Hessen auskundschaften.

»Im Raum Gießen/Alten-Buseck« seien »mit Kernwaffen ausgerüstete Einheiten des Feindes stationiert«, heißt es in einem Befehl, dabei sei zu prüfen, »welche Möglichkeiten diese IM zur Aufklärung dieser Objekte haben«. Zu dem riskanten Einsatz kommt es offenbar nicht.

»Das war ein reines Planspiel«, beteuert Anna Mwanzana, »das mir nicht bekannt war.« Sie bestreitet, von diesem Befehl gewusst, geschweige denn, NATO-Einheiten ausspioniert zu haben.

Nach Paris

Die Wochenenden im hessischen Allendorf sind lang. Ihr Ehemann ist viel unterwegs. Wenn er da ist, gehen sie sich immer mehr aus dem Wege.

In dieser Krisenzeit erhält Tanja überraschend Post. Sie wird zu einer Journalistenreise nach Paris eingeladen. Die Reise hat sie Klaus Harpprecht zu verdanken. Tanja war ihm auf einer Tagung zum Hambacher Fest aufgefallen, auf der es um die Frage ging, was Europa von einer deutschen Wiedervereinigung erwarten könne. Tanja, die damalige Assistentin vom Gießener Institut, hatte Bedenken gegen eine Einheit beider deutscher Staaten geäußert, eine solche gefährde die Stabilität der Nachkriegsordnung in Europa. Der renommierte Journalist nahm ihr Statement freundlich zur Kenntnis, um sich später nach ihr zu erkundigen.

Die Paris-Reise ist der Beginn einer Freundschaft. Der weltläufige Harpprecht verschafft Tanja neue Einblicke in das Innere der Bundesrepublik. Er erklärt, wie dieses Land funktioniert. Der prominente Autor scheint die Frau aus Leipzig zu mögen. Er schätzt ihren Idealismus, ihre Neugier, ihren Wunsch nach politischer Veränderung. Tanja ihrerseits bewundert ihn, er wird Vorbild und Vaterfigur. Harpprecht verändert ihre Sichtweise auf den Westen, er empfiehlt ihr, ihre

Fremdheit im deutschen Westen als Chance zu verstehen, als Möglichkeit, die Lebenswirklichkeit von außen zu sehen, um sie zu begreifen und genauer zu beschreiben. Er bestärkt sie, eigene Wege zu gehen.

Harpprecht arbeitete in den frühen siebziger Jahren als Redenschreiber für Willy Brandt, im gleichen Schreibbüro, in dem sich ein beflissener Referent als rechte Hand des Kanzlers wichtig machte. Harpprecht verspottet diesen preußischen Musterbeamten als kleines Rad, das es in jedem großen Getriebe gebe. Der Musterbeamte ist Günter Guillaume, der Meisterspion der DDR, der 1974 spektakulär enttarnt wurde, was zum Sturz Willy Brandts beigetragen hat. Tanja vermeidet jede Reaktion. Was der Publizist nicht ahnt: Guillaumes Firma ist mit Tanjas Hilfe wieder in seiner unmittelbaren Nähe. Die Stasi tauft Harpprecht auf den Namen »Harpune«. Tanja wird von ihren Führungsoffizieren bedeutet, Harpprecht sei nicht zu gewinnen; man habe es zweimal vergeblich versucht. Doch sie könne ihn »abschöpfen«.

Anna ist eigentlich zu alt für diese Reise junger Nachwuchsjournalisten in die französische Hauptstadt. Sie übertrifft den Rest der Reisegruppe um ein ganzes Jahrzehnt. Man toleriert sie als lernwillige Kollegin »von drüben«. Dabei ist für das DDR-Geschöpf Anna alias Tanja die Stadt an der Seine viel aufregender als für alle anderen aus der Gruppe. Paris ist ein einziger Rausch der Farben, Formen und Kulturen.

Um die Eindrücke zu sortieren, sucht sie die Nähe einer fröhlichen und weltgewandten Frau. Sie wirkt mit ihren Anfang zwanzig souveräner als die ernsthafte Mittdreißigerin Tanja aus dem Osten. Die beiden ungleichen Frauen reden bis tief in die Nacht über das, was sie erleben. Über Unterschiede zwischen Deutschen und Franzosen, über Kohl und Mitterrand, das Leben und die Liebe. Sie beginnen aneinander Gefallen zu finden und stecken die ganze Woche zusammen. Die junge Studentin, die Journalistin werden will, wohnt in Bonn und stammt aus einem gutbürgerlichen rheinischen Elternhaus. Sie heißt Barbara Lueg und ist die Tochter eines der bekanntesten Fernsehgesichter der Bonner Republik. Anna Mwanzana hat eine neue Bekannte und Tanja einen dicken Fisch an der Angel.

Die Genossen Führungsoffiziere in Leipzig atmen auf, als sie von dieser überraschenden Nachricht hören. Endlich scheint sich eine echte Chance zu eröffnen.

Der Traum von Tansania

Tanja soll nun nach Bonn umziehen, lautet der Plan, mitten ins Machtzentrum. Sie soll dort präsent sein, wo Politiker, Entscheidungsträger und Lobbyisten zusammenkommen und sich abends bei Empfängen, Hintergrundgesprächen oder in Restaurants treffen. Doch Tanja steckt beim Jahreswechsel 1985 im verschlafenen Allendorf fest. Sie hat ein abgeschlossenes Volontariat, aber keinen Job.

Iso sitzt immer noch an seiner Promotion. Seine Versuche, als Agent der DDR tätig zu sein, sind nur von geringen Erfolgen gekrönt. Weder gelingt es ihm, wie aufgetragen, farbigen US-Soldaten, die er in hessischen Diskotheken trifft, militärische Geheimnisse oder Truppenstärken zu entlocken, noch beschafft er von einem befreundeten Nachrichtentechniker, der bei der Bundeswehr beschäftigt ist, verwertbare Ergebnisse. Der ewige Student zieht sich immer konsequenter in seine Welt zurück. Fast alle seine Freunde sind Afrikaner wie er, über die Deutschen macht er sich wegen ihrer Korrektheit immer wieder mal lustig.

Eine Begebenheit ärgert Anna Mwanzana heute noch: Als ihr Mann eines Nachts nach einer Promotionsfeier betrunken einen Blechschaden verursacht, wird er verhaftet. Er habe Fahrerflucht begangen, wirft ihm die Polizei vor, obwohl er in seinem Zustand den Unfallort gar nicht mehr verlassen konnte. Tanja muss sich sehr für ihn einsetzen, um ihn aus der Untersuchungshaft freizubekommen. Sie ist überzeugt, dass bei einem Deutschen die Gesetze weit weniger streng angewendet worden wären als bei ihm, aber Iso ist schwarz und kommt aus Afrika.

Im Zusammenspiel mit dem ostdeutschen Geheimdienst kümmert sich Iso nur noch um das Nötigste, um die technische Kommunikation. So dechiffriert er monatliche Funksprüche aus der DDR und schickt verschlüsselte Botschaften zurück in den Osten, ein komplizierter Vorgang. Manchmal vergisst er den verflixten Funkverkehr, postwendend beschweren sich die Genossen. Disziplin ist für Iso eine typisch deutsche Erfindung.

Isos chronische Geldnot treibt ihn um. »Bei uns verdient ein Huhn, das ein Ei legt, mehr als ein Lehrer«, zitiert er gerne ein Sprichwort aus Tansania und grinst seine deutsche Ehefrau, die Exlehrerin, herausfordernd an. Eier brauche man nicht in das reiche Deutschland zu importieren, es gebe genügend Hühner, aber als Alternative böte sich Tingatinga-Kunst an. Diese Malereien seien in Tansania besonders preiswert und bei deutschen Touristen beliebt. So überlegt Iso, mit Hilfe seines Vaters einen Handel mit bunten Souvenirs und exotischen Tieren aufzubauen. Dieses Geschäft verspreche hohe Gewinne, meint er. Die Gefahr, erwischt zu werden, sei genauso groß, hält Tanja dagegen. Außerdem gehe es ihr ums Prinzip. Sie wolle ihre Ideale nicht für ein paar D-Mark verraten.

Tanja ist viel allein in Allendorf. Sie sitzt am Fenster und blickt auf die liebliche hessische Hügellandschaft. Sie macht lange Spaziergänge, ohne eine Antwort auf die Frage nach dem Sinn ihres Agentenlebens zu finden. Die pflichtbewusste, sensible Tanja und der lebenslustige, chaotische Iso schlittern zielsicher in eine Ehekrise. Um die Beziehung zu retten, ist Tanja bereit, alles aufzugeben und nach Afrika auszuwandern. Immer wieder drehen sich die Gespräche um diese Frage.

»Ich weiß, es gab da Phasen, da wollte ich weg. Ich wollte

raus aus Deutschland, ich wollte nach Afrika, um einfach von diesem ganzen deutsch-deutschen Gezerre nichts mehr zu hören. Ich wollte Tanja auch nicht mehr haben. Ich wollte einfach wieder ich sein können und frei sein und richtig atmen und sehen: Es gibt nichts, was ich verdecken muss. Ich kann wieder ich sein.«

Das Ehepaar Mwanzana kapselt sich ab, gefangen im eigenen Geheimdienst-Mikrokosmos, trainiert in Tarnung, verfolgt von Misstrauen, eingesperrt in nagende Selbstzweifel, erfolglos im Job und in ihrer Beziehung.

Leipzig ist in solchen Stunden weit entfernt. Tanja bedauert manchmal ihre Unterschrift unter einen Agentenvertrag, mit dem sie sich verpflichtet hatte, freiwillig und aus Überzeugung im Kampf gegen böse und finstere Mächte für das Gute zu streiten.

Der Instrukteur meldet Alarm

»Verzwickte Situation«, murmelt Nagel (Name geändert). »Jederzeit lösbar«, antwortet Tanja, die wie verabredet ihre Tasche sichtbar über der Schulter trägt. Die Luft ist rein.

Nagel, ein studierter Literaturwissenschaftler, blickt noch einmal in alle Richtungen, dann umarmt er verlegen seine Mitstreiterin. Das Paar strebt an den hintersten Tisch eines Restaurants, in dem in den Nachmittagsstunden gähnende Leere herrscht. Jedes Treffen, zumeist an öffentlichen Orten wie Hotels, Gaststätten oder Bahnhöfen, unterliegt einem aufwendigen Sicherheitsritual. In Vor-, Sichtungs- und Haupttreffs muss gewährleistet sein, dass die Begegnung unbeobachtet bleibt. Sicherheit geht über alles.

Nagel, der feinsinnige Beobachter und Literaturliebhaber, ist ein Meister der Konspiration. Unauffälligkeit ist sein Markenzeichen. Er ist der Instrukteur. Eine Art reitender Bote, Seelsorger und Kontrolleur in einer Person. Nagel streift gerne durch westliche Städte und Länder und kommt sich zuweilen selbst wie ein Theodor Fontane des 20. Jahrhunderts vor. Seine Reisenotizen sind an der Heimatfront beliebt. Keiner der anderen Handlungsreisenden kann so präzise und lebendig die Atmosphäre beschreiben, wie sie beispielsweise an einem verregneten Sonntagvormittag in der leeren Kaiserstraße im Frankfurter Bahnhofsviertel herrscht.

Die Leipziger haben ihren besten Mann ins Operationsgebiet geschickt, um herauszufinden, was mit Tanja los ist. Nagel registriert rasch, dass die Lage ernst ist. Er trifft eine ziemlich verzweifelte und wankelmütige Frau an, wie er in seinem ausführlichen Bericht festhält. Tanja erzählt von ihren Schwierigkeiten mit ihrem Ehemann, vom Ärger mit dem früheren Chef in der Lokalzeitung. Sie berichtet von Kämpfen in der Konkurrenzgesellschaft, von der Leere nach dem Volontariat. Sie klagt über Einsamkeit in der mittelhessischen Provinz und ihre Angst, als Journalistin zu versagen.

Nagel notiert weiter, Tanja sei davon überzeugt, dass menschliche Werte in der westdeutschen Gesellschaft nicht zählten, sondern ausschließlich Geld und Beziehungen. Die Bundesbürger seien in ihrer großen Mehrheit satt und selbstgerecht. Im Westen gelte Egoismus als löbliche Karriereorientierung, eine bestimmte Brutalität als Durchsetzungsfähigkeit und häufig anzutreffende Charakterlosigkeit als Tugend. Da sie »im Gegensatz zu Iso kein Spielertyp« sei, könne sie »die Gesellschaft nicht an der Nase herumführen«.

Die Agentin schildert ihre Zukunft in dunklen Farben. Sie meint, sie habe in ihrem gelernten Beruf schon aus Altersgründen – sie ist jetzt sechsunddreißig Jahre alt – keine Chance mehr, sodass sie mit dem Gedanken spiele, ihre Ehe aufzugeben und in die DDR zurückzukehren oder mit Iso nach Afrika auszuwandern, obwohl sie in Tansania vermutlich keine beruflichen Chancen habe.

Nagel versucht sie aufzumuntern, erzählt von Erfolgen der DDR, schwärmt vom neuen Mann in Moskau, der Michail Gorbatschow heißt, und bestärkt sie darin, dass ihr Einsatz wertvolle Erkenntnisse für die Genossen in der Heimat bringe. In Leipzig sei man stolz auf sie.

Tanja bleibt skeptisch. Sie zweifelt, ob sie dem Druck ihres Doppellebens weiter gewachsen ist. Ständig müsse sie auf der Hut vor misstrauischen Fragen sein, klagt sie, vor Entdeckung und Enttarnung.

Nagel drängt zum Aufbruch. Zu lange, erinnert er an die Vorschrift, dürfe man sich nicht am selben Ort aufhalten, die Gefahr, dass man beobachtet werde, sei nicht zu unterschätzen, der Klassenfeind schlafe nicht. Er nimmt eine Broschüre über das Waldsterben entgegen, die Iso organisiert hat, stopft das Papier in die Reisetasche und verabschiedet sich von der unglücklichen Frau.

Zurück in der DDR, fasst er seine Eindrücke zusammen. Tanja sei eine sehr emotionale Person. Sie fühle grundsätzlich mit den Schwachen. Für Benachteiligte ergreife sie instinktiv Partei, was nicht unbedingt verkehrt, aber nicht immer von Vorteil sei. So schließe es sich für sie nicht aus, dass sie einerseits eine Freundin in der DDR bestärkt, mit ihrem asiatischen Ehemann in den Westen zu flüchten. Andererseits könne sie die Motive westdeutscher Terroristen verstehen, die Banker und Politiker attackieren, weil der Kapitalismus alle menschlichen Empfindungen zerstöre. Der Kontrolleur aus der DDR fasst am Ende zusammen, sie wirke »äußerlich ruhig«, im Innern jedoch sei sie »unruhig, nervös, gereizt«. Eine Frau am Rande des Nervenzusammenbruchs.

Krisensitzung in Leipzig

Zunächst tadeln die Männer vom Ministerium den Instrukteur, er habe versäumt, Klartext zu reden und Tanja ihre Versäumnisse vorzuhalten. »Tendenzen zum ›Treibenlassen‹ seien unverkennbar«, heißt es im Lagebericht vom 14. Juni

1985, im Hinblick auf »eine systematische Kontaktpflege« werde »noch zu viel dem Zufall überlassen«.

Dann verfassen sie selbst eine Analyse, die an Deutlichkeit nichts zu wünschen übrig lässt. Tanja sei sicher ein guter Mensch, aber bislang eine schlechte Agentin. Wie kann verhindert werden, dass sie eine teure Fehlinvestition wird? Vielleicht sogar ein Sicherheitsrisiko?

Die Leipziger fordern Unterstützung aus der Zentrale an. Ost-Berlin schickt den erfahrenen Stefan Meißner (Name geändert), einen Krisenmanager, dem der Ruf vorauseilt, ein Mann für schwierige Fälle zu sein. Sein Aufgabengebiet ist die »psychologische Kriegsführung gegen die BRD«.

Die Offiziere sind sich im Haus an der »runden Ecke« rasch einig, dass Tanja nicht länger in Hessen herumgammeln dürfe. »Unsere Quelle benötigt trotz der schlechten Arbeitsmarktlage in der BRD unsere moralische Unterstützung bei der aktiven Arbeitsplatzsuche«, heißt es im Protokoll.

Die Männer diskutieren, wie die Verbindung zu dem Publizisten Harpprecht zu bewerten sei. Mit ihm habe Tanja einerseits einen Zugang zur bundesdeutschen Elite, andererseits manipuliere er sie offenbar »mit bürgerlicher Propaganda«. So habe Tanja vor kurzem behauptet, der Realsozialismus sei zum Scheitern verurteilt, weil die SED die Menschen zum Duckmäusertum erziehe und die DDR von unfähigen Spießern regiert werde. Selbstständiges Denken sei verboten, habe sie moniert. In letzter Zeit falle bei ihr ständig der Begriff der »fehlenden Transparenz«, stellen die Genossen irritiert fest.

Im Besprechungszimmer richten sich die Augen der Anwesenden auf den hohen Besuch aus der Hauptstadt. Über Wolf Meißner ist bekannt, dass er einer der besten Männer von Markus Wolf ist, dem Spionagechef der DDR. Seit Jahren tüftelt der Anfang fünfzigjährige Meißner an verdeckten Strategien und politischen Störmanövern, die wie aus dem Nichts kommen.

Seine Abteilung X – das »X« steht für zehn und bedeutet »aktive Maßnahmen/Desinformation« – führt Intrigen und Kampagnen durch, ohne dass Spuren auf deren Urheber weisen. Alles, was der DDR nutzt und der Bundesrepublik schadet, gehört zu seinem Repertoire. Es heißt, Meißner persönlich habe Mitte der sechziger Jahre die Affäre um Bundespräsident Heinrich Lübke und dessen Vergangenheit als vermeintlicher KZ-Baumeister inszeniert, ein spektakulärer Propagandaerfolg der DDR. Meißner gilt als exzellenter Fachmann für »Desinformation«, er soll sein Handwerk in Moskau gelernt haben.

Der gefragte Mann beginnt in breitem Mecklenburgisch eine Rede. Die Hauptverwaltung Aufklärung sei kein Mädchenpensionat, ebenso wenig wie eine Therapiegruppe, obwohl man manchmal den Eindruck haben könne. Wenn »Aufklärer« im Westen an die falschen Leute gerieten, könnten Feindbilder durchaus ins Wanken geraten, solche Phasen der Desorientierung soll es selbst bei gestandenen Tschekisten gegeben haben.

Meißner setzt rhetorische Pausen, er überprüft die Wirkung seiner Worte. Der gelernte Mechaniker »mit der unfrohen Strebermiene«, wie einer seiner Mitarbeiter den Obristen beschreibt, hat es zum Diplomjuristen gebracht. Das spielt er gerne aus. Er steht im Ruf, eine Nervensäge zu sein.

Er stellt weiter fest, dass man in Berlin die ganze Zeit über Tanja beobachtet habe. Sie sei ein ideales U-Boot: jung, attraktiv, weiblich und gebildet. Wer wolle sie nicht einmal persönlich kennenlernen? Dass sie bisher wenige wirklich gute Treffer erzielt habe, liege an der zu geringen »Erziehungsarbeit« durch die Leipziger Genossen. Tanja sei klug und analytisch stark, aber offenbar zu emotional und verletzlich. Meißners Kollege, Oberst Felix Asmus (Name geändert), der Chef der Leipziger Auslandsaufklärung, erklärt, dass man Tanjas Verhalten nicht weiter tolerieren könne. »Nicht *wir* haben sie geschickt, sondern *sie* wollte für uns arbeiten«, kritisiert er.

Heftig diskutiert die Runde, ob man vielleicht eine verweichlichte Generation herangezogen habe? Sollte man härter durchgreifen?

Tanja muss sich bewähren. Sie soll künftig im Raum Köln-Bonn beweisen, dass sie ihren Auftrag ernst nimmt. Da sie hohe Kosten verursache, schlägt Meißner »eine konzertierte Aktion« vor.

Im Protokoll vom 9. Dezember 1985 heißt es: »Genosse Meißner schätzte ein, dass zum einen auch im Medienbereich mehr Stellengesuche als -angebote vorhanden sind, zum anderen aber aufgrund der hohen Fluktuation in diesem Bereich durchaus reale Möglichkeiten für eine feste Anstellung bestehen. Chancen haben vor allem Historiker, Politologen und Ökonomen, die über entsprechende Fremdsprachenkenntnisse verfügen. Oftmals führt der Weg zur festen Anstellung über eine mehrjährige freie Mitarbeit und die Bewerbung auf eine Stellenausschreibung. Im Unterschied zum staatlichen Bereich sind hier gleichzeitig mehrere Bewerbungen möglich.«

Meißner, der während seiner Arbeitszeit am liebsten den »Stern« liest, legt eine Liste der wichtigsten Medienunternehmen vom Deutschlandfunk über den WDR bis zum »Kölner Express« vor. Jobsuche sei keine Hexerei, sondern zähes Handwerk. Wer die Fachzeitschrift »Der Journalist« lese, stoße auf vielerlei Möglichkeiten, erklärt er. Auch eine Dozentenstelle an einer Journalistenschule sei nicht zu verachten. Tanja sei schließlich eine »bei uns« gut ausgebildete Pädagogin. Hilfreich sei für eine Journalistin im Westen auch die Nähe zu einer Partei; das sei nicht »unbedingt notwendig«, schade aber auch nicht.

Im Protokoll steht noch:

»Genosse Meißner machte darauf aufmerksam, dass beispielsweise die etwas verpönte Tätigkeit als Lokalredakteur einen besseren operativen Hintergrund bietet als etwa die eines Außenpolitikredakteurs.«

Am Ende muntert er die Leipziger Genossen auf. Es wäre doch gelacht, wenn man Tanja nicht in Bonn einschleusen könnte. Außerdem wisse man aus langjähriger operativer Erfahrung, dass auch die Herren der Schöpfung für »emotionale Reize« durch Damen anfällig seien. Tanja habe das Zeug dazu. Mit dem Erfolg komme die Zufriedenheit von alleine zurück. Das sei die beste Medizin.

Tatsächlich führt die Aktion nur Wochen später zu einem greifbaren Erfolg, zwar nicht in Bonn, jedoch im westfälischen Hagen. Tanja findet ab Mitte August 1986 eine Anstellung auf Zeit im Haus Busch, einer Ausbildungsstätte für Journalisten. »Die Aufgabe von ›Tanja‹ wird es sein, für diese Lehrgänge Referenten aus Politik, Wirtschaft und Medien zu gewinnen und mit ihnen das Programm abzustimmen«, heißt es im »Treffbericht« des Führungsoffiziers vom 22. Februar 1986. Ein strategisch interessanter Job, finden die Geheimdienstmänner, denn künftig komme sie mit Nachwuchsjournalisten aus dem gesamten Bundesgebiet in Berührung, mit Menschen, die später große Karrierechancen haben.

Tanja und Iso ziehen auftragsgemäß vom hessischen Allendorf nach Köln, in ein gesichtsloses Hochhaus an der Peripherie. Sie richten sich in einer Neubauwohnung in der zehnten Etage ein. Wer die Nachbarn sind, wissen sie nicht.

Wie von den Berliner Genossen empfohlen, sollen weitere »Maßnahmen« den Seelenhaushalt der Mwanzanas »stabilisieren«. Man entscheidet, Iso fünfzehntausend Mark für den Bau einer Maisanlage in Tansania zur Verfügung zu stellen. Tanja ihrerseits erhält eine Extraeinladung in die DDR. Mit der »Schaffung emotionaler Höhepunkte« und »dem gezielten Einsatz von Videoaufzeichnungen ehemaliger Kundschafter« – gemeint sind Lehrfilme über erfolgreiche DDR-Agenten – soll sie moralisch wieder aufgetankt werden. Anfang August 1986 könne sie im sommerlichen Dresden eine Auszeit nehmen, den Alltag im Westen vergessen und wieder lernen, wofür sie eigentlich kämpft.

Einsatz im Westen

»Er ist ein moderner kommunistischer Führer, der sich auf Public Relations versteht. Goebbels, einer von jenen, die für die Verbrechen der Hitler-Ära verantwortlich waren, war auch ein Experte für Public Relations.« Dieser Satz von Bundeskanzler Helmut Kohl ist ein Affront, eine Dummheit, ein Skandal, findet Tanja. Über Kohls Vergleich des neuen Moskauer Parteiführers Michail Gorbatschow mit Joseph Goebbels im US-Magazin »Newsweek« ist sie außer sich. Der Reformer Gorbatschow ist für sie einer der Männer, für den sie zu kämpfen bereit ist.

Im Herbst 1986, als der Gorbatschow-Goebbels-Vergleich die deutsche Öffentlichkeit beschäftigt, pendelt Tanja zwischen Köln-Weiden und ihrem neuen Arbeitsort, dem Haus Busch, in Hagen. Der Job als Dozentin ist spannend, wenn nur nicht der tägliche Fahrtweg von mehr als zwei Stunden wäre. Auf den Fahrten sortiert sie ihre Eindrücke. Abends tauscht die Dozentin ihre Rolle und wird zur Agentin. Sie verfasst Dossiers über politische Einstellungen, Hobbys und Auffälligkeiten von Kollegen und Auszubildenden.

Tanja fühlt sich im aufgeklärten, fast linksliberalen Milieu einer Journalistenschule durchaus wohl. Kalte Krieger und offene DDR-Gegner seien nicht anzutreffen oder trauten sich nicht, ihre Meinung zu äußern, meldet Tanja nach Leipzig.

Die Führungsoffiziere können reihenweise neue »Personeneinschätzungen« unter den Decknamen »Galle«, »Mende«, »Kante«, »Tümpel«, »Kralle« und »Wacholder« anlegen (alle Namen geändert). Dabei handelt es sich um junge Journalisten, die kurz vor ihrem Berufsbeginn stehen, oder Dozenten, die über exzellente Kontakte zu Partei- und Regierungsstellen in Bonn verfügen.

Sie schreibt über einen Kollegen, der den Bundestagswahlkampf 1986 als Fernsehjournalist begleitet:»Mitarbeiter X im Bonner Studio des ZDF teilte mit, dass nach dem Weggang XY und der damit verbundenen Übernahme des Studios sich die Atmosphäre nicht nur verschlechtert, sondern enorm nach rechts bewegt hat.«

Die Dossiers enthalten Profile und Charakterisierungen. Viele Einschätzungen sind offenbar derart privat, dass die Berliner Unterlagenbehörde ein Vierteljahrhundert später ganze Passagen geschwärzt hat.

Hinter dem Pseudonym »Wacholder« verbirgt sich Barbara Lueg, zu der Tanja weiterhin den Kontakt pflegt. Die Tochter des prominenten Fernsehjournalisten hat mittlerweile das Elternhaus in Bonn verlassen und nach einem Austauschstudium in Amerika bei einem öffentlich-rechtlichen Fernsehsender als Redakteurin angefangen.

Tanja glaubt eine Zeit lang, ihre Bekannte Barbara für Ost-Berlin gewinnen zu können, denn auch die junge Bundesbürgerin empöre sich über Unterdrückung und Ausbeutung in der Welt.

Anna Mwanzana sagt über ihr damaliges doppeltes Spiel: »Das, was ich an Sympathie und Nähe und Vertrauen zu Barbara Lueg empfunden, und auch das, was ich von ihr bekommen habe, das war authentisch. Trotzdem war das auch meine Schuld. Ich habe sie als Tanja natürlich unter diesem anderen Aspekt, von dem Barbara nichts wusste, ausgewählt.«

Die Frauen mögen sich. Sympathien, Nähe und Vertrauen sind im Spiel. Doch Tanja schafft es weder, die junge Frau auf ihre Seite zu ziehen, noch, an den Vater näher heranzukommen. Das Projekt »Wacholder« wird ein Flop. Unterm Strich sei eine weitere Chance vertan, bilanzieren die Offiziere in Leipzig enttäuscht. Tanja sei bemüht, allerdings erbringe sie für »die gewährte großzügige Unterstützung« zu wenig Gegenleistung, heißt es am 6. August 1987.

Woran scheitert der Versuch? Lag es an den Skrupeln von

Tanja oder der Vorsicht von Barbara? An fehlender Chuzpe oder am notwendigen Quäntchen Glück? Die Antwort liegt möglicherweise irgendwo in der Mitte. Tanja fehlt die letzte Entschlossenheit, Barbara bleibt auf Distanz.

Zwischen den Stühlen

Alles, was Tanja im Jahre 1987 an der unsichtbaren Front unternimmt, bleibt ohne Erfolg.

So scheitert ein Kontakt zu einem Kölner CDU-Funktionär bereits in der Anlaufphase. Das Projekt »Debatte« geht in die Ablage, ebenso wie die Kontaktversuche »Ticker«, »Fritz«, »Tempel« und »Flügel« (alle Namen geändert).

Der Flirt mit einem weiteren Politiker führt in Leipzig unter dem Decknamen »Flügel« zu Gewissheiten wie, dass dieser einen »neuen VW-Passat Kombi, Farbe schwarz« fährt und dass er »erneut die Beziehung zu seiner Freundin intensiviert« habe, die »als freie Journalistin beim WDR in Bonn beschäftigt« sei. Derlei Plaudereien über einen verheirateten Landespolitiker sind für einen Geheimdienst durchaus von Interesse, doch Tanja gelingt kein weiterer Fortschritt. Wenig später wird er auf parteipolitischer Bühne »von der fundamentalistischen Basis« ins Abseits gestellt, wie Tanja erfährt; er verliert Macht, Einfluss und seinen Vorstandsposten. Ein weiterer Fehlschlag.

Geduld gehört zum Nachrichtendienstgeschäft wie das Sitzfleisch zum Angler, beruhigen sich die Leipziger, doch ihr Schützling verschlingt Monat für Monat teure Devisen. Die Genossen sind zunehmend verärgert, weniger über die Misserfolge, die Tanja produziert, als vielmehr über eine andere Entwicklung, die zusätzliche Sorgen bereitet.

Es ist deutlich spürbar, wie ihre einst so überzeugte Genossin Tanja immer stärker auf Distanz geht. Sie zeige einen Hang zum »Legalismus«, heißt es, sie sei schwankend und anfällig für bürgerliche Ansichten, sie teile grünes Gedankengut. Bei der Lektüre der Berichte gewinnt man den Eindruck, als wolle Anna Mwanzana aus ihrer Haut, als wolle sie Tanja wie eine unangenehme Altlast loswerden.

Längst sitzt Anna zwischen allen Stühlen. Sie arbeitet an einer wissenschaftlichen Studie zum Thema »Frankreich im deutschen Fernsehen«, die sie mit Hilfe Klaus Happrechts in Buchform veröffentlicht. Das Buch beschreibt das schwierige Verhältnis der beiden Nachbarn, dargestellt in Fernsehsendungen. Es wird im Rahmen eines Staatsbesuches von Helmut Kohl in Paris offiziell vorgestellt. Die »Frankfurter Allgemeine Zeitung« veröffentlicht eine freundliche Rezension, Anna Mwanzanas Name wird zum ersten Mal einem Fachpublikum bekannt. Die Aufmerksamkeit ist für die Sechsunddreißigjährige nach den tristen Jahren in Wetzlar und Köln eine Genugtuung.

Die Leipziger sind wenig erbaut, vor allem darüber, dass sich im Anhang des von einer renommierten Stiftung finanzierten Buches ein ausführlicher Lebenslauf befindet. »Nach ihrer Aussage hatte sie nicht die Chance, diese Veröffentlichung zu verhindern«, heißt es pikiert im Stasi-Bericht. Wahrscheinlich habe sie es auch nicht verhindern wollen, mutmaßen die Offiziere.

Die Bekanntschaft mit ihrem Förderer Klaus Harpprecht verstärkt ihre Zweifel am »real existierenden Sozialismus«. Für die nach Antworten suchende Anna Mwanzana hängt der Himmel nicht mehr voller roter Geigen, obgleich sie als Tanja weiter funktioniert. Im Mai 1987 berichtet sie, was Willy-Brandt-Intimus Harpprecht über die Hintergründe von Brandts Rücktritt als SPD-Parteivorsitzender erfahren hat.

Tanja gibt dies eins zu eins weiter: »Brandt schätzte ein, dass die SPD in einer tiefen Profilierungskrise steckt, da sie sich zu einer ›Partei des öffentlichen Dienstes‹ entwickelt habe. Es gebe einen eindeutigen Aufschwung der Parteirechten, der zu einer Untergrabung der Koalitionsbereitschaft mit den Grünen führe.«

Doch selbst solche Erkenntnisse sind den Genossen in Leipzig zu dürftig. Das könne man auch in einem Artikel in der »Zeit« von Harpprecht für zwei Mark fünfzig nachlesen, stellen sie fest. Tanja liefere derzeit nur noch Stimmungsberichte von Ausländern, Außenseitern und Sozialarbeitern. Das sei einer Kundschafterin ihres Ranges nicht würdig.

Sag mir, wo du stehst

Im Spätherbst 1987 erkundigt sich Oberst Felix Asmus, der oberste Spionagechef von Leipzig, wie sich Tanja entwickelt habe und ob man sich die teure Dame in Köln noch leisten könne. Schließlich sei das Ministerium keine Selbstfindungsgruppe oder ein Debattierzirkel, so spannend es wäre, Fragen der Zeit wie den mysteriösen Tod des CDU-Politikers Uwe Barschel zu diskutieren. Seine Dienststelle sei kein Sozialamt, endet die Gardinenpredigt, sondern ein Nachrichtendienst. Immerhin einer der besten der Welt, oder etwa nicht?

Jetzt soll Tacheles geredet werden. Wie jedes Jahr kommt Tanja zwischen Weihnachten und Silvester nach Leipzig, um Rückschau und Ausblick zu halten. 1987 war ein Jahr der Pleiten, Pannen und des Pechs. Auch das letzte Projekt mit dem Namen »Merkur« (Name geändert) – Tanja sollte drei junge Lokaljournalisten aus den Reihen der CDU »anfüttern« – habe zu keinem zählbaren Ergebnis geführt.

Am 29. Dezember 1987 kommt es in einer möblierten Wohnung unweit des Leipziger Gewandhauses zum ersten Mal zu offener Kritik. Dennoch bleiben die Offiziere ruhig. Anna Mwanzana kann sich nicht erinnern, dass jemals einer der Herren die Fassung verloren hätte.

Tanja erklärt ihr Scheitern, aus ihrer letzten Mission nicht mehr gemacht zu haben, damit, dass sie nicht mehr daraus habe machen wollen. Sie habe zu den Nachwuchsredakteuren aus Köln »außer Abneigung keinerlei Beziehung« verspürt.

Das ist eine klare Kampfansage an ihre Auftraggeber. Die Offiziere sind sauer, vermeiden aber jede Regung. Ihre Enttäuschung diktieren sie später ins Protokoll. Da heißt es: »Die politische Notwendigkeit, im Klassenkampf nicht nachzulassen, sieht sie verbal auch ein«, aber man glaube ihr nicht mehr. Ihre Loyalitätserklärungen seien reine Lippenbekenntnisse, wird festgestellt. Die Kundschafterin müsse sich vorhalten lassen, dass sie eine Gelegenheit nach der anderen auslasse, dabei verfüge sie über »relativ günstige Ausgangsbedingungen für eine effektive operative Arbeit«.

»Regelmäßig ist sie vier Wochen mit jungen, zumeist politisch interessierten Menschen zusammen. Sie können dabei studiert und beeinflusst werden. Andere Kundschafter müssen unter weitaus ungünstigeren Bedingungen arbeiten und haben dennoch größere Ergebnisse.«

Die Frage steht im Raum: Ist der Einsatz noch sinnvoll? Die Runde redet ihr ins Gewissen.

Anna Mwanzana sagt heute: »Die Arbeit des Geheimdienstes, des MfS nach innen, das hat mich am meisten belastet. Aber erst nach einer Zeit ist mir klar geworden, dass das kein Weg sein kann, der zu einer neuen Zukunft führt, sondern dass das eine Sackgasse ist.«

Das ist kein Leben mehr, denkt Anna, doch das offen auszusprechen wagt sie in Leipzig nicht. Noch nicht. Sie verschweigt, dass sie vor diesem Treffen wie gelähmt war, nicht mehr schlafen konnte und zum ersten Mal konkret an einen anderen Ausweg dachte, an Selbstmord.

Irgendwann an diesem grauen Dezembertag 1987 stellt einer der Anwesenden Tanja die Frage, die jeder Parteigenosse der SED kennt: »Sag mir, wo du stehst?«

Die Antwort bleibt offen. Man wahrt den Anschein, tut so, als wäre nichts passiert. Am Ende des Treffens erhält sie sechstausend Mark in gebündelten Scheinen, verbunden mit der Aufforderung, zu beweisen, dass »sie zur aktiven Personenbearbeitung« fähig sei. Tanja willigt ein. Sie gelobt Besserung. Man verabredet sich zur Frühjahrsmesse im März.

Letzte Funksprüche

»Herzlichen Glückwunsch zum Jahrestag des MfS. Erwarten über GSM Bericht zum Kontakt ›Kralle‹. Benötigen Informationen über Hintergründe der feindlichen Hetzkampagne gegen die DDR.«

Iso hat den jüngsten Funkspruch aus Leipzig wie an jedem ersten Mittwoch im Monat entschlüsselt. An diesem 3. Februar 1988 verlangen die Auftraggeber erneut Ergebnisse. Neuigkeiten über »Kralle« (Name geändert), einen Journalisten aus Süddeutschland, sollen per GSM, per Geheimschreibmittel, nach Leipzig geschickt werden. Doch das Paar hat nichts mitzuteilen, es gibt keine Neuigkeiten, auch der Jahrestag des Ministeriums für Staatssicherheit ist ihnen in Köln ziemlich schnuppe.

Tanja hat keine Kraft mehr. Iso ist nur noch abwesend. Er trainiert ständig in Sportstudios, sucht Abwechslung beim Squash. Sie wollen niemandem mehr nachsteigen, sie wollen nicht mehr heimlich durch fremde Schlüssellöcher schauen, sie wollen nicht mehr verdeckt fotografieren. Was können sie nur tun, um endlich in Ruhe gelassen zu werden?

Die Leipziger lassen nicht locker, im Gegenteil. Tanja soll einen jungen Teilnehmer ihres Seminars in Hagen auf Anwerbetauglichkeit »testen«. Sie erteilt dem jungen Mann als verantwortliche Dozentin den Auftrag, Personen und Verbindungen im rechtsextremen Milieu zu recherchieren. Er legt im Auftrag der Journalistenschule los, ohne zu wissen, wofür er Kopf und Kragen riskiert. Leipzig will mit dieser Scheinaufgabe Tanjas Zuverlässigkeit prüfen. Als Druckmittel haben die Genossen ihr letztes Faustpfand eingesetzt, den Kampf gegen rechts. Sie benutzen Tanjas antifaschistische Einstellung, um alten Kampfeswillen neu zu wecken und die zaudernde Agentin auf »patriotische« Linie zu bringen.

Tanja spielt mit, aber nur am Anfang. Dann bricht sie das Projekt »Kralle« ab. Sie kann und will nicht mehr. Sie ist mit ihren Nerven am Ende.

Am 14. März 1988 kommt es in Leipzig zu dem geplanten Treffen. Tanjas Chefs wollen wissen, wie sie den ständigen Widerspruch zwischen Reden und Handeln begründet. Doch der Termin platzt. Tanja lässt die Herren einfach sitzen. Tage vergehen. Tanja vertröstet sie und schützt andere Termine im Trubel der Frühjahrsmesse vor.

»Ich wollte nur noch meinen Sohn sehen. Ich ließ sie warten, ich hielt sie hin. Wir waren mehrere Tage in der DDR, zu mehr als drei Stunden Treffen waren Iso und ich nicht bereit. Wir kamen unmittelbar vor unserer Rückreise und extra eine halbe Stunde zu spät. Wir hatten denen nichts mehr zu sagen.«

Noch nie war die Atmosphäre so unterkühlt wie an diesem Frühjahrsabend im spröden Charme einer teilmöblierten konspirativen Wohnung mit dem Decknamen »Herberge« (Name geändert).

Gleich zu Beginn distanziert sich Tanja von der DDR-Politik, spricht von einer ernsten Krise des Sozialismus und gibt sich als Perestroika-Anhängerin zu erkennen. Sie fordert Reformen und kritisiert »die verdammte Angst« der DDR-Funktionäre vor jedweden Veränderungen. Sie beklagt Stillstand und dass ein paar alte Männer über Wohl und Wehe einer Menschheitsidee entscheiden können.

»Ich fragte, wie wir Leute im Westen überzeugen sollen, wenn wir selbst nicht mehr überzeugt sind. Ich sagte, es gibt einen Widerspruch zwischen Auftrag und Wirklichkeit. Die DDR war eine geschlossene Gesellschaft, total zu.«

Die Offiziere nehmen ihre Statements zur Kenntnis und

erklären, sie befinde sich auf einem Irrweg und laufe westlicher Propaganda in die Falle.

Im Auswertungsbericht heißt es: »Es zeigen sich tiefe ideologische Unklarheiten nicht nur hinsichtlich des Verständnisses ihrer Rolle im Operationsgebiet, sondern auch in prinzipiellen Fragen der Gestaltung des entwickelten Sozialismus.«

Ein letztes Mal wollen die Offiziere die Situation retten. Wieder werden neue Aufträge erteilt, wieder übergibt Hauptmann Kurt Renz im üblichen Einwegcontainer, einem raffinierten Versteck im Handgepäck, sechstausend D-Mark Unterhalt für die nächsten drei Monate.

Tanja und Iso reisen am frühen Nachmittag des 14. März 1988 ab, als wären sie auf der Flucht.

Nach der Abreise ihres Agentenpärchens diskutieren die Genossen die Lage. Sie rätseln lange, was Tanjas Auftritt bedeuten sollte. In ihren Berichten schreiben sie einzelne Wörter wie Demokratisierungsprozess, Dissidenten oder Perestroika in Anführungszeichen, als könne man sich dadurch vor einem schleichenden Gift schützen, als wären solche Begriffe durch Markierungen aus der Welt zu schaffen.

»Sie hatten einen Panzer um sich. Sie versteckten sich hinter einer Maske. Sie waren in diesen Momenten unnahbar und ließen nichts an sich ran. Keine Regung, keine Leidenschaft. Gerne hätte ich gewusst, was sie wirklich denken. Einer sagte zu mir, ich bin Offizier und habe einen Eid abgelegt. Daran halte ich mich. Es war, als würde man gegen eine Wand anreden.«

Berlin-Marzahn Juli 1988

Am 22. Juni 1988 gegen acht Uhr früh trifft ein Funkspruch von Tanja aus Köln in Leipzig ein: »Trefftermin bleibt. Funkempfang sehr gut. Wir benötigen neues Geheimschreibmittel.« Ein Treffen ist für den 9. Juli in Ost-Berlin geplant. Es ist ihre letzte Geheimbotschaft aus dem Westen in die DDR. Tanja und Iso schützen Normalität vor, doch sie haben nur noch den gemeinsamen Wunsch, auszusteigen.

Das tägliche Pendeln zwischen Köln und Hagen hat die Entfremdung zwischen der Deutschen, die nicht weiß, wo sie hingehört, und dem Afrikaner, der seine Zukunft woanders sieht, weiter vertieft. Iso hat Tanja zu verstehen gegeben, dass er sie nicht mit nach Tansania nehmen will, denn dort sei er wieder Afrikaner, dafür würde sie ihn später hassen.

Das Traumziel Tansania ist erledigt. Eine Rückkehr in die DDR kommt für Tanja gleichfalls nicht in Frage. Ihre Situation empfindet sie als katastrophal: vom Sohn getrennt, Ehe gescheitert, Freunde und Kollegen betrogen, den Glauben an die gerechte Sache verloren.

Vor dem Treffen mit ihren Führungsoffizieren hat sie fiebrige Albträume. Sie erwartet einen Bürgerkrieg in der DDR, sie rechnet mit ihrer eigenen Verhaftung. Immer wieder stellt sie sich die Frage, wie sie Menschen für eine Sache gewinnen soll, an die sie selbst nicht mehr glauben kann?

Sie wirft den alten Männern im Politbüro Verrat vor. Verrat am Sozialismus und Verrat an den eigenen Werten. Sie fühlt sich benutzt und missbraucht. Ihre enttäuschte Liebe zur DDR schlägt in wütenden Zorn um. Es ist der Zorn einer Idealistin, die ein Leben wie aus einem Guss will. Ein solches Leben ist aber nur ein romantischer Traum.

Im Sommer 1988 treffen sich Staats- und Parteichef Michail Gorbatschow und US-Präsident Ronald Reagan in Moskau. Die beiden Führer der Mächte des Kalten Krieges verstehen sich blendend und beschließen den vollständigen Abbau aller atomaren Mittelstreckenraketen. Zur gleichen Zeit proben Tanja und Iso eigene Abrüstungsverhandlungen. Sie wollen wieder Anna und Isaya werden, freie Menschen, ohne Ängste, Aufträge, Befehle, Berichte, ständige Kontrolle und ohne Verrat. Sie haben nach vielen Jahren ihres privaten Kalten Krieges die Nase voll.

Am zweiten Wochenende im Juli 1988 reisen sie nach West-Berlin, wie üblich auf getrennten Wegen. Sie haben gelernt, sich unauffällig zu verhalten und mögliche Verfolger abzuschütteln. Jeder Grenzübertritt strapaziert die Nerven, jede Passage durch das Labyrinth des Grenzübergangs Friedrichstraße ist vorbereitet, spezielle Codewörter öffnen separate Türen. Ein dreiköpfiges Komitee erwartet »die Reisenden aus der BRD« am 9. Juli 1988 in einer der üblichen möblierten Wohnungen in einem anonymen Hochhaus im Ost-Berliner Stadtbezirk Marzahn. Es ist ein heißer Sommertag.

Auch Oberst Asmus begibt sich mit zwei Mitarbeitern nach Berlin in den Neubaubezirk Marzahn. Die konspirative Wohnung mit dem Namen »Schloss« (Name geändert) ist verwanzt, kein Wort soll verloren gehen. Der Oberst bittet seinen Mitarbeiter Hauptmann Renz, die »Überwachungstechnik« im »Geheimobjekt« auf sichere »Funktionsfähigkeit« zu überprüfen und sich zu vergewissern, ob 4250 DM in Hunderterscheinen bereitgestellt sind, die üblichen drei Monatsmieten für das Paar, von Juni bis August, und zusätzlich Reisespesen in Höhe von fünfhundert DM. So vermerkt es der detaillierte Bericht zur Vorbereitung für das entscheidende Treffen vom 6. Juli 1988.

Das Spiel soll also weitergehen. Oberst Asmus will nicht aufgeben. Der Spionagechef möchte Tanja nicht einfach laufen lassen, immerhin hat »sein Kollektiv fast zehn Jahre Arbeit« in die junge Frau investiert. Der Oberst gerät geradezu in Rage, wenn er an ihre verpassten Möglichkeiten denkt. In dieser Situation könnte sie ihre Kontakte zu den Grünen in Nordrhein-Westfalen intensivieren, man hat sichere Hinweise, dass die Westgrünen mit der sogenannten Friedensbewegung und weiteren konterrevolutionären Kräften in der DDR ihr Unwesen treiben. Agentin Tanja hat sehr gute Kontakte, wenn sie nur mehr aus ihnen machen würde.

Der Oberst arbeitet noch einmal den Fragenkatalog durch.

Ein Ausstiegsszenario gibt es nicht, genauso wenig wie einen Plan B. Im Plan für das Treffen sind die Fragen an die Genossin Tanja formuliert:

»Verstehen Sie sich noch als Kundschafter des Sozialismus im Operationsgebiet oder als Bundesbürger mit DDR-Bindung? Ist für Sie der gemeinsame antiimperialistische Kampf in der gewählten Form noch eine erstrebenswerte Lebensmaxime? Was motiviert Sie für Ihr Leben im Operationsgebiet, und welche Rolle spielt dabei Ihre Haltung zum realen Sozialismus und seinen existierenden Problemen? In welcher Weise kollidieren Ihre Perspektivvorstellungen mit unseren gemeinsamen operativen Zielen und Aufgaben?«

Drei Männer verlassen am Mittag des 9. Juli 1988 ihr Dienstfahrzeug, verschwinden wortlos in dem Plattenbau. Es handelt sich um erwachsene, intelligente Menschen, die sich mit Haut und Haaren der Sicherheit ihres Staates verschrieben haben. Sie sind entschlossen, um jede Seele zu kämpfen.

Wie es der Frau Doktor gehe?, fragt Oberst Asmus jovial zur Begrüßung. Die Angesprochene reagiert mit Höflichkeitsfloskeln.

Anna Mwanzana erschaudert noch heute, wenn sie an diesen Moment denkt. »Ich hatte nächtelang schlecht geschlafen. Ich war mit den Nerven am Ende. Ich war in einem schrecklichen Zustand.«

Dunkle Ringe haben sich unter den Augen gebildet, die in den letzten Tagen noch tiefer geworden sind. Tanja beginnt umständlich und verworren ihre Sicht zu schildern. Sie erklärt, dass sie sich diesen Tag alles andere als leicht gemacht habe. Zunächst teilt sie mit, dass ihr Mann und sie sich trennen, endgültig.

»Wir haben genau das deutlich gemacht, weil mein Mann mir keine Perspektive geben konnte, wo wir künftig leben werden.«

Die Offiziere sind überrascht. Dann kommt Tanja zum

entscheidenden Punkt. »Ich möchte die Zusammenarbeit nicht fortsetzen.«

Die Männer schweigen.

Anna Mwanzana erzählt heute, dass ihr diese Szene wie großes Kino vorkam.

»Die Frage von ihnen war danach: Werdet ihr zurückkommen in die DDR? Wir haben ganz klar gesagt: Nein.«

Lähmendes Entsetzen macht sich breit, obwohl alle Anwesenden versuchen, diesen Eindruck zu überspielen. Sekunden, die wie eine Ewigkeit erscheinen, herrscht Stille. Absolute Stille.

»Natürlich war das Schweigen auf der anderen Seite riesengroß. Aber ehrlich gesagt war ich an dem Punkt, wo es mir nicht mehr wichtig war, was passiert. Ich wollte diesen Druck loswerden. Ich wollte wieder ich sein. Mein Mann spielte ja in unserer Arbeit sowieso immer nur die zweite Rolle. Für ihn war es eine andere Situation als für mich. Ich war die Führende in unserem Team. Ich wollte endlich Klarheit. Die andere Seite, also, alle drei saßen da, absolut entsetzt und schweigend.«

Oberst Asmus sammelt sich als Erster und fragt, ob es wirklich ernst zu nehmende Gründe für ihren Ausstieg gebe. Tanja nickt energisch und erwidert, es gebe nichts mehr zu erklären. Ihre Ehe sei gescheitert, das Projekt Staatssicherheit gleichfalls, sie wäre eine schlechte Kundschafterin, wolle aber kein schlechter Mensch werden. Sie habe das Versteckspiel satt, sie wolle frei leben und nicht ein Leben lang in der Lüge.

Erneut setzt eine unerträgliche Stille ein.

Dann ergänzt Tanja entschlossen, sie sei sich über mögliche Konsequenzen im Klaren. Sie sei bereit, die Folgen zu tragen, und wenn diese in letzter Konsequenz Gefängnis in Bautzen bedeuteten.

Wenn das so sei, brauche man nicht mehr lange um den heißen Brei herumzureden, erklärt der Oberst, dann müsse man über die Bedingungen des Ausstiegs verhandeln. Zunächst wolle er aber klarstellen, was immer auch in Zukunft behauptet werde, dass »unsere Kundschaftertätigkeit wertvoll und notwendig« sei. Diese Arbeit schütze den Frieden, das Land und die fleißigen Menschen, die darin leben. Einer müsse schließlich die Drecksarbeit machen, für die sich andere viel zu fein seien.

Die Machtfrage sei kein leeres Geplänkel, sagt der Oberst, ohne Macht kein Sozialismus, alles andere sei naives Geschwafel. Man würde sich noch wundern, sollte der Westen wirklich diesen Kalten Krieg gewinnen, was er nicht glaube und hoffe, dann werde man sich an seine Worte erinnern. Der Kapitalismus werde ungehindert die gesamte Menschheit unterjochen. Sollte der Sozialismus diesen Kampf verlieren, bedeute diese Niederlage am Ende wahre Barbarei.

Abschließend erklärt er, dass man die neue Entwicklung beraten müsse. Die endgültige Antwort des Ministeriums könne man erst am nächsten Morgen mitteilen. Außerdem sei es grundsätzlich sinnvoll, wichtige Entscheidungen noch einmal zu überschlafen. Er weist an, dass Tanja und Iso bis zur Rückkehr der Führungsoffiziere am nächsten Tag das Objekt nicht verlassen dürften. Der Kühlschrank sei gefüllt.

Die Männer vom Ministerium verlassen den Ort des Geschehens. Zurück bleiben Tanja und Iso, die noch eine weitere Nacht im Unklaren vor sich haben. Was wird geschehen? Werden sie verhaftet, oder wird man sie gehen lassen?

Die installierte Abhörtechnik speichert in der Zweiraumwohnung von Marzahn jede Regung, jedes Wort, jeden Satz. Das Ministerium ist weiter auf Empfang.

Die Überraschung

Der letzte Akt am nächsten Tag spielt sich wie im Zeitraffer ab. Die Prozedur erinnert an das Ende eines langen Verfahrens, an den Augenblick, in dem der Richter das Urteil verkündet.

»Am nächsten Morgen kamen die drei Offiziere zurück und haben uns gesagt: ›Wir haben uns beraten. Wir verabreden uns so, wir trennen uns, und jeder gibt dem anderen jetzt das Wort, dass wir keinen Dritten über diese Zusammenarbeit informieren.‹ Das war die Verabredung, und wie sich dann herausgestellt hat, wurde sie von uns eingehalten und von der anderen Seite auch.«

Tanja und Iso können zunächst gar nicht fassen, was diese Worte bedeuten. Sie werden »entpflichtet«, mit anderen Worten, freigesprochen, obwohl sie schuldig im Sinne der Anklage sind.

Oberst Asmus teilt der Form halber noch mit, dass »Frau Dr. Mwanzana mit sofortiger Wirkung aus der SED, der Partei der Arbeiterklasse, ausgeschlossen« sei. Am 25. Juli 1988 beantragt er in einem Schreiben an Werner Großmann, seinen Chef in Ost-Berlin, Anna Mwanzana aus der Liste der Genossen zu streichen.

In der Begründung heißt es:

»In den geführten Diskussionen stellte sich heraus, dass ›Tanja‹ den grundsätzlichen politischen Standpunkt vertritt, in der DDR nicht mehr leben zu können und ihre Selbstverwirklichung nur noch in der BRD zu finden.«

Oberst Asmus, so erinnert sich Anna Mwanzana, erklärt schließlich den Einsatz für beendet und verabschiedet sich süffisant mit der Bemerkung, er wünsche eine angenehme Ausreise aus der Deutschen Demokratischen Republik. Es ist das Ende einer Beziehung, der Schlussstrich unter zehn Jahre Konspiration und Spionagetätigkeit. Einen Abschlussbericht haben die Offiziere im Gegensatz zur üblichen Praxis offenbar nicht mehr verfasst, oder dieses Dokument ist vernichtet worden.

»Ich werde diese Situation in meinem Leben nie vergessen. Wir waren plötzlich frei. Einfach so. Ohne Auflagen, Befehle oder irgendwelche Aufträge. Iso und ich haben uns an die Hand genommen, obwohl wir längst getrennt lebten. Wir sind gemeinsam zum Bahnhof Friedrichstraße gefahren. Wir fühlten uns wie neugeboren und waren zum ersten Mal in unserem Leben wirklich frei. Wir konnten durchatmen und spüren, wie tonnenschwere Lasten von uns fallen.«

Die Ausreise im Ost-Berliner Tränenpalast verläuft ohne Komplikationen. Die Männer von der Staatssicherheit haben Wort gehalten, das Paar wird nicht in allerletzter Sekunde verhaftet.

»Wir hielten uns an der Hand wie ein Liebespaar und gingen gemeinsam über die Grenze«, erinnert sie sich mit stockender Stimme. Auf der westlichen Seite des Grenzübergangs umarmen sich Tanja und Iso ein letztes Mal. »Es war ein bewegender Moment.«

Danach trennen sich ihre Wege. Iso wird wieder zu Isaya. Er fliegt vom Flughafen Tegel in ein neues Leben. Später verlässt er Deutschland und kehrt in seine Heimat Tansania zurück.

Tanja wird endgültig zu Anna. Sie steigt am Bahnhof Zoo in den »Interzonenzug« gen Westen. Kurz darauf zieht sie von Köln nach Norddeutschland und beginnt ein neues Leben in ihrem alten Beruf. Sie arbeitet wieder als Pädagogin.

Die Enttarnung

Nur ein Jahr später fällt die deutsche Mauer, die einhundert Jahre stehen sollte. Tanjas Sohn Jost ist erwachsen, als das Bauwerk 1989 fällt. Sein Ausreiseantrag ist überflüssig geworden, er kann seine Mutter endlich ungehindert sehen.

Keiner der Leipziger Offiziere, auch nicht Nagel, der Instrukteur und Literaturliebhaber, hat sich nach dem Ende der DDR bei Anna Mwanzana gemeldet. Die Gesetze der Konspiration gelten weiter.

Meine Anfragen stoßen gleichfalls ins Nichts. Journalisten gegenüber steht von Seiten der ehemaligen Stasi-Mitarbeiter eine Ablehnungsfront wie ein Bollwerk. Die Welt der Spionage hat ihre festen Regeln. Zu dem frivolen Ringelreihen von Täuschen und Tarnen gehört, dass man sich gegenüber Dritten bedeckt hält. Schweigen ist das Beste, sagt einer von ihnen.

»Ein Offizierswort ist und bleibt ein Offizierswort. Operative Daten sind tabu«, lässt ein anderer von Tanjas Aktenführern über einen Gewährsmann eines Tages mitteilen. Diese Erklärungen stellen die einzigen Lebenszeichen aus dem Schattenreich der Leipziger Stasi-Offiziere dar.

So bleibt das Rätsel ungelöst, warum der Geheimdienst Tanja ohne Umschweife in die Freiheit entließ, während andere Abtrünnige als Verräter eingesperrt oder bis zum Ende der DDR gejagt wurden.

Anna Mwanzana hat bis heute ihre Sehnsucht nach einer gerechten Gesellschaft nicht verloren. Dennoch sind der Exagentin Feindbilder abhandengekommen. Die Welt ist komplizierter geworden, weil sie nicht mehr so einfach in Gut oder Böse aufgeteilt werden kann.

»Ich habe begriffen, dass ich von meinem Schwarz-Weiß-Denken wirklich in die Mitte gerückt bin, dass ich heute Grautöne akzeptiere und dass ich behutsamer mit Menschen umgehe, dass ich politisch Andersdenkende anhören kann, ohne in ihnen gleich Gegner zu sehen.«

Seit den neunziger Jahren arbeitet sie als Pädagogin in der Erwachsenenbildung. Ihre Vergangenheit ist in Familie und Freundeskreis mittlerweile bekannt. Sie hat sich, ausgelöst durch meine Recherchen, bei den meisten Menschen erklärt und entschuldigt, die sie im Kalten Krieg benutzt und bespitzelt hat. Es ist ein von außen angestoßener Schritt, aber sie hat ihn getan. Sieht sie sich als Verräterin?

»Mit diesem Wort würde ich sehr vorsichtig umgehen«, sagt Anna. »Das Wort Verrat würde ich nie mehr einfach so benutzen. Staatssysteme haben Geheimdienste als ein staatliches Organ. Das sehe ich jedenfalls so. Die Frage ist immer, welche Ideale man hat oder wofür diese Geheimdienste arbeiten. Ich glaube, man wird sie immer brauchen. Ich würde es nicht mehr in dieser Form tun. Wenn ich aktiv politisch arbeiten möchte, dann muss ich es in der Auseinandersetzung mit Menschen tun und auf einer fairen Basis.«

Keiner im Bekanntenkreis habe ihre Entschuldigung ausgeschlagen, sagt sie. Eine Last sei von ihr abgefallen. Wer kann schon von sich behaupten, mit seiner Agentengeschichte so offen umgegangen zu sein, da doch Verrat üblicherweise bedeutet, ein höchst zerbrechliches Gut zu zerstören: Vertrauen und Glaubwürdigkeit.

DER EINZELKÄMPFER
VON WITTENBERGE

Neue Heimat Hamburg

Es ist ein bekanntes vornehmes Hotel in Hamburg. In der Lobby summt es an diesem Dezembertag wie zu Ferienbeginn am Abflugterminal eines Flughafens. Das Personal registriert diskret, aber aufmerksam jeden Gast. Wer signalisiert, dass er in Ruhe gelassen werden möchte, erfährt die gebotene Zurückhaltung. Einer wie Dieter Wolter (Name geändert) fällt hier kaum auf. Er ist Anfang fünfzig, leger gekleidet. Der Mann hat einen Termin, hält Ausschau nach seinem Gesprächspartner. Unsere Blicke begegnen sich, ich winke ihm zu.

Wir begrüßen uns höflich, wahren den Abstand und entscheiden uns für eine weiche Ledergarnitur an der Fensterfront mit Blick auf eine belebte Geschäftsstraße.

In der betriebsamen Anonymität des Hotels fühlt sich der Mann einigermaßen sicher. Seinen richtigen Namen will er einem »von der Presse« nicht preisgeben, schon gar nicht jemandem vom Fernsehen. »Denen habe ich viele Jahre Zuchthaus zu verdanken«, sagt Wolter und fixiert mich, »das kann man nicht einfach wegstecken.« Über ein Jahr lang haben wir den Mann in ganz Deutschland und sonst wo noch gesucht.

Kaum zu glauben, dass dieser unauffällige, äußerst misstrauische Mensch einige Tage lang Anlass für Schlagzeilen und diplomatische Verwicklungen bot. Kein Leser, kein Zuschauer hat ihn jemals gesehen. Er ist ein Mann ohne Gesicht, und er legt größten Wert darauf, dass es so bleibt. Es gehe nicht um seine Person, sagt er, genau genommen sei nur seine Geschichte wichtig, die vor dreißig Jahren wie ein Wetterleuchten am Nachrichtenhimmel aufblitzte. Das Leben hat ihn misstrauisch werden lassen, also »kein richtiger Name, keine Fotos, keine Tricks«.

Auf der Flucht

Dieter Wolter passt in kein Raster. Er ist kein Vorzeigezeitzeuge. Er klagt nicht an. Kein Opferverband kennt seine Geschichte, kein Journalist hat nach der Wende über seinen Fall berichtet. Er lebt zurückgezogen.

»Was war, ist vorbei«, erklärt er, man könne die Zeit nicht zurückdrehen. Es tue manchmal weh, wenn er daran denke, dass »seine ganze Jugend vergeudet wurde«, aber in eine Organisation oder gar in eine Partei zu gehen, um für seine Interessen zu kämpfen, nein, das käme nicht in Frage.

Seine Rehabilitierung habe er in den neunziger Jahren erst »verschlafen«, dann zäh über viele Jahre hinweg in einem endlosen Marsch durch alle Instanzen errungen. Gleichgültigkeit, das sei ihm vielfach begegnet.

Wolter kontrolliert mit Blicken mal den Eingang, mal die Lobby des Hotels. Er beugt sich zu mir nach vorne, redet leise, registriert aufmerksam jede fremde näher kommende Person. Die kräftigen Arbeiterhände faltet er wie zum Gebet. Sein Gesicht verrät viele Schrammen. Als junger Mann führte er einen Privatkrieg gegen »das Regime«, er wollte mit dem Kopf durch die Wand. Es war ein Kleinkrieg, zäh, bitter und verlustreich. Dennoch habe er sich nicht unterkriegen lassen. »Ich war und bin kein Kind von Traurigkeit.«

Über ein Jahrzehnt seiner Jugend war der Mann aus der Prignitz hinter Gittern. Die Prignitz ist ein spröder Landstrich, den man auf dem Weg von Berlin nach Hamburg auf der Autobahn links liegen lässt.

Seine Geschichte erzählt von einem, der unter hohem persönlichen Risiko den Aufstand gewagt hat. Seine Auflehnung hat die schweigende Mehrheit mit Argwohn betrachtet und ihn wie eine lästige Randfigur behandelt.

Wolter reibt seine kräftigen Hände und sagt: »Ich wollte, dass mir niemand etwas vorschreiben kann. Das bedeutet für mich Freiheit.«

Freiheit, das hatte in seiner Jugend einen fremden, fernen, unbekannten Klang, seine Welt waren die Erziehungsheime, Arrestzellen und Gefängnisse des Sozialismus. Vergeblich versuchte der Staat aus ihm »einen brauchbaren Menschen« zu machen, ihn umzuerziehen, seinen Willen zu brechen. Wolter ist einer, der immer wieder aneckte, abstürzte, ausrastete, zuschlug und einsteckte. Altkadern dienen Schicksale wie das seine als Beleg für ihre Ideologie, die besagt, dass es in der DDR keine politischen Gefangenen gab. So einer wie er habe zu Recht gesessen, sagen Exrichter, Expolizisten und Exstasioffiziere der DDR. So einer wie er wäre auch in der Bundesrepublik kriminell geworden, heißt es weiter. Das aber ist Wolter nicht. Diese »Lüge der alten Kameraden« sei der einzige Grund, warum er jetzt bereit sei, über seine Gefängniskarriere zu berichten, sagt er, obwohl er eigentlich vorgehabt habe, die ganze Sache für immer zu vergessen und »mit ins Grab zu nehmen«.

1. Mai 1978

Im Städtchen Wittenberge an der Elbe feiern Einwohner und Gäste ihr Maifest. Wie jedes Jahr halten am Vormittag Funktionäre ihre Reden, dann beginnt das Volksfest mit Buden, Bier und Kirmes. Auf dem Platz der Freiheit vor dem prächtigen Rathaus aus der Gründerzeit ist die Stimmung wie immer. Es wird getanzt, gefeiert und vor allem kräftig getrunken. Die Tanzband Melodia Terzett unterhält Jung und Alt mit flotten Rhythmen. Zu heiß dürfe es nicht werden, bitten die Veranstalter von der Stadt vorab, an einem so bierseligen Tag könne die Stimmung schnell umschlagen. Vorsorglich ist »mit den Musikern vereinbart, dass sie ihre Musik je nach Stimmung auf der Tanzfläche einrichten sollten. Wenn sich die Gemüter erhitzen sollten, würden sie etwas ruhiger spielen«, wird verabredet, der Mann von der Kultur geht auf Nummer sicher, wie ein Vermerk aus dem Rathaus festhält.

Am späten Nachmittag, kurz vor achtzehn Uhr, beginnt am Rande des Festes hinter dem Rathaus, vor den Toiletten der benachbarten Schule, eine Prügelei. Zwei Brüder, beide betrunken, streiten sich und gehen mit Fäusten aufeinander los. Sofort bildet sich eine schaulustige Menge. Man will dabei sein, wenn zwei aufeinander eindreschen. Blut fließt, ein Bekannter geht dazwischen, versucht zu schlichten. Irgendjemand ruft die Polizei, die nur wenige Meter entfernt im Rathaus ihr Revier hat. Mehrere Polizisten eilen mit Hunden und Schlagstöcken zum Ort des Geschehens. Nun nimmt das Verhängnis seinen Lauf.

Im Bericht der Volkspolizei liest sich das so: »Während dieser Veranstaltung kam es zu einer tätlichen Auseinandersetzung zwischen mehreren Personen. In der weiteren Folge wurden zwei Bürger der Dienststelle zugeführt, die die Handlungen der Volkspolizei störten und behinderten, indem sie diese mit ›Bullen, Schweine usw.‹ betitelten.«

Die Polizisten nehmen einen der Schläger sowie den Schlichter fest, dieser wird von einem der Hunde gebissen. Während die Verhafteten unter Gejohle über den Festplatz zum Revier geschleppt werden, laufen, angelockt vom Bellen der Hunde und den Pfiffen der Menge, immer mehr Menschen zusammen, die mit Buhrufen das Geschehen verfolgen. Die Volkspolizisten zerren die Verhafteten mitten durch die aufgebrachte Menge bis zum Rathaus. Die Lage eskaliert. Mehrere Hundert Menschen, Wittenberger sprechen sogar von über eintausend Personen, drängen zur Polizeistation. Es wird gebrüllt, geschimpft, gejohlt und gepfiffen, während aus den Fenstern der ersten Etage Einsatzkräfte die Menge fotografieren. Eine Gruppe von angetrunkenen Jugendlichen versucht, das Revier zu stürmen, um die Festgenommenen zu befreien. Tatsächlich dringen einige bis zum Eingang vor. Die Auseinandersetzungen geraten minutenlang außer Kontrolle.

Im Polizeibericht heißt es weiter: »Aufgrund dessen, dass sich die Menschenansammlung immer mehr vergrößerte, wurden die auf dem Volkspolizei-Revier anwesenden Einsatzkräfte durch Kräfte der Wasserschutzpolizei, die sich auf dem Revier zum Waffenempfang befanden, sowie alarmierte Abschnittsbevollmächtigte verstärkt.«

Gegen achtzehn Uhr dreißig, so der Polizeibericht, gehen die Sicherheitsbehörden mit aller Härte gegen die Menge vor. Wasserwerfer, Hunde und Schlagstöcke kommen zum Einsatz. Augenzeugen wollen sogar Polizisten »mit gezogener Dienstpistole« gesehen haben.

Ein beteiligter Kommissar der Kripo notiert: »Da die Gruppierung bei der Zurückdrängung aktiven Widerstand leistete, kamen die Diensthundeführer zum Einsatz, und der Schlagstock wurde angewendet.«

Die Schlacht vor dem Rathaus tobt fast eine Stunde. Gut ein Dutzend Menschen, sogenannte »Rädelsführer«, werden gezielt aus der Masse herausgegriffen. Im allgemeinen Tumult werden auch Unbeteiligte festgenommen. Erst die zu Wasserwerfern umfunktionierten Einsatzfahrzeuge der Feuerwehr treiben mit ihrem Wasserstrahl die vier- bis fünfhundertköpfige Menschenmenge auseinander. Hunde werden, so vermerken interne Polizeidossiers, »direkt auf die Menschen gehetzt«, eine Frau wird dabei erheblich verletzt.

Bemerkenswert offen zitiert ein weiterer amtlicher Bericht Augenzeugen, die das Vorgehen scharf kritisieren: »Die Volkspolizei hätte kein Fingerspitzengefühl gezeigt und sei sehr brutal vorgegangen. Festgenommene wurden mit Handschellen auf dem Flur des Reviers mit dem Schlagstock geschlagen bzw. an die Wand gestoßen.«

Augenzeugenberichte

Die Auseinandersetzungen in den Straßen von Wittenberge halten bis in die Nacht an. Überall wird erregt gestritten, geschubst, gerempelt oder gleich handfest geprügelt. Gerüchte geistern durch die Gassen, zum Beispiel soll einer der Festgenommenen »bereits an den Verletzungen verstorben sein«, was nicht der Wahrheit entspricht.

Solche Geschichten heizen die Stimmung weiter an. Das Haus des Bürgermeisters wird von Jugendlichen umlagert. SED-Genossen, die am Revers ihr Parteiabzeichen tragen und in der Menge erkannt werden, laufen Gefahr, verprügelt zu werden, oder beschimpfen ihrerseits Jugendliche. Eine besondere Rolle spielt in diesen Stunden der Ortssekretär der SED, »Genosse Lewin«. Als der Funktionär »in stark angetrunkenem Zustand« vor dem Rathaus eintrifft, verlangt er, die »Konterrevolution« sofort und mit aller Konsequenz im Keime zu ersticken. Weiter heißt es in einem Polizeiprotokoll: »Er forderte lautstark die Sicherungskräfte der Volkspolizei auf, zuzuschlagen, und schlug selbst mit dem Krückstock auf die in seiner Nähe stehenden Jugendlichen und andere Personen ein. Dabei äußerte er mehrfach: Schlagt die Hunde!«

An anderer Stelle heißt es, dass vereinzelt aus der Menge Rufe wie »Arbeiterverräter« zu hören gewesen seien, doch habe man zu keinem Zeitpunkt »politische Motive« oder »demonstrative Handlungen« erkennen können. In den Protokollen der staatlichen Stellen bürgert sich in der Folge die Sprachregelung ein, es habe sich bei dem »Vorkommnis« in Wittenberge um »Zusammenrottungen, Provokationen und Rowdytum« gehandelt.

Was wirklich geschah, ist immer noch umstritten. Augenzeugen erinnern sich heute anders. Sie berichten von lautstarken Protesten und Rufen wie »Nichts funktioniert in diesem Land« oder »Bonzen raus«. Sie bestätigen, dass sich einige Parteigenossen der aufgebrachten Menge stellen, um zu schlichten oder die Lage zu beruhigen. Es geht um Versorgungsengpässe, hohe Preise und Privilegien. Frust und Zorn entladen sich vor allem an dem neuen Laden in der Wittenberger Bahnstraße. In diesem neuen Geschäft Delikat gibt es begehrte Westwaren, allerdings zu hohen Preisen. So kostet ein Pfund Westkaffee siebenundzwanzig Ost-Mark, erinnern sich noch heute ältere Wittenberger.

»Es war wie im Kino«, schildert ein Augenzeuge die aufgeladene Situation. »Ich bekomme noch heute Gänsehaut.«

Ein Ingenieur, der dabei war, ergänzt: »Die Stimmung war sehr explosiv. Steine sind geflogen, die Leute waren wegen der Intershops und des Deli-Ladens unglaublich sauer. Sie waren richtiggehend geladen. Es gab offene Proteste.«

Ein anderer Wittenberger: »Ich war damals mit meinem dreijährigen Sohn auf dem Maifest. Die Menge war sehr wütend. Die standen vor den Treppen des Rathauses, direkt vor dem Polizeirevier. Es waren vielleicht einige Hundert Menschen, viele waren angetrunken. Es wurde immer aggressiver. Ich beschloss zu gehen, um meinen Sohn zu schützen.«

»Ich habe Wasserwerfer im Einsatz gesehen«, gibt ein weiterer Zeuge zu Protokoll, der selbst in Mitleidenschaft gezogen wurde. Der damals zwanzigjährige Mann erklärt: »Ich stand aus Neugier nur herum. Ich bekam auch etwas mit dem Schlagstock ab, weil ich nach Aufforderungen den Platz trotzdem nicht verließ.« Seine Verlobte wird zu »Boden geschubst«. Er selbst sieht, wie mehrere Personen von Polizisten geschlagen werden und wie ein Polizeihund auf eine Passantin losgelassen wird. »Die Frau, die gebissen wurde, wollte wissen, wo es zur Elbbrücke geht. Ich weiß es genau, weil ich danebenstand und es hörte.«

Längst sind Spitzel ausgeschwärmt, um die Lage zu ermitteln. Am späten Abend meldet ein Informant, dass in der Gaststätte Timm Meinungsäußerungen wie diese offen geäußert wurden, dass »in der DDR immer sehr viel von Freiheit gesprochen wird, es aber schlimmer als in Chicago sei, da die Polizei Hunde auf friedliche Bürger hetzt und mit Wasserwerfern gegen sie vorgeht«.

Wittenberge ist eine Stadt mit einer äußerst selbstbewussten Arbeiterschaft. Hier sind traditionsreiche Betriebe zu Hause: ein riesiges Nähmaschinenwerk, eine Ölmühle, ein Reichsbahnausbesserungswerk und ein großer Zellulosebetrieb, in dem das Papier für das SED-Zentralorgan »Neues Deutschland« hergestellt wird. Die Verantwortlichen sind nervös, die Lage ist unübersichtlich. Sind das nun politische Proteste? Oder Provokationen von betrunkenen Rowdys?

Erst am späten Abend kann Entwarnung gegeben werden. Die Volkspolizei meldet, dass sich »gegen 23:00 Uhr das Leben im Stadtgebiet von Wittenberge auf den öffentlichen Straßen normalisiert« habe. Ein langer, ungewöhnlicher Tag geht zu Ende. Bis tief in die Nacht ist das Bellen der Diensthunde auf dem Platz der Freiheit zu hören. Eine Postenkette sichert Rathaus und Revier. Es ist ein gespenstisches Bild.

Solche Tumulte hatte es in Wittenberge seit der Weimarer Zeit nicht mehr gegeben. Die Partei spürt, es muss gehandelt werden. Die SED bildet einen Krisenstab. Die Federführung bekommt Kommissar Lerche (Name geändert) von der Kripo. Die Staatssicherheit in Schwerin wird gleichfalls eingeschaltet. Noch in der gleichen Nacht wird ein »Operativplan« mit dem Decknamen »Rathaus« beschlossen. Informanten werden instruiert und losgeschickt, Fahndungen ausgelöst und spezielle Kommandos zusammengestellt. Man will Folgendes wissen: »Welche Personen treten als Rädelsführer auf? Wer versucht die Situation für staatsfeindliche Aktivitäten zu nutzen? Werden Fahnen beschädigt? Welche Gerüchte werden verbreitet?«

Dieter Wolter

Die Männer von Kripo und Staatssicherheit überlegen, wie mit der aufgeladenen Situation am besten umzugehen sei. Um weiteren Gerüchten und »Diskussionen vorzubeugen«, empfiehlt ein Sachbearbeiter, »in Erwägung zu ziehen, ob nicht kurzfristig eine Pressenotiz in der ›Schweriner Volkszeitung‹ über die Vorkommnisse erscheint«.

Dieser Vorschlag wird von der Partei verworfen. Keine Zeile, kein Wort erscheint jemals in der Lokalpresse über die Krawalle auf dem Platz der Freiheit. Es ist die Geburtsstunde des Mythos von Wittenberge.

Das Stimmungsbild nach den Krawallen

Die Wittenberger SED-Leitung verhängt eine Nachrichtensperre. In ersten Krisensitzungen wird intern die Sprachregelung von gezielten Provokationen einiger Halbstarker ausgegeben. Die Krawalle sind unter den Bürgern Gesprächsthema Nummer eins. Man redet über verstörte Funktionäre, außer Rand und Band geratene Einsatzkräfte und den betrunkenen SED-Chef, der sich »lächerlich gemacht« habe. Hinter vorgehaltener Hand wird von Zuständen wie am »17. Juni« gesprochen, dem Tag des Volksaufstandes in der DDR im Jahre 1953.

Dieter Wolter erfährt erst in der Nacht dieses aufregenden Montags von der Randale vor dem Rathaus. Er will kaum glauben, was er hört. Brave Bürger haben auf offener Straße, so wird geraunt, gegen »die da oben« revoltiert. Dieter Wolter ist wie elektrisiert, das geht ihn etwas an. Aufgekratzt rennt er von Kneipe zu Kneipe und saugt die Berichte wie ein trockener Schwamm auf.

In der Kleinstadt Wittenberge kennt fast jeder jeden. Wolter erfährt von einem befreundeten Polizisten, der im Einsatz war, dass »da was Heftiges am Rathaus war, Proteste, Parolen gegen die Partei, Schläge, Festnahmen«. Mit einem Gleichgesinnten sucht Dieter Wolter nach Augenzeugen. Zur gleichen Zeit sind die Männer von der »Soko Rathaus« unterwegs, die nach »Rädelsführern und Halbstarken« fahnden. Das jüngste Gerücht lautet: Über zwanzig Menschen seien inhaftiert worden, viele verletzt, einer sei verstorben.

Nach Unterlagen der Polizei, die erst drei Jahrzehnte später erschlossen wurden, waren zu diesem Zeitpunkt mindestens elf Personen festgenommen worden, fünf »Hauptverdächtige« verblieben in Untersuchungshaft. Sie wurden später zu Haftstrafen zwischen sechs und achtzehn Monaten verurteilt, wegen »Verleumdung, Rowdytum und Widerstand gegen staatliche Maßnahmen«.

Die ausgeschwärmten Spitzel erkunden am Tag danach, dem 2. Mai, in Mittagspausen, Schulstunden oder an Stammtischen ein Stimmungsbild. Den Berichten zufolge sind die Wittenberger geteilter Meinung. »Positive Kräfte« – gemeint sind loyale DDR-Bürger – begrüßen das »konsequente und harte« Vorgehen. In einem Informantenbericht loben »Kollegen der Abteilung Innentransport« im VEB Nähmaschinenwerk den Knüppeleinsatz: »Bei solchen Provokationen muss hart durchgegriffen werden, und wenn Unschuldige was abbekommen, dann ist dies ihre eigene Schuld, denn warum mischen sie sich ein. Es ist viel zu selten, dass gegenüber den Rowdys durch die Sicherheitsorgane hart durchgegriffen wird.«

Lehrer der Dritten Polytechnischen-Oberschule Wittenberge hätten sogar kritisiert, dass »die Sicherheitsorgane« in der Vergangenheit mit Jugendlichen »viel zu human umgegangen« seien. Abschließend heißt es: »Es wird eingeschätzt, dass wir unsere Jugend mit guten Worten allein nicht erziehen können.«

Doch die meisten Wittenberger sind entsetzt und empört. »Das ist ja schlimmer wie in der BRD, die gehen vor wie die Faschisten«, heißt es in einem Polizeibericht. In einem anderen Dossier werden Lagerarbeiter und Kraftfahrer aus

Wittenberge zitiert, die »zum Ausdruck brachten, dass unschuldige Menschen von den ›Bullen‹ mittels Gummiknüppel zusammengeschlagen wurden und von den in Einsatz gebrachten Diensthunden gebissen worden sind«.

Die Lokalpresse schweigt. In der »Schweriner Volkszeitung« ist kein Wort über die Vorgänge zu lesen. Die Medien reagieren nicht, genau wie die regierende Partei.

Wolter ist überzeugt, dass das nicht hinzunehmen ist. Er findet wie viele in der Stadt, dass der Rest der Welt von den heftigen Protesten erfahren soll. Er informiert Pfarrer Dr. Ulrich Woronowicz. Der evangelische Geistliche war 1968 nach Wittenberge gekommen. Den Einsatz hat er genau wie Wolter nicht miterlebt. Der Kirchenmann erinnert sich lebhaft an die Maitage: »Ich war schon seit Jahren als Anlaufstation bekannt. Ich war für die Stasi so eine Art ›Missetäter‹, die führten gegen mich eine OPK [Operative Personenkontrollakte]. Herr K. kam nach dem 1. Mai zu mir, berichtete von den Ereignissen. Ich sagte spontan, da müssen wir was machen. Ich selbst war ja mit einer Kirchengruppe am Feiertag unterwegs und nicht in Wittenberge, hatte aber davon gehört.«

Der Pfarrer wird nach dem Kontakt mit Wolter aktiv. Er ruft einen Bekannten aus seinem Gesprächskreis an, es ist der Leiter des Wittenberger Krankenhauses. Von ihm erfährt er, dass es tatsächlich Verletzte gegeben hat. Er will die Klinik aufsuchen und mit den Betroffenen reden.

»Der Chefarzt bestätigte, dass es Verletzte gab, aber ich wurde später an einem Besuch in der Klinik gehindert. Das Gespräch war von der Stasi abgehört worden. Wir unterhielten uns bei diesem Telefonat auch über den Schriftsteller Viktor Klemperer, den die Nazis verfolgt hatten. In den Protokollen konnte ich später nachlesen, dass ein Hauptmann Witte (Name geändert) einen ›Herrn Klemperer aus Dresden‹ nicht kannte. Er fragte also nach: Wer ist dieser Mann, wer ist dieser Viktor Klemperer? Seine Dienststelle teilte ihm mit, der Mann sei unbekannt und nicht erfasst.«

Wolter und der Pfarrer beraten, wem man was mitteilen soll. Die eigenen Medien kommen nicht in Frage. Die Runde entscheidet sich für das Westfernsehen, dessen Nachrichten von den Wittenbergern regelmäßig verfolgt werden. Der Pfarrer erklärt sich bereit, als seriöser Gesprächspartner zur Verfügung zu stehen. ARD und ZDF seien eine ordentliche Adresse, sagt der Geistliche. Er mahnt Wolter beim Abschied zur Vorsicht.

Beim Westfernsehen in Ost-Berlin

Dieter Wolter reist einige Tage später alleine nach Ost-Berlin. Seinem Wittenberger Freund Klaus Kunze (Name geändert) erzählt er zunächst, er habe einen privaten Ausflug in die Hauptstadt unternommen. Kunze gibt bei einer Vernehmung zu Protokoll:

»Er war im Tierpark mit seiner Mutter. Ich nahm ihm das nicht ab, mit Tierpark und so. So fragte ich ihn näher. Er sagte, dass er in Berlin bei einem ›Mister‹ eines ausländischen Amtes war. Ich erfuhr auch, dass er im ZDF-Büro war, wo das westdeutsche Fernsehen untergebracht ist.«

Wolter verrät Kunze, dass er bei den Fernsehleuten von ARD und ZDF in Ost-Berlin war. Der Herr, den er »Mister« nennt, sei ein Angehöriger der US-Botschaft, dessen Gebäude gleich neben den Redaktionsbüros liegt; heute räumt Wolter ein, dass der gut Deutsch sprechende und äußerst zuvorkommende Mann ein Mitarbeiter der CIA war.

Da die Fernsehbüros verwanzt sind, hören auch die Männer der Staatssicherheit mit. Sie erfahren, dass die Korrespondenten den Besucher ausfragen, jedoch skeptisch bleiben.

Die Geschichte von Wittenberge erscheint den Journalisten abenteuerlich, geradezu unglaublich. Die Rede ist von Demonstrationen, offenen Protesten und zahlreichen Festnahmen. Die Ereignisse liegen einige Tage zurück, aber niemand hat in Ost-Berlin etwas davon gehört. Für eine Berichterstattung in den Nachrichten seien mehr Belege erforderlich, erklären sie und fragen, ob Namen von Verhafteten bekannt sind und Bilder von den Krawallen existieren.

Der Wittenberger verspricht, sich darum zu kümmern und wiederzukommen, wenn er präzisere Informationen hat. »Dann haben wir noch ein Carlsberg-Bier aus der Dose getrunken«; selbst das stand dann später in den Ermittlungsakten, erzählt Wolter heute.

Zurück in Wittenberge, forschen Wolter und sein Mitstreiter Kunze nach Adressen von Inhaftierten. Kunze ist Hobbyfotograf. Er hat viele Kontakte und besorgt Fotos und Negativfilme von verhafteten Jugendlichen, die er von deren Angehörigen erhält. Bilder von den Tumulten auf dem Platz der Freiheit sind nicht aufzutreiben, es gibt offenbar keine – außer den Polizeifotos.

Am 8. Mai 1978 fährt Dieter Wolter ein zweites Mal in die Hauptstadt der DDR, diesmal mit Klaus Kunze. Im ARD-Studio sind zwei Korrespondenten anwesend, hinzu kommen wenig später Hans-Jürgen Wiessner vom ZDF und ein Journalist der Deutschen Presseagentur. Die westlichen Korrespondenten sind gespannt. Wolter spricht »wie ein Wasserfall«, berichtet Kunze später der Stasi, »so schnell, dass die Korrespondenten ihn unterbrachen, weil sie sich Notizen machen wollten«.

Dem ZDF-Mitarbeiter hinterlassen die beiden Besucher aus Wittenberge Namen, Anschriften und Fotos von Verhafteten. Dann reisen sie am Mittag zurück. Wiessner und der Journalist der dpa diskutieren die neueste Entwicklung und kommen am Ende zum gleichen Ergebnis: Sie halten die Schilderungen für durchaus plausibel. Wie in solchen Fällen üblich, bitten sie das DDR-Außenministerium um eine Stellungnahme. Doch die Pressestelle hüllt sich in Schweigen, das Ereignis wird weder kommentiert noch dementiert. Am Nachmittag entschließen sich die Korrespondenten, knapp über »Zusammenstöße in Wittenberge« zu berichten.

Am 8. Mai 1978 um 17 Uhr 14 verbreitet zuerst das DDR-Büro der dpa folgende Meldung: »Delikatläden. Schwere Zusammenstöße mit DDR-Polizei in Wittenberge. Die hohen Preise, die in der DDR in sogenannten Delikatläden für vielbegehrte Waren gezahlt werden müssen, scheinen in der Bevölkerung zunehmend Verbitterung hervorzurufen. Wie erst am Montag in Ost-Berlin bekannt wurde, sollen am 1. Mai in Wittenberge (Bezirk Schwerin) verärgerte Bürger auf offener Straße eine Diskussion mit Funktionären geführt haben.«

Zwei Stunden später berichtet das ZDF in den Hauptnachrichten über die DDR-Feiern zum Jahrestag der Befreiung vom Faschismus und den zeitgleichen Besuch des sowjetischen Staats- und Parteichefs Breschnew in Bonn.

Kurz vor Ende des neunzig Sekunden langen Fernsehbeitrags fällt der Satz: »Dass man aber die junge Generation auch nicht fest in der Hand hat, beweisen die jüngsten Ereignisse in Wittenberge, wo mehrere Hundert junge Bürger gegen zu hohe Preise und Funktionärstum protestiert hatten.«

Dieser kurze Satz explodiert wie eine Bombe. Westdeutsche Zeitungen stürzen sich auf das Thema und veröffentlichen am nächsten Morgen lange Artikel. »Die Welt«, »Bild«, die »Frankfurter Allgemeine Zeitung«, die »Süddeutsche Zeitung« und viele andere Blätter berichten in großer Aufmachung über einen »blutigen Aufruhr« und »Tumulte in Wittenberge«. Die US-Nachrichtenagentur »UPI« verwechselt gar die Industriestadt Wittenberge mit der Lutherstadt Wittenberg, die knapp zweihundert Kilometer elbaufwärts liegt. Amerikanische Journalisten melden folglich »wütende Proteste« aus der Stadt, in der Martin Luther mit seinen 95 Thesen zur protestantischen Reformation aufgerufen habe.

Eine schlichte, aber peinliche Verwechslung. Was noch auffällt: Keiner der westlichen Journalisten war vor Ort.

Ost-Berlin schweigt weiter. Genau vierundzwanzig Stunden später, am Nachmittag des 9. Mai 1978, erklärt ein SED-Sprecher, es handele sich bei den Berichten um eine typische »West-Ente«. An den Berichten sei nichts dran, es seien »Lügen, Schauermärchen und westliche Verleumdung«.

Für seinen Satz über Wittenberge wird Hans-Jürgen Wiessner am selben Tag um vierzehn Uhr in das DDR-Außenministerium einbestellt und nachdrücklich verwarnt. Der Sprecher der DDR-Regierung rügt den Korrespondenten in scharfen Worten, »wegen abermaliger Verbreitung einer Falschmeldung«. Der Bericht verstoße nicht nur gegen die Journalistenverordnung, sondern »ist dazu angetan, den Prozess der Normalisierung der Beziehungen zwischen beiden Staaten zu stören«. Der Fernsehmann weist die Vorwürfe als haltlos zurück und erklärt, es gebe Augenzeugen, verlässliche Quellen und seriöse Berichte.

Vier weitere Korrespondenten aus dem Westen, die ähnlich über Wittenberge berichteten, werden später gleichfalls verwarnt, es wird ihnen mit dem Verlust ihres Aufenthaltsrechts gedroht. Daraufhin schaltet sich die Bundesregierung ein. Die Verwarnungen werden vom Bonner Kanzleramt als »überzogen und unbegründet« zurückgewiesen. Ost-Berlin und Bonn liefern sich einen verbalen Schlagabtausch. Wittenberge ist in aller Munde, in den Kommuniqués, Nachrichten und an Stammtischen. Doch wer weiß schon, was in dem Städtchen wirklich passiert ist?

Es gibt keine Bilder, es folgt ein Krieg der Worte. Im Westen werden die Ereignisse zu einem Fanal für »Unzufriedenheit«, der Osten spricht von gezielter »Verleumdung« und »Provokation«. Beide Seiten pflegen ihre Feindbilder. Wittenberge macht eine steile Medienkarriere.

Die Verhaftung

Aus Ost-Berlin zurückgekehrt, erfährt Wolter am Abend des 8. Mai 1978 von einem Bekannten, dass die Meldung über Proteste in Wittenberge »im Westfernsehen« gebracht worden sei. Auch sein anderer Bekannter, ein unmittelbarer Augenzeuge des Polizeieinsatzes, der »auch etwas mit dem Schlagstock abbekam«, erzählt Wolter davon. Später sagt er vor Gericht aus:

»Ich weiß selbst, dass von den Preisen in dem Delikatgeschäft am 1. Mai die Rede gewesen war. Ich war ja selbst dabei. Kam also von der Gaststätte zurück, erzählte das dem W., dass in der Gaststätte erzählt wurde über die Sendung im ZDF. Ich bemerkte, dass W. daraufhin nervös wurde. Er brach auf und ging weg, war aufgeregt.«

Wolter geht mit seinem Freund Kunze noch einmal zur Kirche, doch der Pfarrer ist nicht da. Am nächsten Vormittag, redet die ganze Stadt über die Fernsehnachricht. Während die Parteileitung nervös ist und den »Maulwurf« sucht, treffen die beiden Freunde den Geistlichen in seinem Pfarrhaus an.

Kunze erklärt laut Gerichtsakten:

»Hier schilderten wir ihm, was wir am 8. 5. 78 in Berlin im ARD-Büro erlebt haben. Wir haben einiges vom Telefongespräch von Dr. Woronowicz und der ›Süddeutschen Zeitung‹ mitbekommen. Er telefonierte gerade, als wir da waren. Er sagte: ›Ich kann es bestätigen, es waren Unruhen in Wittenberge am 1. Mai.‹«

Wolter erwartet, dass seine Tage in Freiheit gezählt sind. Dennoch bleibt der Heizer an diesem Abend in seiner Wohnung am Platz der Republik.

Am nächsten Tag wird Wolter nur wenige Schritte vom Delikat-Laden entfernt vor dem Hotel Germania auf der Straße festgenommen.

»Ich wurde von einem Kommando mit sieben oder acht

Leuten auf der Bahnstraße am helllichten Tage gekidnappt. Sie zerrten mich in einen der Wolgas. Dann rasten sie sofort los nach Schwerin. Es war wie in einem schlechten Film. Am ersten Abend gab es in der Zelle ›eins in die Fresse‹, vom Leiter persönlich. Mehrere Leute hielten mich fest, dann setzte es Schläge. Immer wieder fragten die Stasi-Leute, was ich in der US-Botschaft gemacht habe. Sie wollten wissen, warum ich zum ZDF gegangen bin. Ich schwieg, ich gab nichts preis.«

Wolter sitzt in Einzelhaft, in Schwerin am Demmlerplatz, einer berüchtigten Adresse. Das Justizgebäude ist ein dunkler Kasten aus der Kaiserzeit, eng, stickig, trostlos.

Am nächsten Morgen geschieht in der Verhörzelle Überraschendes.

»Ich habe nach der ersten Nacht mit allem gerechnet, nur damit nicht. Sie behandelten mich plötzlich äußerst zuvorkommend. Die Versorgung war exzellent. Immer eine frische Tasse Kaffee, belegte Brötchen nach Wahl. Es fehlte nur der Schampus.« Wolter lächelt noch heute fassungslos. »Die wollten so eine Art Widerruf. Deshalb gaben sie sich Mühe. Ich sollte öffentlich erklären, dass in Wittenberge nichts war. Keine Tumulte, keine Proteste, keine überforderten Funktionäre, keine Polizeiknüppel. Einfach nichts«, berichtet Wolter und fährt sich durchs dunkle Haar. »Sie legten mir immer wieder nahe, dass die ganze Geschichte eine ausgemachte Erfindung der Westpresse sei.«

Die Mitarbeiter der Staatssicherheit sagen, dass man »eindeutige Beweise für eine gesteuerte und gelenkte Provokation der BRD« habe. Wolter mache sich nur zum nützlichen Idioten, wenn er auf seiner Meinung beharre, das sei die Sache nicht wert. Einer der Offiziere fordert ihn auf, einfach die Wahrheit zu sagen, »dann wäre er aus allem raus«.

Drei, vier Tage lang wird Wolter aufmerksam, höflich und zuvorkommend behandelt. Wäre er nicht eingesperrt, könnte er glatt vergessen, im gefürchteten Knast am Demmlerplatz

1 zu sitzen. Wolter »traut dem Braten« nicht. Die Vernehmer behaupten, sein Freund Kunze, mit dem er bei den Westjournalisten in Berlin war, sei längst zur Vernunft gekommen. Mehrfach präsentiert der Offizier sein Angebot, Wolter komme sofort frei, wenn er bestätige, dass in Wittenberge nichts war und die Westmedien wieder einmal »alles aufgebauscht« hätten.

Der Heizer steht vor einem Dilemma. Soll er mit Hilfe von Lüge und Verrat freikommen? Wäre es für ihn nicht besser, auf das Angebot einzugehen? Er habe wahrlich kein Talent zum Märtyrer, erinnert er sich heute an seine damaligen Gefühle in der Einsamkeit der Einzelzelle. Er kennt den Knast mit seinen geschriebenen und ungeschriebenen Gesetzen, er hat genug erlebt, über fünf Jahre seiner Jugend hat er verschenkt. Er hasst den Drill, die Schließer, das erbärmliche Essen, den Stumpfsinn endloser Stunden ohne Ziel.

Kindheitstraum Amerika

Schon im Alter von dreizehn, vierzehn Jahren hat Dieter Wolter ziemlich klare Vorstellungen von seinem künftigen Leben. Er ist für seine Eltern ein Nachzügler, als er 1954 in Perleberg als fünftes Kind einer Lehrerfamilie zur Welt kommt. Der Vater lebt als Invalide im unfreiwilligen Vorruhestand. Die Mutter erzieht ihre vier Söhne und eine Tochter zu selbstbewussten und konsequenten Menschen. Perleberg ist eine Kleinstadt in der Prignitz, einem dünn besiedelten Landstrich nordwestlich von Berlin. Der Junge will nur weg von dort, wie viele vor und nach ihm. Er möchte auswandern, ins Land seiner Sehnsucht, nach Amerika.

»Mein Vater hatte zwölf Geschwister. Die waren in der ganzen Welt verstreut. Einer meiner Onkel, ein Ingenieur, wurde 1945 von den Amerikanern vor die Alternative gestellt: Kriegsgericht oder Mitarbeit bei den Amis? Der Onkel ging nach Detroit und wurde ein erfolgreicher Autobauer. Das war mein Ziel, Amerika! Das war von Anfang an in mir drin. Ich meinte es ernst. Ich wollte auswandern.«

Wolter wächst in bescheidenen, geordneten Verhältnissen auf. Sein Vater ist ein ehemaliges Parteimitglied der NSDAP. »Mit den Roten wollte er nicht viel zu tun haben, er ging ihnen so gut wie möglich aus dem Wege«, erzählt Wolter. Ein Bruder geht zur Volkspolizei. 1962 versucht der zweitälteste Bruder »abzuhauen«. Es ist genau ein Jahr nach dem Mauerbau, als »er aus der Elbe gefischt« und wegen Republikflucht eingesperrt wird. Der große Bruder verschwindet spurlos von der Bildfläche, nicht aber aus den Familiengesprächen. Da ist Dieter acht Jahre alt. Später wird der deutlich ältere Bruder vorzeitig entlassen, kommt aber als Fußgänger 1966 bei einem Verkehrsunfall auf der Landstraße ums Leben. Ein westdeutscher Lkw-Fahrer hatte ihn auf der vielbefahrenen Fernverkehrsstraße 5, der damaligen Transitstrecke zwischen Hamburg und Berlin, übersehen und tödlich verletzt.

»Das war Schicksal. Der älteste Bruder war zu einer Art Vorbild für mich geworden«, erinnert sich Bert. »Mein Vater war in politischer Hinsicht gleichgültig. Meine Mutter wollte mich in eine andere Richtung bringen. Sie hat es jedoch nicht geschafft, mich zu überzeugen.«

Dieter gilt als aufsässig, schwierig und rebellisch. Er widerspricht der Klassenlehrerin, dem FDJ-Sekretär und selbst dem Leichtathletiktrainer, der von seinem sportlichen Talent viel hält und ihn unbedingt auf die Sporthochschule nach Leipzig schicken will, weil er so schnell laufen kann.

Erster Fluchtversuch

Er ist Schüler der achten Klasse, als er sich mit vierzehn Jahren zum ersten Mal »aus dem Staube« machen will. Wolter hat massiven Ärger in der Schule. Er hatte sich als Einziger seiner Klasse geweigert, das Anmeldeformular für die Freie Deutsche Jugend auszufüllen.

Im Staatsbürgerkundeunterricht verwickelt er kurz darauf seinen Lehrer in eine offene Diskussion. Er fragt, warum man eine Mauer brauche, wenn man doch zu »den Guten gehöre«. Eigentlich müssten doch die anderen eine Grenze ziehen, um sich »vor uns zu schützen«. Der Lehrer reagiert hilflos, meldet den renitenten Schüler dem Direktor. Wolter wird »während einer Mathe-Arbeit« ins Rektorat zitiert. Er beharrt auf seinen Positionen, nimmt nichts zurück. Der Schulleiter erstattet Anzeige wegen »Staatsverleumdung«. Die Staatsanwaltschaft nimmt Ermittlungen auf.

Im März 1969 packt der empörte Schüler eine kleine Reisetasche, schleicht aus der elterlichen Wohnung, löst einfach eine Fahrkarte und fährt mit dem Zug bis zum Ostbahnhof in Ost-Berlin. Sein Vorhaben ist tollkühn, er meint, dass man in der Mauerstadt »günstige Stellen« zum Grenzübertritt finden kann. Der Bahnhof befindet sich unmittelbar an der »Staatsgrenze West«, dort steigt er aus, bewaffnet mit einem alten Stadtplan aus der Vorkriegszeit. Er hat vor, einen der unterirdischen Geisterbahnhöfe für seine Flucht zu nutzen. Wolter:

»Vom Ostbahnhof bin ich zu einem der stillgelegten U-Bahnhöfe gelaufen. Ich weiß nicht mehr genau, wo es war. Ich wollte durch einen der Schächte, dort, wo die U-Bahnzüge aus dem Westen ohne Halt durch den Osten fahren. Ich kam nicht sehr weit. Ein Hund hat mich im Tunnel aufgespürt. Ich kam dann in die Ost-Berliner Keibelstraße [Sitz der Kriminalpolizei].«

Am 20. März 1969 um 18 Uhr 25 ist die Flucht beendet. Der Junge macht gegenüber den Beamten keinen Hehl aus seinen Absichten. Er streitet nichts ab, erklärt, »nach Amerika« zu wollen. Er kommt vor das Jugendgericht in seiner Heimatstadt Perleberg. Der Richter macht ihm einen Vorschlag, der auf sein sportliches Talent zielt.

»Da ich sehr gut war in Sport, ein guter Leichtathlet – die einhundert Meter lief ich in 11,1, und im Weitsprung kam ich schon mit vierzehn Jahren auf sechs Meter –, wollte man mich mit einem Studienplatz an der Leipziger Sporthochschule ködern. Ich lehnte ab. Da wurde er richtig sauer. Der Richter sagte irgendwann, ich sei unbelehrbar.«

Wegen »ungesetzlichen Grenzübertritts« schickt ihn die Strafkammer für anderthalb Jahre in das Jugendhaus Dessau, zur Besserung, wie es heißt. Dort könne man aus ihm wieder einen brauchbaren Menschen machen, erklärt der Richter. Das »Jugendhaus« ist eine der härtesten Jugendanstalten der DDR. Wie es in der »Hölle von Dessau« wirklich aussieht, wissen nur die wenigsten.

Jugendhaus Dessau

Am 5. Juni 1969 schlägt Dieter Wolter die Stunde. Bei seiner Ankunft in der Dessauer Willy-Lohmann-Straße kommt er zunächst in eine Zugangsgruppe. Dort beobachten Erzieher die Neuzugänge, um sie dann in verschiedene Arbeitskollektive aufzuteilen.

In der Broschüre »Wege zum Leben. Das Jugendhaus in Dessau« von 2004 berichtet ein jugendlicher Strafgefangener über seinen ersten Tag:

»Nach der Filzung wurden wir eingekleidet und bekamen wie alle hier unsere gelb gestreifte Gefangenenuniform nebst einem Bündel mit Bettwäsche und allem anderen. ›Antreten, und höre ich noch einen Ton!‹, schrie ein Schließer, ›wird euch sehr schnell klar, was hier läuft!‹ Wir tauchten in eine Welt, von der niemand wusste, was uns erwartete, aber viele Selbstmorde waren bekannt von Jugendlichen, die sich mit Händen und Füßen wehrten, um hier nicht aufgenommen zu werden. Was war Geschwätz und was die Wahrheit – wir sollten es erfahren.«

In den ersten Tagen kommt Wolter mit drei weiteren Jugendlichen in einen Raum von acht Quadratmetern. Die vier Zelleninsassen müssen tagsüber die Bretter, die als Betten dienen und an der Wand festgemacht sind, hochklappen, um sich überhaupt bewegen zu können. Später wird Wolter als Jüngster in eine Erziehungsgruppe mit ungefähr zwanzig älteren Jugendlichen eingeteilt. Der Älteste ist volljährig. Wolter wird in Dessau fünfzehn Jahre alt.

Das Haus ist chronisch überbelegt, die Zahl der erwachsenen Aufpasser dagegen konstant unter dem Plansoll. Die Mitarbeiter nennen sich »Erzieher«. Sie sind überfordert. Viele Übergriffe bleiben ungeahndet, Willkür ist die Folge. »Essensentzug und Prügel gehörten zur Tagesordnung«; wer sich als Häftling nicht in seinen geputzten Stiefeln spiegelt, kann beim Appell stundenlang stramm stehen, exerzieren und marschieren, »bis man schwarz wird«, erinnert sich Wolter.

Der Schlafsaal hat zehn eiserne Dreistockbetten sowie zwei Kübel für die Notdurft. In den Räumen riecht es nach Kot und Urin, Zeitungen dienen als Toilettenpapier. Wenn nachts die Kübel voll sind, muss aus dem Fenster uriniert werden. Wer erwischt wird, kann mit verschärftem Arrest rechnen. Einundzwanzig Tage Einzelhaft in einem ungeheizten, dunklen, vergitterten Kellerverschlag sind die Höchststrafe.

Es gibt nur zwei Grundregeln: Man muss sich anpassen und bedingungslos unterordnen. Verstößt ein Mitglied der Erziehungsgruppe gegen die Hausordnung, wird die gesamte Gruppe bestraft. Dieses Prinzip der »Selbsterziehung« ist gewollt.

Reiner Broäter ist zur gleichen Zeit und aus den gleichen Gründen wie Wolter in Dessau. Er wollte das Land verlassen, nun soll aus ihm ein besserer Mensch werden. Broäter beschreibt, wie »Ordnungsübungen«, so werden Strafen im Jugendhaus genannt, gezielt eingesetzt werden. »Achterbahn fahren« heißt eine Spielart in Dessau:

»Das Jugendhaus Dessau wurde offenbar zu dem einzigen Zweck mit Treppen ausgestattet, um eine Gruppe von zehn oder zwanzig Jugendlichen, in der Hocke und mit vorgehaltenen Armen springend, hüpfend vom Keller unters Dach und vom Dach in den Keller und ganz gewiss an den Rand ihres physischen Vermögens, an die Schmerzgrenze und um ein wenig mehr darüber hinweg zu bringen. Die Anlässe waren so nichtig wie unheilvoll: ein nachgeschlagener Stiefel am Ende des Exerzierens auf dem Freihof, das hörbare Kratzen eines Holzbeines beim Setzen an den Mittagstisch. Runde für Runde verging unter dem nervenden Gebrüll der Posten. Solange wurde gelaufen, bis die Ersten wirklich nicht mehr konnten und selbst der Schlagstock keine Resultate mehr brachte. Manche hätte man totschlagen können, aber nichts bewegte sie noch mal die Treppe hoch.«

Auch Dieter Wolter muss »Achterbahn fahren«. Immer wieder, vier Etagen rauf und runter, »im Nachbarhaus, bis zum Abwinken. Das kann sich heute keiner mehr vorstellen, das glaubt doch keiner«, sagt er. Es war Alltag im »Jugendhaus«.

Umerziehung

Alle träumen davon, abzuhauen, was so gut wie unmöglich ist. Einige wenige versuchen es, die meisten scheitern. Wer geschnappt wird, dem werden die Haare kahl rasiert. Damit keiner entkommt, verfügt die Anstalt über Wachtürme, mehrere Meter hohe Außenmauern, Signaldrähte und Elektrozäune. Kettenhunde laufen angeleint in einem Laufgraben vor der letzten Außenmauer. Ihr Bellen ist Furcht einflößend.

Der Staat präsentiert sich allmächtig wie ein Gott. Hier gilt das Recht des Stärkeren. Kein Ort für junge, sensible Menschen oder Außenseiter, die anders aussehen, denken oder fühlen. Das Leitbild des Gefängnisdirektors lautet: »Es genügt uns nicht, einen Menschen einfach zu bessern, wir müssen ihn umerziehen, das heißt so erziehen, dass er nicht bloß ein unschädliches und ungefährliches Mitglied der Gesellschaft wird, sondern ein fähiger Mensch, der aktiv am Aufbau einer neuen Epoche mitwirkt.«

Im Gefängnishof ist eine große Wandtafel angebracht, auf der in weißen Buchstaben ein Spruch des sowjetischen Pädagogen Anton Semjonowitsch Makarenko zu lesen ist: »Was du nicht weißt, lernst du. Wenn du lernst, helfen wir. Wenn du nicht willst, zwingen wir dich.«

Die »pädagogische Diktatur« sei notwendig gewesen, rechtfertigte einmal der erste Anstaltsleiter von Dessau, Helmut Hannig. Durch äußere Anpassung sei an die innere Einhaltung von Ordnung und Disziplin zu gewöhnen, formulierte er, um junge Menschen positiv zu beeinflussen.

Nicht selten kommt es zu Verzweiflungstaten »Selbstschädigungen«, so heißt es in der Sprache der Anstalt. Immer wieder versuchen Gefangene, ins Haftkrankenhaus zu kommen. Sie stanzen sich in der Werkstatt Hände ab, verschlucken tubenweise Zahnpasta, Widerhaken oder ganze Löffelstiele. »Einer hat es sogar geschafft, eine ganze Bettfeder herunterzuwürgen, nur um nach Leipzig in die Krankenstation zu kommen«, erinnert sich Wolter.

Selbstmordversuche gibt es ebenso wie Gerüchte über Gewaltexzesse. Kurz vor seiner Einlieferung hatte sich ein junger Mitgefangener erhängt. Er war bei einem Fluchtversuch erwischt worden.

Dieter Wolter lernt in Dessau, worauf es im Knast ankommt. Er passt sich an, wo nichts zu gewinnen ist. Er schlägt zurück, sobald er eine Chance sieht. Er beginnt die Aufseher zu hassen, die ihn brechen wollen. Manchmal weiß er nicht mehr, wohin mit seinen Aggressionen. Bei kleinsten Anlässen kann er explodieren.

»Lasst mich raus, sagte ich ihnen immer wieder, dann gebe

ich Ruhe. Ich kuschte nicht. Ich wehrte mich. Ich sagte einmal einem Wärter, wenn du so weitermachst, schubse ich dich die Treppe runter. Der war dann still. Er sah, wie kräftig ich bin. Mich haben sie später nicht mehr angefasst. Andere haben sie zusammengeschlagen, fertiggemacht, bei mir haben sie sich das nicht mehr getraut.«

Siegfried Lehnecke, Anstaltsleiter zu Wolters Zeit, personifiziert das Dessauer System von Angst, Gewalt und Einschüchterung. Er lässt Gefangene für sich privat arbeiten.

»Das machten nahezu alle Offiziere. Sie benutzten uns als billige Arbeitskräfte für ihre persönlichen Zwecke. Am Wochenende musste man bei ihnen zu Hause schuften. Unter Bewachung natürlich. Wir waren für die wie Sklaven.«

Am 28. Oktober 1970 unterschreibt Wolter eine Erklärung: »Ich wurde ordentlich und korrekt, gemäß den Normen des sozialistischen Strafvollzuges behandelt und in jeder Weise optimal betreut.« Dann öffnen sich die Tore des Jugendhauses Dessau. Wolter hat seine Strafe bis auf den letzten Tag verbüßt. Wohl kaum wird er einen Blick auf den Gedenkstein geworfen haben, der sich neben dem Gefängnistor befindet. Auf ihm wird an zwei Opfer der Nazis aus dem Januar 1934 erinnert. »Ihr bleibt unvergessen«, steht geschrieben. »Mitglieder der KPD aus Hecklingen wurden in diesem Gebäude von der faschistischen Mordjustiz durch das Henkerbeil hingerichtet.« Bis 1945 folterten die Nazis in diesem Gebäude ihre Gegner.

Wolter ist wieder in Freiheit. Ein neuer, ein anderer Mensch ist er nicht geworden. Zwar hat er den Schulabschluss der achten Klasse, doch seine Wut auf die Welt der Erzieher, Aufseher und Lehrer hat sich vervielfacht. Er kehrt zurück, zunächst zu seinen Eltern, arbeitet in einem Fliesenwerk, doch wegen der »kaputten Wirbelsäule« gibt er den Job wieder auf. Er beginnt eine Schlosserlehre bei der Reichsbahn, doch er tut sich schwer.

Nichts hält ihn mehr in der DDR, er möchte weg nach

Amerika. Sein erster Versuch, das Land seiner Leidenschaft zu erreichen, hatte achtzehn Monate gedauert, gekommen war er bis Dessau. Er will so schnell wie möglich aufbrechen, nur das nächste Mal soll es klappen. Der junge Mann ist jetzt sechzehn Jahre alt.

Zweiter Fluchtversuch

Ein Jahr später, im Oktober 1971, besucht Dieter Wolter mit einem seiner Brüder den örtlichen Jugendclub. Am Vorabend des 7. Oktober, des Jahrestages der DDR, wird getanzt. Der ältere Bruder »schickt ihn nach Hause«, wie in den Rehabilitierungsakten der Staatsanwaltschaft Schwerin nach der Wende zu lesen ist. Der siebzehnjährige Lehrling ist sauer. Er läuft weg, immer weiter, er versteckt sich zwei Nächte in einer einsamen Scheune. Weil er befürchtet, dass sein Bruder ihn verpfeift, pendelt er mehrmals mit dem Bus zwischen Wittenberge und Perleberg hin und her, »um eventuellen Fahndungsmaßnahmen aus dem Wege zu gehen«. Als er meint, mögliche Verfolger abgeschüttelt zu haben, setzt er sich in den Zug nach Magdeburg. Dort nimmt er am nächsten Tag ein Taxi, das ihn weiter westwärts in den kleinen Ort Eichenbarleben in Sachsen-Anhalt bringt, zwanzig Kilometer westlich von Magdeburg, kurz vor der Staatsgrenze. Dann läuft er los, immer weiter gen Grenze. Stundenlang stapft er über umgepflügte Äcker und abgeerntete Felder, mitten durch Wälder, bis er plötzlich auf eine Autobahn stößt. Unglaublich, er kann vorbeihuschende westliche Autos erkennen. Ist er schon drüben?

Er legt sich auf die Lauer. Dann entdeckt er einen langsameren Lastwagen, vermutlich einen W50 aus heimischer Produktion, schließlich hört er auf der Gegenfahrbahn unverkennbar einen Trabant entlangknattern, aus seiner Vermutung wird Gewissheit. Wolter hat nicht den Westen, sondern die Transitstrecke erreicht. Er ist ratlos. In welche Richtung soll er laufen, nach links oder nach rechts? Völlig erschöpft legt er sich ins Gelände und schläft ein. Am nächsten Morgen gegen halb zehn Uhr wird er unsanft geweckt, »von zufällig vorbeikommenden Angehörigen der Deutschen Volkspolizei«. Die Ermittlungsakten beschreiben nüchtern das Ende seines zweiten Fluchtversuches. Er ist nach drei Tagen gescheitert. Wolter stellt sich gegenüber den Polizisten naiv, erklärt, er sei wegen einem Streit in der Familie von zu Hause weggelaufen und habe die Orientierung verloren. Man glaubt ihm nicht.

Das zuständige Kreisgericht Perleberg verurteilt den Ausbüchser zu einem Jahr und neun Monaten Haft – wieder »wegen versuchten ungesetzlichen Grenzübertritts«. Dass er außerhalb des Sperrgebietes aufgegriffen wurde, hatte sich strafmildernd ausgewirkt. Da sitzt er zum zweiten Mal in Haft, soll bereuen, seine Fehler einsehen und in Erkenntnis münzen. Langsam, aber stetig steigt die Qual des Eingesperrtseins, das Selbstmitleid, die Wut. Immerhin entlässt ihn der Staat am 28. Februar 1972 vorzeitig, er bekommt einen vorläufigen Pass und den Rat, sich nie wieder bei einem Fluchtversuch erwischen zu lassen.

Dritter Fluchtversuch

Dieter Wolter steht Anfang März 1972 vor der Tür seines Elternhauses. Er ist fast volljährig, zwei Jahre seiner Jugend hat er hinter Schloss und Riegel verbracht, mit dem System, das ihn bessern wollte, hat er innerlich abgeschlossen. »Fieberhaft«, so beschreibt er seine damalige Verfassung, sucht er nach Wegen, das Land zu verlassen. Er studiert Landkarten, forscht nach möglichen Schlupflöchern.

Zehn Wochen nach seiner Haftentlassung setzt er sich in einen Zug nach Schwerin, eine Rückfahrkarte löst er nicht.

Dort steigt er am 17. Mai 1972 um und fährt weiter westwärts bis nach Lützow im Landkreis Gadebusch. Vom Bahnhof aus macht er sich zu Fuß in Richtung Nordwesten zum
Schaalsee auf. Die riesigen Rapsfelder stehen in voller Blüte,
die Gegend ist dünn besiedelt. Er kommt gut voran. Nach einigen Stunden erreicht er das Grenzgebiet, eine Fünf-Kilo-
meter-Sperrzone, die nur mit Sonderausweisen zu betreten
ist. Wolter meidet Straßen und Feldwege. Er hat Glück, an
diesem Frühlingsabend ist keine Menschenseele unterwegs.

Er will den Schaalsee nördlich umgehen; er weiß, die Grenze verläuft mitten durch den See. Er tastet sich immer weiter
nordwestwärts. Plötzlich entdeckt er auf freiem Feld ein Warn-
schild, auf dem steht: »Vorsicht Lebensgefahr! Minen!«

Wolter überlegt, er zögert. Soll er die Flucht fortsetzen?
Soll er lieber abbrechen? Sein Überlebenswille siegt, er hat
keine Lust, ein weiteres namenloses Opfer in der Statistik zu
werden. Dieter Wolter flucht, weint und gibt auf.

Vierter Fluchtversuch

Zehn Tage später sieht Wolter am Transitrastplatz Quitzow
eine günstigere Gelegenheit, die Grenze ohne Gefahr für
Leib und Leben zu überwinden. Quitzow ist ein exotischer
Haltepunkt, wie ihn nur der Kalte Krieg hervorbringen kann,
ein Stück westliche Konsumwelt, genannt Intershop, untergebracht in einem ehemaligen Landgasthaus, und eine Tank-
stelle mit großem Parkplatz an der Fernverkehrsstraße 5.

Die »Fünf«, wie sie hier nur genannt wird, ist in den siebziger Jahren der nördliche Transitweg für den Ost-West-
Verkehr von West-Berlin nach Hamburg. Sie ist eine heillos
überlastete Landstraße. Die Raststätte Quitzow liegt einige
Kilometer westlich von Perleberg, Wolters Heimatort. Hier
halten viele westliche Lastwagenfahrer, um sich mit billigem
Alkohol oder Zigaretten einzudecken. Wolter will sich in ei-

nem Lastwagen verstecken, er plant, als blinder Passagier in den Westen zu gelangen. Ein Bekannter soll Schmiere stehen und ihn unterstützen.

Am späten Abend des 29. Mai 1972 kurz vor Mitternacht fahren die beiden jungen Männer zur Raststätte. »Es regnete an diesem Abend. Mein Kumpel hat mich von Perleberg nach Quitzow an der F5 gefahren. Er half mir. Der Parkplatz war mit mehreren westdeutschen Lkws besetzt. Wir erkundeten das Gelände. Niemand war zu sehen, es regnete stark. Dann schnitten wir mit einem Teppichmesser die Plane eines Anhängers ein kleines Stück weit auf, sodass ich hineinklettern konnte. Man muss wissen, dass die Hänger damals schon verplombt waren. Ich kletterte in den Lastwagen. Dann musste ich warten. Einige Stunden später ging die Fahrt wirklich los.«

Niemand hat etwas bemerkt, obwohl der Rastplatz von Stasi-Leuten wimmelt. Wolter atmet tief durch. Der Lastwagen ist in Richtung Hamburg unterwegs. Wolter kann es kaum fassen, diesmal scheint sein Vorhaben endlich zu gelingen. Der Lkw schleicht durch dunkle Dörfer, muss an geschlossenen Bahnübergängen endlos lange warten und erreicht im Schneckentempo gegen fünf Uhr früh den Grenzübergang Horst. Dieter Wolter kommt die Strecke wie eine Ewigkeit vor.

Schließlich hält der Lkw am Kontrollpunkt, der Motor wird ausgeschaltet, es wird still. Nur noch wenige Meter trennen ihn, dann hat er es geschafft. In seinem Versteck kann er Wortfetzen hören. Es läuft ihm heiß und kalt den Rücken herunter, als plötzlich ein Grenzer die Plane öffnet. Der Offizier spricht ihn sofort mit seinem Namen an.

Das ist das Ende seiner vierten Flucht.

»Ich war verraten worden. Von meinem Freund, der mich von Perleberg zum Transitparkplatz gebracht hatte. Er hat später Karriere beim Staat gemacht, irgendwo in der Verwaltung. Er lebt heute in Potsdam, wurde nach der Wende aus dem Staatsdienst entlassen, weil er ein Inoffizieller war.«

Der kräftige Mann schaut auf seine Hände, er zieht seine Schultern hoch, er schwankt zwischen Empörung und Resignation:

»Das war ein wirklich bitterer Moment. Vom eigenen Freund verpfiffen und verkauft. Ich habe lange gewartet und mir erst im Jahre 2000 die Akten angeschaut. Ich habe zwei Tage gebraucht, um das ganze Zeug zu lesen. Ich hatte mir extra ein Hotelzimmer genommen. Es war traurig. Viele in meinem Umfeld haben mich angeschwärzt, sogar meine Klassenlehrerin. Vier, fünf Leute waren immer um mich herum. Die wussten wirklich alles. Über jeden Schritt von mir waren sie informiert, selbst in der Zelle. Ich war nie allein.«

Ausbruch und Amnestie

Am 30. Mai 1972 ist er wieder dort, wo er schon viel zu viel Zeit verloren hat: in Perleberg. An seinem achtzehnten Geburtstag im Juni sitzt er ohne Freunde und Familie in einer engen Zelle hinter Gittern. Er gilt als Wiederholungstäter, als unverbesserlich und nicht erziehbar. Den schönen Sommer, in dem in München die Olympischen Spiele gefeiert werden, verbringt Wolter wie eine tickende Zeitbombe zwischen Ladendieben und Leidensgenossen, die genau dasselbe Ziel wie er haben: raus aus der DDR.

Am 8. September 1972 steht Wolter zum vierten Mal vor der Strafkammer in Perleberg. Diesmal gibt es keine Angebote mehr, das Urteil soll ihn »zur Vernunft« bringen. »Wegen versuchten ungesetzlichen Grenzübertritts in schwerem Fall in Tateinheit mit versuchtem und mehrfach vollendetem Eindringen in das Grenzgebiet«, so im Urteil, wird er zu drei Jahren und sechs Monaten Freiheitsstrafe verurteilt.

Wolter will das nicht hinnehmen. Er hat eine unbändige Wut. Mit dem Mut der Verzweiflung wagt er mit drei Mitgefangenen den Ausbruch, wenn nötig mit Gewalt.

»Wir waren wahnsinnig. Ich bin am frühen Morgen aus einem Fenster über das spitze Dach geklettert, meine Mithäftlinge hinter mir her. Dann habe ich mich an der Regenrinne zum ersten Hof herabgehangelt, das ist der Hof nach der Schleuse zum Gerichtsgebäude, als uns ein Schließer entdeckte. Ich habe den Wärter einfach niedergeschlagen.«

Der Faustschlag ist so hart, dass sich der Wärter einen Schädelbasisbruch zuzieht, wie sich später herausstellt. Wolter und seine Kameraden rennen über den äußeren Hof und klettern über die Gefängnismauer. Sie werden beobachtet.

»Die Soldaten aus der nahen sowjetischen Kaserne haben das mitbekommen, einige haben sogar gerufen und applaudiert. Es gelang uns, Richtung Elbe zu flüchten. Zwei Tage nach dem Ausbruch sind wir wieder eingefangen worden. Jetzt sollten wir auch noch wegen ›Terror an der Staatsgrenze‹ angeklagt werden.«

Wolter sitzt wieder ein, als im Oktober 1972 der neue DDR-Staats- und Parteichef Honecker eine großzügige Amnestie gewährt. Über dreißigtausend Strafgefangene werden auf einen Schlag entlassen. Völlig überraschend ist auch Wolter unter den Amnestierten. Warum er dabei war, kann die Rehabilitierungskammer Schwerin drei Jahrzehnte später nicht mehr klären.

Wolter hat vielleicht einfach Glück. Eine seltene Erfahrung für den Jugendlichen im Umgang mit der Staatsgewalt. Entlassen in die Freiheit, fällt er in den nächsten Monaten nicht auf. Er arbeitet als Schlosser, es gibt keinen Anlass zur Klage. Vielleicht wäre die Rückkehr in ein normales Leben tatsächlich möglich gewesen, wenn nicht die Geschichte mit dem Moped passiert wäre.

Am 16. Juli 1973 fährt er betrunken auf der Fernverkehrsstraße 5, genau auf der Lebensader, auf der auch der Transitverkehr rollt. Eine Verkehrsstreife entdeckt Wolter, will ihn kontrollieren. Der junge Mann verliert die Nerven, er flüchtet, stürzt, das Moped schlittert in den Graben, die Volkspolizisten nehmen ihn fest. Wegen »Verkehrsgefährdung durch Trunkenheit« wird er zu neun Monaten verurteilt. Da er unter Bewährung steht, verhängt der Richter die komplette Reststrafe von drei Jahren und sechs Monaten. Er sitzt seine Strafe in der mecklenburgischen Haftanstalt Bützow bis auf den letzten Tag ab.

Der Einzelkrieger

Erst vier Jahre später, im Mai 1977, kann Dieter Wolter wieder ein Leben jenseits der Gefängnismauern führen. Er ist jetzt dreiundzwanzig Jahre alt. Er hat sich verändert, auch äußerlich. Seine Arme hat er im Knast tätowieren lassen. Die drei Punkte auf dem rechten Oberarm bedeuten: »Bin ein Bützower.« Die entscheidenden Jahre seiner Jugend hat er hinter Gittern verbracht. Man hat ihn isoliert, schikaniert und versucht, seinen Willen im Sinne des Staates zu formen. Alle Erziehungsmaßnahmen sind ins Leere gelaufen. Aus Wolter ist kein »brauchbarer Mensch« im Sinne der Justizbehörden geworden. Er gilt als aufsässig und renitent.

Wolter stellt nach seiner Entlassung fünf oder sechs Ausreiseanträge. Wie viele es waren, weiß er nicht mehr. Er beruft sich auf die UNO, auf internationales Recht und die KSZE-Schlussakte von Helsinki. Seine Briefe bleiben unbeantwortet. Er wendet sich mit Petitionen direkt an den Staats- und Parteichef Erich Honecker. Auch diese Bitten bleiben ungehört.

Wolter jobbt als Heizer in Wittenberge. Er wohnt in einer kleinen Wohnung »am Bismarckplatz«, wie er sagt, so hieß der Platz in früheren Zeiten. Den neuen Namen, Platz der Republik, akzeptiert er nicht.

»In dieser Zeit war ich ganz schön hart drauf«, sagt er heute.

Wolter fühlt sich wie ein Partisanenkämpfer. Die Besatzer

sind für ihn die Russen und deren Helfershelfer, die Genossen von der SED. Seine Revolte ist ein zäher Kleinkrieg. Er weigert sich, in seinem Betrieb im Schichtsystem zu arbeiten, er zahlt keinen »Soli-Beitrag« für die Gewerkschaft, »weil das Geld den Kommunisten zufließt«.

Im Frühjahr 1978 verfasst er Flugblätter. In Reimen klagt er »das Regime« an.

»In dieser Zeit habe ich Gedichte gegen die Mauer verfasst. Eines ging ungefähr so: Wann werden meine Brüder und Schwestern jemals verstehen, / dass wir unter Lebensgefahr für unsere Freiheit an die Grenze gehen.«

Wolter spuckt Gift und Galle gegen die SED. Er bezeichnet die DDR als großes Gefängnis. »Auf zu den Waffen, Zonenjungs«, steht auf einem der anonymen Flugblätter. Die Staatssicherheit beschlagnahmt in Wittenberger Kneipen die Zettel. Sie setzt eine ganze Armee von Spitzeln auf den Verfasser an, um ihm »das Handwerk zu legen«. Wolter wird vorgeladen und verwarnt, längst steht er wieder mit einem Bein im Gefängnis, die Staatssicherheit hat aber keine handfesten Beweise.

»Unterzeichnet habe ich die Flugblätter immer mit DiWo, das war mein Kürzel. Dieses Rätsel hat die Stasi nie gelöst. Das war eine Einzelaktion. Ich verteilte die Flugblätter in Gaststätten oder hinterlegte sie an Plätzen. Die Stasi sprach von Pamphleten. Das mochten die überhaupt nicht. Krampfhaft suchten sie nach dem Urheber.«

Wolter hat nichts mehr zu verlieren. Ende April 1978 kündigt er seinen Job. Es sieht so aus, als wolle er alle Leinen kappen. Da kommt das Maifest vor dem Rathaus wie ein Geschenk des Himmels. Ungläubig hört er am späten Abend von »blutigen Unruhen« mitten in seiner kleinen Stadt. Er war nicht auf dem Platz, aber er beschließt, der Sache auf den Grund zu gehen. Die Welt soll die Wahrheit von Wittenberge erfahren.

Untersuchungshaft in Schwerin

Dieter Wolter kann sich an seine Schweriner Zelle genau erinnern. In den ersten Tagen nach der Verhaftung in Wittenberge im Mai 1978 schwankt er zwischen Trotz und Resignation. Er weiß nicht, wohin er seinen Hass und seine angestaute Energie lenken soll.

Er ist vierundzwanzig Jahre alt, gilt als mehrfach vorbestraft und gemeingefährlicher Krimineller. Es sind seit zehn Jahren die immergleichen Verbrechen, die man ihm vorhält, »staatsfeindliche Hetze« und »Republikflucht«. Allein das Wort Republikflucht empfindet Wolter als Sinnverdrehung von Funktionären, die Menschen »wie Raubtiere in Käfigen halten«. Worthülsen wie »ungesetzlicher Grenzübertritt« passen ins tiefste Mittelalter, erregt er sich in der Hamburger Hotellobby. Solche Begriffe klingen nach Leibeigenschaft und Ketzerei, seien typisch für Herrscher, die uneingeschränkt über Wohl und Wehe, über Leben und Tod ihrer Untertanen bestimmen können.

Er beugt sich wieder nach vorne und erzählt, wie in der Schweriner U-Haft von einem Tag auf den anderen alles ganz anders wird. Statt belegter Brote gibt es nun Vorwürfe, statt Höflichkeiten Hasstiraden und die Androhung von hohen Haftstrafen. Die Rede ist von Hochverrat, darauf stehe lebenslänglich. Wolter solle die Suppe auslöffeln, die er sich eingebrockt habe. Wer sich weigere, zu »kooperieren«, dürfe sich nicht wundern, den müsse man ohne viel Aufhebens wegsperren oder von der Bildfläche verschwinden lassen.

Die acht Verhörprotokolle, die vorliegen, belegen, wie Wolter zum »Kriminellen, der falsche Angaben zu Ereignissen in Wittenberge übermittelte« mutiert. Geradezu geifernd wird Wolter zu einem gemeingefährlichen Staatsfeind aufgebaut.

»Sie haben gedroht, sie ruinieren mich nach Strich und

Faden. Ich sei schuld an der Hetze in den Kanälen. Dafür werde ich büßen.«

Als Beleg für seine Gefährlichkeit dienen »Presseerzeugnisse aus der BRD«, die in der DDR verboten sind. Wolter wird vor allem die erste Meldung der Deutschen Presseagentur vom 8. Mai 1978 vorgehalten, in der von »schweren Zusammenstößen mit der DDR-Polizei« und »verärgerten Bürgern« die Rede ist, die »auf offener Straße eine Diskussion mit Funktionären geführt haben«.

Die bundesdeutschen Medien berichteten ab dem 9. Mai 1978 auf der Basis dieser Meldung ausführlich über »Ausschreitungen und erregte Auseinandersetzungen« in Wittenberge. So die »Frankfurter Allgemeine Zeitung« vom 9. Mai 1978: »Der Tumult, zu dessen Bekämpfung die Polizei sogar Wasserwerfer, Tränengas und Hunde eingesetzt haben soll, folgte angeblich erregten Diskussionen aufgebrachter Bürger mit Parteifunktionären über die Preise für westliche Konsumgüter.« Die »Frankfurter Rundschau« fragte am selben Tag auf ihrer Titelseite: »Zusammenstöße in Wittenberge?« Auch diese Zeitung berichtete über Unruhen, Polizeieinsätze und »Hunde ohne Maulkorb«, die »gegen wehrlose Menschen« eingesetzt worden seien.

Die Ermittler suchen fieberhaft nach weiteren Verrätern, die »dem Gegner verlogene Schlagzeilen« geliefert haben. Eine kleine Passage aus der »Süddeutschen Zeitung« ist der Grund:

»Wie Beteiligte gegenüber westdeutschen Journalisten berichteten, waren den Tumulten erregte Debatten über die Konsumpolitik der DDR-Führung vorausgegangen, die nach Auffassung vieler Kritiker auf eine Benachteiligung sozial schwacher Schichten hinausläuft. Als der Bürgermeister versucht habe, die aufgebrachten Demonstranten zu beruhigen, sei er durch Zwischenrufe wie ›Parteibonzen raus aus dem Rathaus!‹ unterbrochen worden.«

Wer sind die »Beteiligten«? Gibt es mehrere Informanten? Warum der Plural? Die Ermittler legen jedes Wort, jedes Komma auf die Goldwaage. Sie lesen zwischen den Zeilen. Doch langsam schält sich im Laufe der Verhöre heraus, dass Wolter ein Einzelgänger zu sein scheint.

Die Ermittlung

Einige Westzeitungen interpretieren die Unruhen von Wittenberge als Vorboten eines möglichen Volksaufstandes, eines zweiten »17. Juni«, des Traumas der DDR von 1953. Das erklärt die zunehmende Verbissenheit, mit der ermittelt wird. Jedes Telefonat, jeder Brief, der von oder nach Wittenberge über die Grenze gen Westen geht, wird geöffnet, kontrolliert und analysiert. Die »Auswertungs- und Kontrollgruppe« der Staatssicherheit kann die Parteifunktionäre nach einem wochenlangen Lauschangriff ein wenig beruhigen. Die Mehrheit der Briefschreiber findet die Berichterstattung in den Westmedien »unwahr und übertrieben«, vieles sei »aufgebauscht«. Allerdings berichten viele DDR-Bürger, dass die Volkspolizei »die Lage nicht richtig beherrschte, daraus resultierend falsche Entscheidungen getroffen« habe. Künftig müsse man »stärker die Interessen und Neigungen der Jugendlichen berücksichtigen und Voraussetzungen sowie Möglichkeiten schaffen, damit sie ihre Freizeit sinnvoll und nützlich verbringen können«. Aus den geöffneten Briefen geht weiter hervor, dass der Unmut über teure Westwaren angesichts »steigender Preise, zunehmender Versorgungslücken« weitverbreitet sei. Die Menschen befürchten den »Ausverkauf der DDR«.

Der Staatsapparat braucht einen Schuldigen, einen Sündenbock. Wolter bietet sich geradezu an. Die Vernehmer brüllen ihm ins Gesicht, das Volk könne nicht gegen sich selbst demonstrieren, das habe keinen Sinn, da das Volk an der Macht sei und nicht die Ausbeuter und Konzerne wie im

Westen. Es gebe auch keine politischen Häftlinge, das sei eine Erfindung und pure »Hetze« des Gegners.

Gebetsmühlenartig fragen die Ermittler, wo Wolter in den späten Nachmittagsstunden des 1. Mai gewesen sei. Nicht auf dem Platz der Freiheit, antwortet der Heizer wahrheitsgemäß. Er sei also kein Augenzeuge, wird ihm vorgehalten, allein diese Tatsache entlarve ihn als Lügner. Wie könne er von erregten Diskussionen, schweren Zusammenstößen und brutalen Knüppeleinsätzen reden? Wenn er der viel zitierte Augenzeuge sei, den die Feindpresse als Beweis anführe, dann sei er definitiv der Verleumdung überführt. Das sei in jedem Lande der Erde strafbar.

Wolter beharrt auf seiner Position, dass am späten Nachmittag Hunderte Augenzeugen die Krawalle am Rathaus gesehen haben. Er lässt sich nicht einschüchtern und bleibt dabei, er könne »mindestens zehn bis fünfzehn nachprüfbare Adressen und Namen von Inhaftierten« zusammenstellen. Er benennt weitere Zeugen: den Bürgermeister, Parteifunktionäre, Volkspolizisten und als Gewährsmann den Pfarrer. Er habe mit rund »dreißig Personen« gesprochen. Er wisse genau, was er sage. Das Polizeirevier sei stundenlang belagert worden, der Knüppeleinsatz habe wie beschrieben stattgefunden. Nichts sei erfunden oder übertrieben, die Proteste seien Ausdruck der Unzufriedenheit im Lande, jeder wisse das.

Dieter Wolter widerruft nicht. Er erfüllt alle Voraussetzungen, um kriminalisiert zu werden: eine »feindlich-negative Einstellung«, mehrere Vorstrafen, allesamt wegen Fluchtversuchen, auffälliges Verhalten. So stellt sich die DDR ihre wahren Feinde vor. In einer Geheimen Verschlusssache des Ministeriums für Staatssicherheit heißt es, dass »zwischen der Kriminalität und der Subversion des Feindes enge Beziehungen bestehen«. Die Ermittler haben ihren Täter, einen »vorbestraften Kriminellen«, wie es in den Ermittlungsakten heißt.

Auf der Anklagebank

Mit jeder weiteren Schlagzeile, mit jedem weiteren Satz in westlichen Medien zieht sich die Schlinge fester. Fernsehjournalist Fritz Pleitgen fährt Mitte Mai 1978 auf eigene Faust nach Wittenberge. Er liefert sich mit den Behörden ein »Räuber-und-Gendarmspiel«, um Augenzeugen und Belege zu suchen. Er findet in der »menschenleeren Stadt« einige wenige Wittenberger, die die Krawalle bestätigen, doch der Staatssicherheit gelingt es, weitere Nachfragen zu verhindern. Wenig später schreibt Jürgen Engert in seinem Wittenberge-Artikel über den »Zorn der Werktätigen« und zitiert einen typischen DDR-Witz jener Tage: »Bei seiner Rückkehr in die DDR wird Honecker gefragt, wie es denn um die Lebensverhältnisse im anderen Teil Deutschlands bestellt sei. Die Antwort lautet: ›Wie bei uns. Für Westgeld kann man alles kaufen.‹«

Die »Bild«-Zeitung berichtet zuerst über den »Aufruhr in Wittenberge« und dann über »Delikat-Läden: Wie die DDR ihre Bürger ausplündert«.

Die linksliberale »Frankfurter Rundschau« kommentiert unter dem Titel »Delikates« die Ereignisse differenzierter. Dort heißt es: »Die Vorgänge in Wittenberge waren ›kein blutiger Aufruhr‹ wie die ›Bild‹-Zeitung weismachen wollte. Entstanden sind sie nach einer Rauferei auf dem Rummelplatz.«

Sechs Wochen nach dem Maifest berichtet das Hamburger Nachrichtenmagazin »Der Spiegel« über »neue Tumulte in der DDR« und »immer aufsässiger gewordene DDR-Teenager«. Die Rede ist von neuen Protesten, erwähnt wird ausdrücklich auch Wittenberge. Einen Tag später nimmt die konservative »Welt« die Vorgänge von Wittenberge zum Anlass, eine Stimmung wie einst vor »dem 17. Juni 1953, dem Tag des Volksaufstandes«, auszumachen: »also werden die Widersprüche weiter wachsen, die wirtschaftliche Misere wird sich vertiefen und mit ihr der Unmut und die stille Wut der Menschen. Vorkommnisse wie die in Wittenberge und in Erfurt könnten sehr bald zum Alltag der DDR gehören und sind geeignet, die Autorität der Staatsorgane auf die Dauer völlig auszuhöhlen und das Land auf breiter Front in einen vorrevolutionären Zustand zu treiben.«

Die Stasi-Ermittler halten einem DDR-Bürger in der Verhörzelle westdeutsche Zeitungen vor, die im Osten Deutschlands keiner lesen kann, weil sie verboten sind.

Wolter ist schuldig im Sinne der Anklage: ein gefährliches Werkzeug der Konterrevolution; es geht nur noch um die Höhe der Strafe. In der Logik des Kalten Krieges hat er sein Land verraten, weil er Informationen geliefert hat, die im eigenen Land unterdrückt werden. Kein Mensch erfährt in diesem Sommer 1978, wie dramatisch die Lage für Dieter Wolter ist. Der Wittenberger Pfarrer kann ihm nicht helfen, er steht selbst unter Druck. Wolter fühlt sich verloren, vergessen und verdrängt, hat das Gefühl, permanent unter Strom zu stehen, bekommt den »Zellen-Blues«, wie er es heute nennt. Es ist, als würde seine kleine Zelle abheben und wie ein Geschoss durch den Weltraum rasen, im Sturzflug, ohne Anfang, Halt und Ende. Er begreift sich immer mehr als Teil eines Experiments, das herauszufinden hat, wie belastbar ein normaler Mensch sein kann. Aber er will diesen Kampf gewinnen.

Der Prozess

Demmlerplatz. Allein der Name verbreitet bei älteren Schwerinern heute noch Angst und Schrecken. In dem mächtigen, dreiflügeligen Justizpalast wurde bereits in der Kaiserzeit Recht gesprochen. Mitte der dreißiger Jahre übernahm die Gestapo das Haus, baute Folterzellen ein, verkündete Terrorurteile. Den Nazis folgte das Sowjetische Militärtribunal. Wieder wurden Tausende inhaftiert, gequält und verurteilt.

Anfang der fünfziger Jahre richtete sich die Staatssicherheit als Hausherr am Demmlerplatz in Schwerin ein.

Am 25. Juli 1978, morgens um acht Uhr, versammelt sich im großen Schwurgerichtssaal ein handverlesenes Publikum. Eine »öffentliche Hauptverhandlung« steht an, doch die Öffentlichkeit ist nicht da. Sie wird »wegen Gefährdung der Sicherheit des Staates ausgeschlossen«.

Nichts bleibt dem Zufall überlassen, aufgeführt wird ein Schauprozess. Die Geheimhaltung dient einem einzigen Ziel: Der Klassenfeind aus dem Westen darf nichts erfahren.

»Vor dem Eingang standen zwei Polizisten mit Maschinenpistolen«, erinnert sich Wolter. »Kein Fremder, vor allem kein westlicher Journalist, sollte unkontrolliert in den Saal kommen können. Davor hatten die mächtig Angst. Der ganze Prozess war so eine Art Schulung.«

Vor dem ersten Strafsenat des Bezirksgerichts Schwerin, zuständig für politische Verfahren, wird das Verfahren wegen »mehrfacher staatsfeindlicher Hetze im schweren Falle« eröffnet. Die Zuschauerplätze besetzen ausgewählte Funktionäre aus Partei, Staat und Geheimdienst. Der Staatsanwalt fordert die Anwendung der vollen »Härte der Gesetze«, um die Gesellschaft vor »solchen Elementen« zu schützen. Dem Angeklagten solle eine Lektion erteilt werden, die er nie vergessen würde. Der Pflichtverteidiger kommt seiner Aufgabe kaum nach.

Mit einer Farce hatte der Vierundzwanzigjährige rechnen müssen, doch die Verhandlung beginnt mit einer Überraschung für ihn. Der »Agent des Westens«, so der Staatsanwalt, sitzt alleine auf der Anklagebank. Wolters Kamerad, mit dem er in Ost-Berlin war, fehlt. Im Laufe der Verhandlung tritt sein Freund Kunze als Kronzeuge der Anklage auf. Kunze belastet Wolter schwer. Wolter habe die Sache »hochspielen wollen«, er habe sich bei den Journalisten als »Augenzeuge« ausgegeben, obwohl das nicht stimme, er habe Kontakt »zu einem Mister in der US-Botschaft« gesucht.

Wolter ist verdutzt und wütend. Er ruft dazwischen, fragt, ob er seinen Freund gewaltsam nach Berlin gezwungen habe. Der Richter verwarnt ihn, er solle sich »vernünftig benehmen«, sonst werde er des Saales verwiesen.

»Ich wollte meinen Augen kaum trauen. Ich konnte mit all diesen Vorwürfen leben, aber dass mein Freund die Seiten gewechselt hat, das hat mich getroffen. Ich habe ihm schon im Gerichtssaal zugerufen, er sei für mich ein Verräter. Der Staatsanwalt ging sofort dazwischen. Als Lohn hat er nach der Gerichtsverhandlung eine neue Wohnung bekommen, das habe ich später erfahren. Das war gespenstisch.«

Um 14 Uhr 15 wird sein Freund Kunze entlassen, mit Zeugengeld und als freier Mann.

Die Verhandlung dauert gerade einen Tag lang. Das Gericht lässt lediglich drei Zeugen zu. Die von Wolter benannten Entlastungszeugen bleiben unberücksichtigt. Das sei nicht nötig, befindet das Gericht, denn bei dem Angeklagten handle es sich um einen »Feind der DDR«, der »aktiv und planmäßig die gesellschaftlichen Verhältnisse« angreife.

Wolter streitet nicht ab, ein Gegner zu sein. Er gibt zu Protokoll:

»Ich bin ein Feind der DDR. Die Gründe sind: Demokratie, persönliche Freiheit, Pressefreiheit, Redefreiheit, Versammlungsfreiheit. Dies ist nicht gewährleistet für alle in der DDR. Ich habe mich beiderseitig informiert von uns und drüben.«

Wie er sich die Verhältnisse im Westen vorstelle, fragt ihn der Richter. Wolter erwidert: »Ich stellte es mir so vor: Wenn ich rübergehe, komme ich ins Lager, danach bekomme ich Arbeit, das ist Fakt. Das ist drüben Aufnahmegesetz. Darüber habe ich mich in westlichen Massenmedien informiert.«

Am späten Nachmittag, fünf Minuten nach 17 Uhr, wird die Verhandlung beendet. Das Gericht wertet die Tumulte als ein »Vorkommnis, wo die Volkspolizei der DDR gerechtfertigt eine Auseinandersetzung beendete«. Das Urteil

wird drei Tage später gesprochen. Wolter erhält siebeneinhalb Jahre Haft, wegen »staatsfeindlicher Hetze in schwerem Fall«.

Aus dem Gedächtnis getilgt

»Warum verkauft die DDR ihre Bürger für so dumm?«, fragen sowjetische Journalisten den ZDF-Korrespondenten
Wiessner im Frühsommer 1978 am Rande einer Ost-Berliner Pressekonferenz. Wittenberge ist weiter in aller Munde.
Die Moskauer Kollegen stellen sich überraschend offen hinter den Mann aus dem Westen, der wegen »Verbreitung einer Falschmeldung« verwarnt worden war. DDR-Journalis-
ten, die dabeistehen, sind »direkt peinlich berührt«, heißt es
in einem Spitzelbericht.

Der für Medien und Propaganda zuständige Joachim Herr-
mann vom Politbüro der SED spricht hinter vorgehaltener
Hand weiterhin von einer üblen Falschmeldung. Eine öffentliche Berichterstattung gibt es nicht. Das Politbüro entscheidet, die Sache auszusitzen, und beauftragt das Ministerium
für Staatssicherheit, nach »undichten Stellen« zu suchen. Ein
Spitzel, der Zugang zum ZDF-Büro hat, belastet den Wittenberger Pfarrer als einen »der besten Informanten«. Er sei
ein Mann, der westliche Journalisten »noch nie im Stich gelassen« habe. Der Geistliche bekommt massiven Ärger, und
zwar von seiner Kirche.

Ulrich Woronowicz erinnert sich:

»Wochen später wurde ich nach Berlin zur Kirchenleitung
einbestellt. Da wurde mir von den eigenen Leuten der Kopf
gewaschen. Es war ein absurder Vorgang. Kirchenstaats-
sekretär Seigewasser von der SED hatte sich bei unserem Bischof über mich beschwert. Ich sei ein Unruhestifter, er habe
wegen mir seinen Urlaub verschieben müssen. Er sei deshalb
besonders verärgert, ließ Seigewasser mitteilen. Am Ende be-

kam ich dann alles ab. Das tat weh, ich wurde von den eigenen Leuten gemaßregelt und zum Schweigen verdonnert.«

Der Pfarrer erfährt nichts von Wolters Verhaftung. Er verlässt später Wittenberge. Kein Mensch kümmert sich mehr um Wolter. Die Bürger der Stadt wissen von seiner Verhaftung und dem Schauprozess nichts. Die Staatssicherheit hat alle Spuren verwischt. Das ganze »Vorkommnis« am Platz der Freiheit wird aus dem Gedächtnis der Stadt getilgt, als hätte es diesen 1. Mai 1978 nie gegeben.

Auch im aktuellen Stadtführer, in dem jede Kindergartenrenovierung und Brückeneinweihung verzeichnet ist, bleiben die Geschehnisse von 1978 unerwähnt. Der Verfasser Alexander Ziege (Name geändert) ist Ortschronist und war früher Lehrer in der Stadt. Er kennt jeden Stein, erklärt er, eine Verurteilung von siebeneinhalb Jahren im Zusammenhang mit dem Maifest mag er nicht glauben. Auch von anderen Urteilen will er nichts wissen. Er sagt, das sei sicher alles übertrieben. Der Heimatforscher kann sich nur erinnern, dass damals viele Jugendliche »über den Durst getrunken hätten«. Von angeblichen Protesten und einem Polizeieinsatz habe er »nur dunkel« gehört.

»Da gab es ein paar Rangeleien, das war vielleicht eine Bierschlägerei. Aber politischer Protest, nein, das gab es nicht, das müsste ich doch wissen. Wir hatten hier keine Zustände wie in Kreuzberg.«

Auf Nachfrage im Rathaus, wo früher das Polizeirevier war, heißt es: »Polizeieinsatz, Verletzte, Verhaftungen, Urteile, Haft? Nein, nichts gehört. Wir haben andere Sorgen. Schreiben Sie bloß nicht schon wieder Schlechtes über unsere Stadt, wir haben genug davon.«

Die frühere Industriestadt ist auf den ersten Blick gemütliche Provinz mit vielen frisch renovierten Fassaden in einer fast menschenleeren Innenstadt. Tatsächlich ist die einst selbstbewusste Arbeiterstadt Stein gewordene Depression, bestimmt von Abriss, Leerstand und Wegzug. Wittenberge ist heute arm und hat den Anschluss verloren. In wenigen Jahren, so eine Prognose, sollen nur noch fünfzehntausend Menschen in Wittenberge leben. Dann hat die Stadt an der Elbe seit der Wende jeden zweiten Einwohner verloren; das wäre bundesweiter Rekord.

Wittenberge hat keine Zukunft, klagt der Ortschronist zum Schluss. Offenbar hat Wittenberge auch keine Vergangenheit.

Das zweite Leben

Ende Juni 1983 wird Wolter nach fünfjähriger Haft im Zuchthaus Brandenburg an der Havel entlassen, wieder einmal auf Bewährung. Doch jetzt will man ihn loswerden. Er wird in eine Abschiebezelle nach Karl-Marx-Stadt gebracht, um von dort gegen Zahlung einer »Ablösesumme« in den Westen verschickt zu werden. Die DDR verkauft ihre unzufriedenen Bürger, ein lohnendes Milliardengeschäft.

Dieter Wolter aus Wittenberge hat es endlich geschafft. Sein fünfter Anlauf, die Mauer zu überwinden, ist am Ende erfolgreich. Er lässt sich nach seiner Ausreise in Hamburg nieder. Für die fünfzig Kilometer die Elbe abwärts, von Wittenberge in die Hansestadt, hat er fünfzehn Jahre seines Lebens gebraucht, bezahlt hat er mit seiner gesamten Jugend.

Er ist neunundzwanzig Jahre alt, als er sein zweites Leben im Westen beginnt. Die Medien haben das Thema Wittenberge längst vergessen, der westdeutsche Alltag empfängt ihn mit Formularen, bürokratischer Routine und zurückhaltender Gleichgültigkeit. Niemand fragt ernsthaft nach seinem Leben in der DDR, wo er elf Jahre hinter Gittern verbracht hat. Dabei hatte er niemanden beraubt oder betrogen. Wolter beschließt, einfach zu schweigen, kein Wort zu verlieren, wie es war und was er erlebt hat. Das sei sinnlos, findet er.

Der Mann mit den kräftigen Händen kontrolliert einmal mehr die Hotellobby, dann schaut er mir unruhig in die Augen. »Mein Wille war stärker als alle Gefängnismauern. Sie haben mich brechen wollen, sie haben mich nicht klein gekriegt. Das ist es, was zählt, auch wenn es heute vielleicht abgedroschen klingt.«

Sein Traumziel Amerika finanziert er mit der Haftentschädigungssumme. Er fliegt nach Detroit, in die Arbeiterstadt, in der sein Onkel lebt.

»Ich lebte zwei, drei Jahre in den USA, auch in Kanada. Es ging mir gut, es war eine gute Zeit. Ich habe viel gesehen. Aber dann bin ich gerne nach Deutschland zurückgekehrt.«

Er baut sich in Hamburg eine neue Existenz auf und fährt als Fernfahrer, später als Busfahrer durch ganz Europa. In der Hansestadt lebt er zurückgezogen, will auf keinen Fall als »Ossi« erkannt werden, da gebe es nur dumme Fragen. Wolter lebt im Schutz der anonymen Großstadt. Er will in Ruhe gelassen werden und möchte sein erstes Leben einfach vergessen, Schluss, aus, vorbei. Wolter taucht nie wieder in irgendeiner Kriminalstatistik auf

Als im Herbst 1989 die Mauer fällt, zieht ihn nichts nach Wittenberge zurück. Die neuen Länder, seine alte Heimat, bleiben ihm fremd. Sein Bruder, der Volkspolizist, wird übernommen und bleibt auch im vereinten Deutschland weiter Polizist. Wolter lässt offen, wie er das findet; er lobt ihn für eine andere Sache.

»In den Stasi-Papieren findet sich keine einzige Stelle, wo er mich angeschwärzt oder verurteilt hat. Er war ja bei der Polizei. Er hat mich nicht fallen gelassen, im Gegenteil, einmal hat er zu seinen Vorgesetzten gesagt: Lasst ihn doch laufen, dann gibt er Ruhe.«

Ich will wissen, wie er mit der eigenen Geschichte umgeht, einer Jugend ohne Freiheiten, ohne Chancen auf Entwicklung, Freude und Unbeschwertheit. Wie es war, mit vierzehn Jahren im Jugendknast von Dessau als Staatsfeind behandelt zu werden. Der kräftige Mann wiegelt ab. Der Knast sei seine Schule gewesen, sagt er, ansonsten möchte er darüber nicht weiter nachdenken. Es gibt Dinge, die er nicht an sich ranlässt.

Dann kramt er eine Klarsichtfolie aus der Tasche, in der er Kopien der Staatsanwaltschaft Schwerin zusammengestellt hat. Mehr als fünf Jahre habe sein Antrag auf Rehabilitierung gedauert, sagt er, die Papiere seien für mich, vielleicht könne ich damit was anfangen, fügt er hinzu.

Wolter beendet das Gespräch. Während er mir die Hand reicht, fügt er an, dass einer wie er ohne festen Job sei, könne nur ein schlechter Witz sein. Er wolle doch keinem zur Last fallen. Er sei vor kurzem als Busfahrer gekündigt worden. Er sei zu alt, habe man ihm gesagt. Wolter zieht die Schultern hoch. Doch der kräftige Mann hat nicht aufgegeben. Nach langem Suchen fährt er wieder und kutschiert Reisebusse auf Honorarbasis.

Zwei Jahre haben Wolter und ich, die »Nervensäge«, wie er mich einmal nannte, gebraucht, bis er seine ganze Geschichte erzählen konnte. Zum Schluss frage ich ihn, ob es sich gelohnt hat, seine besten Jahre zu opfern, ein Leben in Gefängnissen zu verbringen und einen einsamen, längst vergessenen Kleinkrieg gegen die Staatsmacht zu führen?

Der Mann ist angesichts der Frage erstaunt, er schaut mich fast ein wenig verärgert an. Nach einer kurzen Pause antwortet er: »Natürlich hat es sich gelohnt. Ohne Leute wie uns würde die Mauer noch heute stehen, das ist doch klar.«

Dann geht er, verschwindet, als hätte es ihn nie gegeben, als wäre die Geschichte von Wittenberge nur ein Spuk gewesen.

DER FLÜSTERER
AUS WEIMAR

Früher war es besser

Georg Brühl (Name geändert) führt mich zum Grünen Schloss in Weimar. Wir stehen vor einem abgesperrten Gebäude, das besser bekannt ist als Herzogin Anna Amalia Bibliothek. Der Anblick ist traurig. Das Schloss ist eingerüstet, aus dem Dach ragen verkohlte Balken. Beim größten Bibliotheksbrand nach dem Zweiten Weltkrieg in Deutschland ist der historische Rokokosaal komplett verbrannt, und fünfzigtausend Bücher sind unwiederbringlich zerstört worden.

Georg Brühl, ein Mann von Mitte fünfzig mit stattlicher Figur, lacht gequält. Er ist Museumsdirektor im Ruhestand.

»Schuld am Brand war kommunistische Elektrik, sagen die Herren. Das ist doch ein Witz, ein Skandal. Da wird vertuscht und beschönigt.«

Seit Monaten warten die Weimarer auf das offizielle Ergebnis der Untersuchungen. Wilde Spekulationen, wie der Brand entstanden sein könnte, kursieren in der Stadt. Gerüchte aus der Welt zu schaffen gleicht dem Bemühen, Zahnpasta in die Tube zurückzudrücken.

»Selbst wenn es eine defekte Elektrokabelverbindung war, die das verheerende Feuer ausgelöst haben soll, dann stellt sich die Frage nach der Verantwortung. Warum sind die Leitungen nicht längst ausgetauscht worden? Warum hat sich niemand um den Brandschutz gekümmert? Das ist doch das kleine Einmaleins für ein Museum mit wertvollen Beständen. Ich frage Sie, warum wurde nichts gemacht?«

Brühl, dessen Sprache sanft thüringisch eingefärbt ist, will Widerspruch nicht hören. Er redet einfach weiter. »Weil die neuen hohen Herren nur sich selbst feiern. Weil sie auf Effekt und Events setzen, wie es neudeutsch heißt. Weil sie von oben gedeckt werden. Weil einer den anderen schützt. Das ist wie bei der Mafia. Bei uns« – damit meint er die DDR – »wäre der Herr Direktor längst entlassen oder wenigstens versetzt worden, irgendwohin in die tiefste Provinz nach Hildburghausen. So etwas gab es früher nicht.«

Hildburghausen muss das Sibirien Weimars sein, einst und heute. Brühl schnäuzt sich empört die Nase. Die DDR existiert schon zwei Jahrzehnte nicht mehr. Sein Blick ist trotzig. Früher war es auch nicht gut. Aber besser.

Reingelegt

Man kann so viel falsch machen im Leben. Was Falsches sagen. Oder was Richtiges sagen, nur zum falschen Zeitpunkt. Manchmal möchte man sich vergraben, gar nichts mehr tun und damit auch nichts mehr falsch machen. Aber das zu tun ist auch ein Fehler.

Mit solchen Gedanken beschäftigt sich Georg Brühl immer dann, wenn er an seine Verantwortung erinnert wird.

Er hat lange gezögert, über seine Geschichte zu sprechen. Er hat Termine platzen und sich am Telefon verleugnen lassen. Am Ende, nach vielen Monaten Hin und Her, hat er sich gestellt. Immerhin, das unterscheidet ihn von neunundneunzig Prozent der Vertreter seiner früheren Zunft.

Georg Brühl hatte sich so viel vorgenommen. Er wollte weit nach oben. Sein Traum war die Leitung einer großen Kunsthalle, »mit wechselnden Sonderveranstaltungen, am besten in Berlin oder anderswo«. Die Partei wollte ihn Ende der achtziger Jahre zum Leiter der weltberühmten Wartburg bei Eisenach machen. Doch die Wende kam dazwischen. Wie ein Naturereignis. Zwischen Triumph und Niederlage kann im Leben oft nur ein winziger Wimpernschlag liegen.

Auf meine Frage, wie er seine Tätigkeit heute beschreiben würde, zählt er auf: Ausstellungsmacher, Buchautor, Historiker. Er sei freischaffend, sagt er, er habe keinen festen Arbeitsplatz, er müsse sein Wissen meistbietend vermarkten. Mal gehe es besser, mal schlechter.

Brühl ist wie ein Boxer. Nach jedem Knock-out steht er wieder auf. Er versucht auf eigenen Beinen zu stehen. Er hat siebzehn Bücher veröffentlicht, zehn davon zur Geschichte seiner Heimatstadt Weimar. Wenn diese »verdammte Akte« nicht aufgetaucht wäre, hätte er im vereinten Deutschland Führungsjobs übernommen. Hätte, könnte, wäre.

Die Akte ist sein Mühlstein. Er kann »das Ding« nicht aus der Welt schaffen. In der Akte steht, dass der Museumsmann ein Informant der Staatssicherheit war. Er hieß »Geheimrat« (Name geändert). Bei ihm handelte es sich um einen besonders erfolgreichen und effizienten Mann, er hat seinen Job exzellent gemacht. Das sagen die Akten. Akten, die es nicht mehr geben sollte.

Brühl redet mit belegter Stimme, als berichte er von einer Naturkatastrophe: »Der Offizier in Erfurt hatte mir versichert, dass nichts mehr da sei. Wir haben uns kurz nach der Wende noch einmal getroffen. Er beruhigte mich und erklärte, ich brauche mir keine Sorgen zu machen. Alles sei vernichtet. Aber Pustekuchen. Nichts war weg. Der ganze Kram war fein säuberlich vorhanden. Band für Band, Seite für Seite. Die haben mich richtig reingelegt.«

Dann beschwert sich Brühl über westliche Arroganz. Wer wisse schon, wie er sich in einer Diktatur verhalten hätte? Diese Selbstgerechtigkeit »kotze« ihn an. Er habe die Wessis in Weimar eingehend studieren können, da brauche man ihm nichts vorzumachen.

»Absolute Wahrheit gibt es nicht. Wahrheit ist das, was jeder dafür hält. Geschichte wird von den Siegern geschrieben, das ist die Wahrheit. Aber ich habe mich nicht unterkriegen lassen. Meine Bücher haben eine Gesamtauflage von zweihundertfünfzigtausend Stück erreicht. Die ›Klassischen Parklandschaften‹ gingen in die zehnte Auflage. Ich beiße mich durch – trotz aller Inzucht im westlichen Verlagsgeschäft.«

Sein Blick ist eine einzige Anklage. Er fährt mit seiner Hand durch den sorgfältig gestutzten Kinnbart. Er erzählt, dass er sich als Firmenhistoriker über Wasser halte. Vergangenheit sei sein Metier. Geschichte fasziniere ihn.

Wir gehen durch die Straßen Weimars. Die Häuser sind frisch verputzt, es riecht nach Bratwurst. Touristengruppen kreuzen unsere Wege. Brühl erklärt in einer Mischung aus Stolz und Entschlossenheit, als freier Autor zu überleben sei ein hartes Geschäft, aber er habe es geschafft, selbst für vornehme Modehäuser Chroniken zu verfassen. Darunter seien erste Adressen, mehr dürfe er nicht verraten, aber im Westen schätze man seine Arbeit. Seine Vergangenheit interessiere dort keinen. Außerdem habe sein Bekanntenkreis mit der früheren Zeit als »Informant« keine Probleme.

»Meine Freunde stehen zu mir. Weil sie wissen, wer ich bin. Weil sie wissen, wie es damals wirklich war.«

Spurlos verschwunden

Am 6. Oktober 1951 wird Georg Brühl in eine kleine thüringische Angestelltenfamilie hineingeboren. Sein Vater ist Uhrmacher. Der Mann ist unzufrieden mit den neuen Verhältnissen. Gehen oder bleiben? Die Familie überlegt, ihre Koffer zu packen und über die noch offene Grenze in den Westen zu ziehen. So ergeht es vielen Anfang der fünfziger Jahre, die Brühls wollen irgendwohin, wo die Welt besser ist,

»am besten ins Schwäbische«, dorthin, wo es Arbeit, Aufstieg und Ruhe vor Funktionären gibt.

Doch die Uhrmacherfamilie bleibt. Wahrscheinlich sind die Wurzeln in ihrer Heimat stärker als der Wunsch wegzugehen. Die Familie hat eine bäuerliche Tradition, der Großvater besaß einen eigenen Bauernhof in einem Dorf bei Weimar. »Der Opa lief bei den Nazis mit«, sagt Brühl, »er war Kassierer, ein kleiner Parteigenosse.« Nach Kriegsende verschwand er spurlos. Doch darüber wird unter den Angehörigen geschwiegen. Letzten Endes bleibt die Familie in Thüringen.

Georg Brühl wächst wohlbehütet auf. Nach der zehnten Klasse absolviert er in Jena eine Lehre als Chemiefacharbeiter. Er holt das Abitur nach und kommt zu den Grenztruppen. Mit zwanzig Jahren schließt er sich der Partei an, der Staat verspricht ihm Aufstieg und Perspektiven.

Ist er der Partei aus Überzeugung beigetreten, oder hat es sich praktisch gefügt?

Georg Brühl denkt nach und meint, es habe sich so ergeben, er interessierte sich für vieles im Leben, er wollte studieren. Nach seiner Armeezeit stürzt er sich in das Fach Philosophie. Er begeistert sich für Nietzsche. 1975 lässt er sich in Jena vom Geheimdienst anheuern, für den Einsatz beim Klassenfeind, »als Werber in der BRD«. Die »Abteilung IV der Hauptverwaltung Aufklärung«, zuständig für »Militärspionage in der BRD«, führt ihn als Informanten. Zunächst ist man zufrieden mit ihm, heißt es, dann habe er sich allmählich zu einer »negativen, ja ideologisch feindlichen Person« entwickelt, konstatiert ein späterer Stasi-Auskunftsbericht vom November 1984.

Was Brühl Ende der siebziger Jahre wirklich gemacht hat, bleibt unklar. Alle Dokumente sind verschwunden. Brühl ist gegenüber dieser Frage zugeknöpft.

Nach mehrfachem Nachfragen erklärt er: »Ich sollte während meines Studiums in Jena westdeutsche Studenten kontaktieren. Wenn sie auf Besuchsreisen in der DDR sind. Ich sollte sie für die Stasi anwerben. Als ich mich weigerte, mein Zimmer verwanzen zu lassen, wurde ich wegen Disziplinlosigkeit vor die Tür gesetzt. Ich musste später noch eine Schweigeverpflichtung unterschreiben.«

Aus den wenigen Dokumenten geht hervor, dass die Zusammenarbeit im Juli 1980 wegen »Undiszipliniertheiten« beendet worden sei, allerdings nicht nach einem Jahr Geheimdienstzugehörigkeit, wie sich Brühl erinnern will, sondern nach fünf Jahren.

Ob der Grund für Brühls Widerspruchsgeist in der Entdeckung des Familiengeheimnisses liegt, kann nur vermutet werden. In seiner Jenaer Studentenzeit beginnt Georg Brühl, nach dem verschwundenen Großvater zu suchen. Er nutzt seinen Zugang als angehender Wissenschaftler zu staatlichen Archiven, studiert Urkunden und Sterberegister.

Er entdeckt, dass sein Großvater im Frühjahr 1946 vom Feld weg verhaftet worden sei. Man habe ihn als Nazi denunziert und »verschleppt«, erzählt Brühl. Möglicherweise sei er nach Buchenwald gebracht worden, ins frühere Konzentrationslager, Genaueres wisse man nicht. Offiziell gelte er bei den DDR-Behörden als vermisst, Nachfragen seien unerwünscht. Brühl findet keinen Hinweis auf das Schicksal seines Großvaters. Der Mann bleibt wie ein Phantom verschwunden.

Der junge Georg Brühl wagt einen ungewöhnlichen Schritt. Er schreibt an den Suchdienst des Deutschen Roten Kreuzes. Dessen Zentrale befindet sich in Nürnberg, jenseits der Grenze, beim »Klassenfeind«. Es vergeht viel Zeit, bis die Auskunftsstelle überraschend mitteilt, dass man eine Karteikarte mit passenden biografischen Angaben gefunden habe. Demnach sei der Großvater am 3. März 1947 an ›Unterernährung‹ im sowjetischen Speziallager II gestorben. In Buchenwald also, in Sichtweite von Weimar, wenige Kilometer von Brühls Hof entfernt, und nicht, wie vermutet oder befürchtet, nach Sibirien verschleppt. Ein Totenschein existiere nicht.

Die Familie Brühl ist schockiert, Sohn Georg verwirrt.

»Das muss man sich vorstellen. Er wurde verhaftet, da war er kerngesund. Er war ja Bauer. Einige im Dorf behaupten sogar, er sei Opfer einer Verwechslung geworden. Er war in Buchenwald ohne Anklage, ohne Verfahren, ohne Urteil. Sie haben ihn im Speziallager verhungern lassen. Einfach so. Dann wurde er zwischen den Buchen verscharrt. Mit siebentausend anderen.«

Für den jungen Brühl ist Buchenwald *das* Symbol des Naziterrors, ein Ort der Mahnung im Kampf gegen den Faschismus, sein Großvater ist dort ums Leben gekommen. Was tun? Die Familie beschließt, nichts zu unternehmen. Auflehnung erscheint sinnlos. Georg Brühl, der an sein Land glaubt, ist auf dem Weg, Karriere zu machen. Er will was werden, er will nicht scheitern, auch nicht an seinem Großvater. Das Schweigen hat sich gelohnt. Er wird mit zweiunddreißig Jahren der jüngste Museumsdirektor der DDR. Darauf ist er noch heute stolz.

Große Zukunft

Bei seinem Amtsantritt im Stadtmuseum in Weimar zitiert der neue Direktor den Dichter Lichtenberg: »Man muss etwas Neues machen, um etwas Neues zu sehen!« Brühl will das verschlafene Haus in eine lebendige Begegnungsstätte, in ein »Museum zum Anfassen« verwandeln. Er lotet seine Möglichkeiten aus, er verhandelt mit Künstlern, er streckt seine Fühler bis in die Hauptstadt Berlin aus.

Brühl organisiert populäre Ausstellungen, er veranstaltet Foren zu Kunst und Musik, die Besucherzahlen steigen. Mit gewissem Geschick, so versichert er, baut er an den Parteifunktionären vorbei eine persönliche Infrastruktur auf. Doch die Aufpasser von der Erfurter Stasi-Abteilung »II/3« haben den ambitionierten Mann längst auf dem Radarschirm.

Weimar ist ein wildes Bermudadreieck der Staatssicherheit. Die Stadt zieht Klassikliebhaber aus aller Welt an. Goethe und Schiller sind Exportschlager. An dieser Schnittstelle darf nichts dem Zufall überlassen werden. Nahezu die komplette Führungselite Weimars, vom Kulturstadtrat über die Direktorin der Kunstsammlung bis zu den Chefs der Gedenkstätten, stehen in Diensten der Staatssicherheit.

Der Informant »Matthäus« (Name geändert), im Brotberuf Pressesprecher von Weimar und besonders beflissener Zuträger, schreibt eine erste Einschätzung über Brühl. In diesem Dossier wird Brühl wörtlich zitiert:

»Ich kann den Finanzhaushalt nach eigenem Ermessen verwenden.« Oder: »Ich gestatte nur solchen Künstlern, bei mir auszustellen, die ich auch als Person mag.«

Brühl nutze alle Möglichkeiten, »um auf sein Haus und seinen Machteinfluss aufmerksam zu machen«, Brühl sei »sehr ehrgeizig« und eine »Respektperson mit fundiertem Fachwissen«, »groß, kräftig und geltungsbedürftig«. Es folgt noch der Hinweis, Brühl sei noch nie im Westen gewesen.

Brühl will kein Leben führen, das von anderen vorgegeben ist. Er liebt es, eigene Wege zu gehen. Ohne Rückendeckung von oben knüpft er Kontakte zur französischen Botschaft in Ost-Berlin, um eine populäre Plakatausstellung nach Weimar zu holen. Das bleibt der Staatssicherheit nicht verborgen. Die Offiziere halten Brühl für »clever und einfallsreich«, er repräsentiere eine »neue junge, aufgeschlossene Generation«. Er zeige »einen Hang zum Opportunismus«, dies sei ein günstiger Hebel, um anzusetzen. Schon aus Eigeninteresse sei der Kandidat ein Mann, der auf Verschwiegenheit setze. Fazit: Brühl soll »unser Mann« werden.

Kurz darauf, im Frühjahr 1985, sprechen die Offiziere ihn an. Er sei ein Mann mit großer Zukunft und treffe interessante Menschen, schmeicheln sie. Er käme mit Journalisten aus dem kapitalistischen Ausland in Berührung. Medien machten Meinung. Deshalb brauche das Land Leute wie ihn.

Schließlich sei Solidarität keine Einbahnstraße, erklären sie und deuten an, dass er wenig Spielraum für eine andere Entscheidung habe. Wir kontrollieren, sagen die Herren. Brühl erhält das Angebot, beim Kontrollieren mitzumachen, ein Teil der Macht zu werden. Es ist ein faustischer Pakt, denn zum Bespitzeln gehören auf Seiten der Ausführenden immer mindestens zwei.

Der Pakt

Georg Brühl lässt sich, wie von den Offizieren erwartet, nach einer gewissen Schamfrist anwerben. Im November 1985 wird er wieder Inoffizieller Mitarbeiter, zum zweiten Mal in seinem Leben. Auf seiner Karteikarte steht der Name »Geheimrat« (Name geändert). Er habe sich aus Pflichtbewusstsein anwerben lassen, erklärt er heute.

»Ich habe dem Land eine ganze Menge zu verdanken gehabt. Ich konnte studieren und habe in jungen Jahren Verantwortung bekommen. Das ist das eine. Und das andere war, dass zu der Zeit das intellektuelle Niveau auf bestimmten Ebenen stark nachgelassen hatte. Man hatte ständig Schwierigkeiten, wenn man etwas machen wollte. Projekte, Ausstellungen. Ich hab ja mit den Franzosen Ausstellungen gemacht. Das war alles nicht im Sinne bestimmter Stadthäuptlinge.«

Brühl ist ein geschickter Mann. Federleicht und krallenscharf lässt er sich auf das Spiel mit der Macht ein. Autorität verkörpert für ihn der Apparat der Staatssicherheit, mit dem er eine gut funktionierende Partnerschaft eingeht. Sein Offizier, Leutnant Renner (Name geändert), so sein dienstlicher Name, wird zu einer Art Ziehvater, ein Verhältnis, das bis zum Ende intakt bleiben wird. Der Mann lebt heute in Thüringen und lässt sich verleugnen. Renner ist Brühls Auftraggeber und ein Mann mit einem klaren wie einfachen Weltbild: »Wer nicht für uns ist, ist gegen uns.« Oder: »Dagegen sein ist leicht, dafür sein viel schwerer.« Oder: »Menschen zu zerstören ist einfach, Menschen umzuerziehen dagegen schwer.«

Leutnant Renner, sein früherer Offizier, blockt jede Annäherung ab. Er schweigt, auch zwanzig Jahre danach. Der Mann verharrt in seiner Welt der Abschirmung und Konspiration, in der Welt des Kalten Krieges. Er lasse sich nicht kaufen, teilt er über Dritte mit, er stehe für Siegerjustiz und Hexenjagden nicht zur Verfügung. Renner erinnert mich an versprengte Einzelkämpfer der japanischen Armee, die nach dem Zweiten Weltkrieg auf einsamen Inseln ausgeharrt hatten, kaisertreu bis zum bitteren Ende.

Ich will verstehen, was Brühl bewegt hat. Was war bei ihm der entscheidende Anstoß, in die Rolle des Denunzianten zu schlüpfen? War es der Druck der Verhältnisse? Die Erotik der Macht? Nötigung? Oder vielleicht doch Neigung? Ist dieser Mann ein bedenkenloser Karrierist?

»Ich wollte meinen Horizont erweitern«, sagt Brühl mit entwaffnender Offenheit und lächelt undurchschaubar.

Bei jeder Anwerbung durchläuft ein Informant in der Regel fünf Phasen, erklärt ein früherer ostdeutscher Sicherheitsoffizier. In einer ersten Phase reagieren potenzielle Kandidaten verstört, wehren häufig Annäherungen entrüstet ab und versuchen, sich zu entziehen. In einer zweiten Phase schalten die meisten Umworbenen auf innere Reserve oder entwickeln eine gewisse Scham. Jetzt seien Geduld und Einfühlsamkeit gefragt. In der entscheidenden dritten Phase folgt die Anpassung, die »Einsicht in die Notwendigkeit der Dinge«. In der vierten Stufe wird pragmatisch kooperiert, schließlich, in Phase fünf, wenn alle Bedenken zerstreut sind, ist der neue Informant bereit, nahezu jede Schandtat zu begehen, ohne Skrupel, ohne mit der Wimper zu zucken. Der Pakt ist besiegelt.

Freiwilligkeit ist eine Voraussetzung für gute Informantentätigkeit. Wer mit dem Herzen dabei ist, dem fällt das Beschaffen, Verteilen und Verarbeiten von fremdem Wissen leichter. Spitzeln ist im Kern eine subtile Form der Enteignung. Die Beteiligten verlieren private Güter wie Wissen und Eigentum. Wissen wird vergesellschaftet. Der Spitzel hat den Triumph, dass er unentdeckt bleibt, dass er unbemerkt andere, manchmal weitaus Mächtigere »in die Pfanne hauen« kann, wie ein ehemaliger Informant einmal einräumte.

Ein erfahrener Stasi-Psychologe zitierte den Satz von Martin Luther: »Aus einem gequälten Hintern kann kein fröhlicher Furz kommen.« Erpresste Informanten sind schlechte Informanten. Sie versuchen, sich zu entziehen, und lauern auf die nächstbeste Gelegenheit, die Beziehung zu unterlaufen oder aufzulösen. Ob der ehrgeizige Museumsmann Brühl diese Phasen durchlaufen hat, wissen wir nicht.

Welt der Puppen

Eines Tages steht der Klassenfeind vor Brühls Tür. Es ist ein heißer Augusttag, als Martin Merlin (Name geändert), ein Fernsehjournalist mit Lehrerbart und Sommersakko, bei ihm anklopft. Der Mann aus dem Westen stellt sich freundlich vor und schwärmt von Weimar. Brühl hat eine kleine Ausstellung mit dem Titel »Welt der Puppen« organisiert, für die er sich interessiert.

Schon Tage vorher wurde Brühl von der Staatssicherheit auf diesen Besuch eingestimmt. Die Genossen hatten ihn zu besonderer Wachsamkeit angehalten; »Erziehung zum Feindbild«, heißt das. Der Korrespondent sei ein Mann der konservativen CDU, ein lupenreiner Parteikarrierist, politisch reaktionär und wie alle Journalisten nur an negativen Geschichten aus der DDR interessiert. Der Korrespondent arbeite für einen großen westlichen Feindsender.

»Das ZDF damals war für mich Gerhard Löwenthal. Diese Figur, die in der DDR so etwas wie eine Hassfigur war. Das ZDF war aber nicht Löwenthal. Das habe ich erst durch Martin Merlin begriffen. Man stelle sich vor, da kommt jemand und macht einen Bericht, und der kann nicht gut für meine Stadt, mein Land und sonst was sein. Und das hat so nicht gestimmt.«

Der Korrespondent ist aufgeschlossen, interessiert, liberal. Die beiden Männer verstehen sich vom ersten Augenblick an, finden sich nicht unsympathisch. Brühl gibt sich als kritischer Zeitgenosse, der gerne anders würde, wenn er könnte, der aber gelernt hat, das anzunehmen, was nicht zu ändern ist.

Der Bericht über die Weimarer Puppenausstellung läuft in den Nachrichten zur besten Sendezeit. Das Ergebnis ist unterhaltsam und politisch unverfänglich. Die Besucherzahlen steigen nach der Ausstrahlung rapide, die Genossen sind zufrieden.

Renner wertet die Zusammenarbeit als Erfolg und notiert über das »vielversprechende« Projekt: »Das Vorhaben wurde ohne Vorkommnisse/Zwischenfälle zur beiderseitigen Zufriedenheit realisiert. Auftreten von Merlin deckt sich mit Einschätzungen aus vorangegangenen Vorhaben des ZDF. Merlin ist höflich, kontaktfreudig, aber zurückhaltend in der Hinsicht, diese Kontakte zu privatisieren.«

Der Westjournalist sei alles andere als ein Kalter Krieger, berichtet Brühl, er mache »keine ›Bild‹-Zeitung, sondern fairen Journalismus«, bei dem Fernsehteam handele es sich, so wörtlich, um »sehr nette Menschen!«.

Der Museumsdirektor und der Fernsehmann verabreden ein privates Treffen in Ost-Berlin. Man möchte miteinander im Gespräch bleiben. Der persönliche Austausch sei gerade in Zeiten ideologischer Schaukämpfe nicht zu verachten, meinen beide.

Georg Brühl

Der Vertrag

Zu dieser Zeit, im September 1986, schließt Offizier Renner mit seinem Informanten einen Kontrakt. Die beiden Partner vereinbaren schriftlich eine Zusammenarbeit zum gegenseitigen Vorteil.

Die Vorgabe an den Informanten lautet: »Geben Sie sich kontaktfreudig, aufgeschlossen und ansprechbar. Sachgeschenke im angemessenen Rahmen sind anzunehmen, Korruptionsversuche sind zurückzuweisen. Registrierung aller Interessen zu Ihrer Person.«

Brühl verpflichtet sich, »zuverlässig« und »wachsam« zu sein. Er soll das tun, was einem Museumsdirektor entspricht: sammeln, bewahren, zusammenstellen. Mit dem feinen Unterschied: Niemand darf davon erfahren. Der Vertrag trägt seine Unterschrift.

Ich will wissen, wie er sich damals sah, als ein James Bond oder eher als ein Johann Peter Eckermann? Ist er wie der Geheimrat Goethes, der jedes Wort des Meisters für die Nachwelt aufbewahren wollte?

Brühl sieht sich keineswegs als verwegener Kundschafter oder Spion. Seinen Job definiert er als Dienstleistung im Rahmen der Geheimdiplomatie. Er sei ein Freund der Entspannung gewesen, betont er, er habe sich als Dolmetscher verstanden. Er wollte Missverständnisse und »Schlimmeres« verhindern.

Was steckt hinter der Maske des Biedermanns? Will er sein Gesicht wahren? Oder liefert sein Gedächtnis bestimmte Details nicht mehr? Menschen erinnern sich in der Regel nur an das, woran sie sich erinnern wollen, und nicht an das, was tatsächlich geschehen ist. Die Vergangenheit als solche existiert nicht. Es gibt nur zahllose Versionen davon.

Brühl brummt, dass er über seine dicke Akte selbst staunen musste. Er habe sie durch meine Vermittlung zum ersten

Mal gelesen. Manches stimme, das meiste aber seien Nebensächlichkeiten oder »kompletter Unsinn«. Er schüttelt den Kopf.

Eine Männerfreundschaft

Die Akte schildert die Geschichte einer Begegnung von zwei Männern, die sich allmählich in eine Freundschaft verwandelt. Auf vielen Seiten zeugen Berichte vom unaufhaltsamen Eindringen Brühls in die private Welt des Journalisten. Protokolle und Dossiers künden von wachsendem Vertrauen.

Brühl reist gemeinsam mit seiner Ehefrau nach Ost-Berlin zu Merlin. Der Reisebericht stellt tagebuchartig alle Höhepunkte zusammen. Der Journalist trifft zum privaten Gegenbesuch in Weimar ein, Offizier Renner erhält eine Zusammenfassung.

Die beiden Männer reden über Gott und die Welt, sie verstehen sich prächtig, »wie jahrelange Freunde«. Einmal sind sie mehrere Abende in Berlin zusammen; der Bericht bemerkt, die Treffen hätten stattgefunden, obwohl der Fernsehmann stark erkältet gewesen sei. Brühl erwähnt, dass man die Viren mit Wodka bekämpft und auf die »Völkerfreundschaft!« angestoßen habe. Martin Merlin erinnert sich:

»Brühl kam mir entgegen und bot sich immer wieder an. Er sagte, er könne mir noch mehr Themen ermöglichen. Dann sagte er, dass er unsere Treffen sehr schön und sehr gut findet. Mit einem Blick nach vorne hat er mir beispielsweise erzählt, dass er noch viele interessante Sachen hätte. Dazu gehörte auch der Maler Wieland Förster, den wir beide besucht haben.«

Ein Zitat von Brühl klingt verstörend anbiedernd: Auch im armen Osten könne reiche Kultur gedeihen, obwohl die Kanalisation nicht immer richtig funktioniere.

Einer hilft dem anderen. Längst duzen sie sich. Sie telefonieren regelmäßig, beraten sich, bilden ein festes Team. Brühl erfährt den neuesten Kantinenklatsch, zum Beispiel, wer gerade was im Sender werden will. In den Gesprächen geht es auch um Quoten.

Was Brühl überrascht, ist die Offenheit des Fernsehmannes. Er redet über Konkurrenz, Neid und Machtkämpfe. Er schildert den Geltungsdrang seiner Kollegen und deren ständige Angst, nicht auf der Höhe der Zeit zu sein.

Der Weimarer Museumsmann muss nur zuhören. Er merkt sich, so viel er kann. Der Apparat liebt solche Tratschgeschichten. Das ist Munition, die zu einem geeigneten späteren Zeitpunkt einmal scharf gestellt werden kann.

Manche harmlosen Informationen finden in den Unterlagen größte Aufmerksamkeit, wie zum Beispiel diese: Merlin vertraut seinem Freund an, dass er in seinem Ost-Berliner Büro Unterlagen nicht in Papierkörbe wirft, weil er vermutet, dass diese kontrolliert werden. Oder er kündigt ihm Besuche bei Künstlern oder bekannten Musikern schon im Vorhinein an.

Brühl ist für den Journalisten ein Ostexperte, ohne den er sich verläuft. Sie reden gerne über Ausstellungen, Konzerte und unterschiedliche Mentalitäten in Ost und West. Der Museumsmann verschafft dem Fernsehmann exklusive Informationen. Er kennt die besten Lokale, die ausgefallensten Drehorte, die exklusivsten Kontakte in der geschlossenen Gesellschaft DDR. Er öffnet Türen, die sonst verschlossen blieben.

Der Fernsehmann wiederum revanchiert sich mit der Eintrittskarte in die Beletage der Ost-Berliner Schickeria. Er holt Brühl aus dem verschlafenen Weimar in die umtriebige Hauptstadt. Zu Ostern schenkt er Brühl einen nagelneuen Walkman, ein Gerät, das zu diesem Zeitpunkt noch niemand im Osten kennt; auf dem Band sind die besten Wünsche seines Freundes.

Bergeweise stapeln sich die Protokolle dieser Männerfreundschaft, angelegt mit akkurater Ordnungsliebe, gewürzt mit süffigen Zitaten, stets verfasst im Geiste der Denunziation.

Brühl legt Wert darauf, dass seine Beziehung nicht nur ein Agentenprodukt gewesen sei.

»Man hat sich ausgetauscht, und daraus ist, denke ich mir, echte Freundschaft geworden. Aber das ist ein längerer Prozess gewesen.« Merlin bestätigt diese Sicht. »Diese Bekanntschaft wandelte sich dann in eine Freundschaft um. Er hat natürlich von mir profitiert, weil ich ihm gesagt habe, welche Projekte wir vorhaben.«

Wenn Merlin privat in Weimar weilt, ist er übervorsichtig und äußerst misstrauisch, er entwickelt regelrechte Phobien. Ständig wähnt er die »Stasi« an seinen Fersen. Er lässt den Dienstwagen mit dem auffälligen blauen Nummernschild stehen, geht zu Fuß durch die Gassen, spricht leise, dreht sich in Parkanlagen ständig suchend um, fühlt sich verfolgt und bedrängt. Brühl beruhigt ihn: Das sei westliche Paranoia, so viele Arbeitskräfte habe man nicht in der DDR, das könne man sich gar nicht leisten.

Tage später stehen solche Sätze in den Akten. Mit buchhalterischer Genauigkeit rechnet Brühl Überstunden und Spesen ab. Jede kleine Aufmerksamkeit, selbst den Blumenstrauß für die Lebensgefährtin des Journalisten, stellt er in Rechnung.

Mit Brühls Hilfe dringt der Sicherheitsapparat immer tiefer in das Leben des Fernsehmanns ein. Hobbys, Vorlieben, Stärken und Schwächen werden offengelegt. Brühl ist besser als jede Wanze, genauer als die teuerste Überwachungskamera.

Eines Tages stellt der Fernsehmann dem Freund aus Weimar seine Ost-Berliner Wohnung zur Verfügung, so könne er teure Übernachtungskosten sparen. Ein Glücksfall für die Staatssicherheit. Brühl bekommt den Wohnungsschlüssel. Das Projekt »Geheimrat« zahlt sich aus.

Das Sahnehäubchen

Welche Möglichkeiten hat der Einzelne in einem Krieg der Systeme? Jeder Mensch reagiert anders. Doch es gibt gewisse Auffälligkeiten, meint der polnische Schriftsteller Ryszard Kapuscinski, der sich intensiv mit totalitären Systemen beschäftigt hat. Es gibt ein Kalkül des Menschen, sich mit der Macht zu arrangieren.

»Alle Diktaturen bedienen sich eines solchen passiven Magmas. Damit ersparen sie sich teure Armeen bezahlter Polizisten. Sie brauchen nur auf diese Menschen zurückzugreifen, die nach etwas in ihrem Leben suchen. Ihnen das Gefühl zu geben, sie könnten sich nützlich machen, man würde auf sie zählen, sie wahrnehmen, ihnen Bedeutung beimessen.«

Beide Seiten ziehen aus der Verbindung einen Nutzen. Derjenige, der sich der Diktatur andient, empfindet sich als Teil der Macht, als jemand von Bedeutung.

Georg Brühl verstrickt sich immer tiefer in dieses Netzwerk. Er hat viele persönliche Vorteile, er wird zu Empfängen geladen, eine Westreise bekommt er in Aussicht gestellt. Längst ist er Teil eines Spieles, bei dem er nicht mehr aussteigen will und kann. Wie ein Drogenabhängiger sucht er ständig den Stoff: Anerkennung und Teilhabe an der Macht.

War Brühl verlogen und käuflich, wie ehemalige Kollegen in Weimar heute behaupten? Hat man ihm sein doppeltes Spiel angemerkt?

Kompletter Unsinn, sagt Brühl. Niemand habe etwas gemerkt. Im Gegenteil. Seine Arbeit sei geschätzt worden. Er habe sich immer vor seine Mitarbeiter gestellt. »In die Sache« sei er eben so reingerutscht, irgendwann steckte er drin, kam nicht mehr raus. Er habe nie Leuten schaden wollen, das könne er beschwören.

»Ich hatte immer die Meinung, dass ich nur Zulieferer zu

bereits bekannten Erkenntnissen war. Sie hatten schon ganz gezielte Fragen. Und da habe ich mich gewundert, wo die Informationen her sind. Das ist mir natürlich nicht gesagt worden. Ab und zu hatte ich das Gefühl, ich soll nur noch das Sahnehäubchen liefern.«

Im Juni 1987 war es zum ersten Mal so weit. Der Geheimdienst suchte dringend eine undichte Stelle in Ost-Berlin. Während eines Konzertes auf West-Berliner Seite am Reichstag hatten sich auf der Ostseite Unter den Linden Tausende Jugendliche versammelt. Die Menge drängte immer weiter gen Brandenburger Tor. Der Staat fürchtete Unruhen an der empfindlichsten Stelle, direkt an der Mauer vor dem Wahrzeichen der geteilten Stadt.

Die Volkspolizei drängte die Jugendlichen zurück, es kam zu Handgreiflichkeiten und Übergriffen. Ein Fernsehteam hielt den Prügeleinsatz fest und wurde selbst attackiert. Westliche Stellen protestierten gegen das »beispiellose Vorgehen« und »den Verstoß gegen den Geist von Helsinki«.

Tagelang tobt eine Propagandaschlacht. Ost und West schenken sich nichts. Doch wer hat die brisanten Bilder aufgenommen?

Georg Brühl bekommt den Auftrag, genau das herauszufinden, er soll seinen guten Draht nutzen. Er ruft von Weimar seinen Freund beim Fernsehen an, fragt arglos und besorgt, was denn in Berlin los war? Der Fernsehmann ist redselig, vertraut seinem Freund Interna an. Brühl erfährt, dass »die Organe der DDR eine überzogene Reaktion gezeigt« hätten und dass für die Berichterstattung »Einstellungen des ARD-Teams verwendet« wurden. Der Geheimdienst hat nun genau die Information, die er suchte.

Brühl liefert das Sahnehäubchen. Zwar kann die DDR die Bilder nicht mehr aus der Welt schaffen, doch die Verantwortlichen wissen, von wem sie stammen. Der »Schuldige« ist gefunden. Das Team bekommt von den Behörden Ärger, der Korrespondent wird einbestellt.

Im Ministerium an der Normannenstraße ist man stolz auf Leute wie den »Geheimrat«. Georg Brühl hat gute Dienste geleistet.

Vom Häuten der Zwiebel

Einmal im Jahr im Oktober feiert Weimar sein traditionelles Volksfest: den Zwiebelmarkt. Ost- und Westfernsehen wollen im Herbst 1987 eine erste gemeinsame Produktion auf die Beine stellen. Geplant ist eine unterhaltsame, heitere Sendung aus Weimar. Eine grandiose Idee, finden alle Beteiligten, doch um die Details wird gerungen. Nach monatelangen Debatten einigen sich die Fernsehverantwortlichen aus Mainz und Ost-Berlin auf den kleinsten gemeinsamen Nenner. Die Sendung soll familienfreundlich sein, aber »keine politisch-satirischen Aspekte« enthalten.

Georg Brühl sieht seine Stunde gekommen. Der Historiker erarbeitet ein erstes Drehbuch. Er will den Wessis in Weimar einen fröhlich-unterhaltsamen TV-Cocktail zusammenmixen, der auch für Bedenkenträger aus den eigenen Reihen bekömmlich sein soll. Brühl sammelt Ideen und entwirft einen kompletten Ablauf vom Einstieg bis zum musikalischen Abschluss. Er recherchiert unter anderem die Herstellung der traditionellen Zwiebelzöpfe und die Geschichte der Thüringer Rostbratwurst.

Sein Exposé für »eine attraktive Aufmachung« der Sendung ist erhalten geblieben. Brühl empfiehlt Interviewpartner, »nur den!« und »keinen anderen!«. Es wird deutlich, dass in der Sendung die wirkliche Wirklichkeit auf keinen Fall vorkommen soll.

Verblüffend, wie genau das Westfernsehen den Empfehlungen des Ostexperten Brühl folgen wird. Georg Brühl tritt auch vor die laufende Kamera und sagt:

»Ich finde es zumindest für die Verständigung beider deutscher Staaten sehr gut, dass Sie hier sind. Wir freuen uns, und ich glaube auch, dass die Sendung dann doch den Bürgern in Ihrem Land einiges sagt, über das Brauchtum, das wir hier pflegen und das wir auch feiern können.«

Brühl hat es geschafft. In der Vorbereitung der Sendung vertraut der Journalist seinem Souffleur voll und ganz. Brühl weiß, was der andere unter Zeitdruck braucht. Er beschafft Termine, Interviewpartner und exklusive Informationen. Martin Merlin nimmt das Angebot an. Eine perfekte Arbeitsteilung.

Ich frage Brühl heute, ob er sich damals als eine Art freier Mitarbeiter des Westfernsehens gesehen habe. Er lacht laut und zufrieden.

»Das Problem, das ich gesehen habe, war, was da auf ihn zukommt. Martin wäre mir zu schade gewesen, sich mit irgendwelchen Kloßköpfen auseinandersetzen zu müssen. Da habe ich gesagt: Ich kann dir mal ein paar Sachen aufschreiben, die ich aus meiner Sicht als Stadthistoriker aufnehmen würde. Ich hatte einfach Angst, das könnte in Niveaulosigkeit enden. Das war mir zu blöd. Und deshalb habe ich ihm das dann aufgeschrieben.«

Die Kloßköpfe sind in Brühls Welt Funktionäre der Partei, die jeden Schritt des Westfernsehens argwöhnisch verfolgen. Brühl liefert sein Gesellenstück als Agent, indem er unauffällig hinter den Kulissen ein Stück weit Regie führt. Er ist ein Strippenzieher im Auftrage der Staatssicherheit. Auf seinen Anteil bei der Sendung vom Zwiebelmarkt ist er noch Jahrzehnte später stolz.

»Das ehrt mich. Ich denke, ich habe ein bisschen zum Erfolg beitragen können.«

Doch ausgerechnet ein geplantes fiktives Interview mit Johann Wolfgang von Goethe sorgt für überraschenden Kulissendonner. Martin Hellberg, ein damals prominenter DDR-Schauspieler, soll mit Perücke und Kostüm den großen Meister mimen. Die Fragen sind vom Westkorrespondenten, die Antworten original Goethe. In dem geplanten Interview soll gesagt werden. »Was halten Sie von unserem deutschen Volk und der deutschen Frage?« Antwort Goethe: »Ich habe oft einen bitteren Schmerz empfunden in Gedanken an das deutsche Volk, das im Einzelnen so achtbar und im Ganzen so miserabel ist.«

Dieses Gespräch soll als kleiner, dreiminütiger Zwischenruf in Goethes Garten am Frauenplan zu Weimar auf Sendung gehen. Die Genossen der Parteileitung bekommen das Manuskript in die Hände gespielt. Sie wittern Gefahr, der Klassenfeind schicke sich an, Goethe für eine »billige Provokation« zu nutzen, das grenze an Landesverrat und sei zu verhindern. Brühl muss handeln.

Schädliche Wahrheit

Tage vor der Aufzeichnung des Interviews erfährt Brühl, dass die Weimarer Parteispitze außer sich sei. Goethe ist zur geheimpolizeilichen Aufgabe geworden. Brühl selbst findet den Text wenig anstößig, er versteht die ganze Aufregung nicht. Er erklärt seinem Führungsoffizier, dass die Idee »ein geschickt aufgebauter Programmpunkt aus Sicht eines bürgerlichen Korrespondenten« sei.

Diese Einschätzung teilt Brühl bis heute: »Das war Goethe pur. Ich war der Meinung, das ist völlig unkompliziert. Wenn ich jetzt anfange und auch noch in Goethe herumstreiche, ist das aberwitzig. Das ist reiner Goethe gewesen. Und das war auch in Ordnung.«

Brühl ist von der Person des Schauspielers Martin Hellberg, der im DEFA-Publikumserfolg »Lotte in Weimar« Goethe spielte, genauso begeistert wie die Fernsehleute aus dem Westen. Nach einem persönlichen Vorgespräch im September 1987 teilt er seinem Stasi-Offizier mit: »Ich hätte nie gedacht, dass ein mit staatlichen Auszeichnungen so hochdekorierter Mann sich so locker geben kann.«

Die Parteileitung will die Aufnahmen in letzter Minute stoppen. Sand soll ins Getriebe gestreut werden. Zuerst versuchen Funktionäre, die Drehgenehmigung zu widerrufen, doch es gibt gültige Verträge. Kurz vor den Aufnahmen schickt die Partei Krakeeler vor Ort, die lärmen sollen. Das Fernsehteam wartet geduldig, irgendwann ziehen die Störer vor Goethes Haus wieder ab. Die Dreharbeiten können verspätet beginnen. So fällt in Goethes Garten ein interessanter Satz. Schauspieler Martin Hellberg antwortet im Gewande von Goethe:

»Schädlich Wahrheit ziehe ich dem nützlichen Irrtum vor, denn Wahrheit heilet am Ende den Schmerz, den sie vielleicht uns erregt.«

Nachdem die Aufnahmen im Kasten sind, hat das Westfernsehen das Interview und Familie Hellberg ein dickes Problem.

Eine der Töchter erzählt heute, was die Partei verärgert hatte: »Goethe war ihr Sohn. Weimar, Goethe, Schiller, da waren sie ganz stolz drauf, und nun sollte dieser Goethe ihnen die Suppe mit seinen Zitaten versalzen.«

Der zweiundachtzigjährige Hellberg ist ein langjähriger Genosse der Sozialistischen Einheitspartei. Bereits in der Weimarer Republik war er Mitglied der Kommunistischen Partei. 1933 hatten ihn die Nazis in Dresden von der Bühne verbannt. Der alte Mann soll nun erklären, dass er vom Westfernsehen »reingelegt« worden sei.

Weimarer Parteigenossen bestellen Hellberg ein, pikanterweise in die Hotelsuite im noblen Hotel Elephant, in der im Dritten Reich gewöhnlich Adolf Hitler logierte. Hellbergs Frau wird gleichfalls festgehalten und getrennt verhört. Die Funktionäre fragen, ob er seinem Land, der DDR, bewusst schaden wolle? Hellberg solle nicht vergessen, wem er seine Karriere zu verdanken habe und von wem er seine Rente bekomme.

Der Nationalpreisträger der DDR bleibt stur. Er will sich den Goethe-Auftritt nicht verbieten lassen. Er fragt die Funktionäre, wer denn heute noch Menzel kenne? Wen?, antworten die Genossen. Das sei der berühmteste Kritiker zu Lebzeiten des Dichters gewesen, erklärt der Schauspieler, den habe die Nachwelt längst vergessen, und zwar zu Recht.

Martin Hellberg will den Vorwurf des Vaterlandsverräters nicht auf sich sitzen lassen. Auf die Frage, auf wessen Seite er stehe, verweist er auf einen Satz aus dem Interview mit dem »Feindsender«. Da sagt Goethe:

»Wo's mir wohl geht, ist mein Vaterland. Noch besser wäre dieser tröstliche Spruch ausgedrückt, wenn es hieße: wo ich nütze, ist mein Vaterland.«

Am Abend desselben Tages entwickelt sich eine wahre Weimarer Kabale. Intendanten, Chefredakteure und Professoren streiten sich, wem Goethe gehört: Ost oder West, der DDR oder dem Fernsehen der BRD? Die Ostdeutschen sprechen von »Herabwürdigung« und Provokation, die Westdeutschen vom »Recht des freien Wortes« und gültigen Verträgen. Die Krisensitzung im Hotel »Elephant« dauert bis in die tiefe Nacht. Die DDR-Vertreter bestehen darauf, dass die Kassette zurückgegeben oder gelöscht werden muss.

Brühl soll die Kastanien aus dem Feuer holen. Wo ist die Drehkassette? Wer hat sie? Wie können die Worte des Dichters aus der Welt geschaffen werden, von denen eines lautet: »Mir ist nicht bange, dass Deutschland nicht eins werde.« Fieberhaft suchen die Genossen im Hintergrund nach dem Drehmaterial. Sie sind bereit, »notfalls den Dienstwagen aufzubrechen oder das Hotelzimmer zu durchsuchen«.

Brühl erfährt, dass die Kassette längst in der Handtasche einer Mitarbeiterin in Richtung Westen unterwegs ist. Ob er mit dieser Information schlicht zu spät gekommen ist oder sie zurückgehalten hat, lässt sich zwanzig Jahre danach nicht mehr feststellen. Brühl sagt heute, er habe das Goethe-Gespräch nicht verhindert, weil er es nicht verhindern wollte. Das sei am Ende entscheidend, betont er. Er lege Wert auf diese Feststellung.

Tatsächlich informiert Brühl seinen Offizier Renner über den Verbleib der Kassette, zwar vor Ausstrahlung der Sendung, aber nachdem der Film bereits in den Westen geschafft worden war. Brühl nennt auch den Namen der Botin, den er von seinem Bekannten vom Fernsehen erfährt.

Der deutsch-deutsche Streit geht weiter. Die Vertreter der Staatsmacht bestehen auf dem Verbot. Das Westfernsehen droht seinerseits mit einem öffentlichen Skandal. Ein Protest der DDR-Regierung wird an die Geschäftsleitung des Senders geschickt mit der Aufforderung, »die Sendung nicht zu zeigen«. Die Redakteure ignorieren das Schreiben, und das Goethe-Interview wird am 12. Oktober 1987 ausgestrahlt. Die Sendung läuft ohne Kürzungen im Nachmittagsprogramm, mit den Ideen aus der Feder von Brühl und den umstrittenen Goethe-Zitaten. Brühl wird vorgehalten, er hätte die Blamage verhindern sollen. Kein Zuschauer ahnt auch nur im Ansatz etwas von den Aufregungen hinter den Kulissen.

Schließlich einigen sich Bonner und Ost-Berliner Regierungsstellen, die sich in die Goethe-Affäre eingeschaltet haben, auf die Sprachregelung, Provinzfürsten hätten überreagiert. Der Grund für die Deeskalation liegt in Folgendem: Exakt am Tage der Weimarer Sondersendung beherrscht eine Meldung aus Genf die Schlagzeilen. Der schleswig-holsteinische Ministerpräsident Uwe Barschel wird tot in einer Badewanne aufgefunden. Die Bundesrepublik hält die Luft an, angesichts eines politischen Mordes, der zur Staatsaffäre wird. Vom Weimarer Sturm im Wasserglas redet kein Mensch mehr. Die Genossen atmen auf.

Die Wende kommt zu spät

Brühl fährt zwei Tage nach der Weimar-Sendung nach Ost-Berlin. Er soll bei seinem Freund herausfinden, wie die Atmosphäre ist. Nachdem Brühl freundlich begrüßt worden ist, dreht Martin Merlin wie üblich in seinem Büro das Radio auf, eine Vorsichtsmaßnahme, damit »die Brüder« nicht mithören können. Man trinkt Kaffee und isst Kekse. In seinem Treffbericht vom 14. Oktober 1987 heißt es: »Am Montag war Merlin in Mainz, der Intendant hat nach Vorlage der Kassette deren Ausstrahlung befürwortet. Noch am Vormittag kam ein Telex ›von der Honecker-Ebene‹, die Sendung nicht zu zeigen. Prof. Stolte telegrafierte zurück, dass die DDR den vereinbarten Betrag bezahlt bekommen habe, die Vertragsbedingungen also beiderseits erfüllt wurden und sie nun senden. ›Ich frage mich ernsthaft, wie bei uns provinzielle Kleingeister solch einen Rummel machen können!‹, sagte ich Merlin, und der unterstrich noch einmal seine Meinung einer ›Provinzposse‹. Wir sprachen über das Vorhaben Dresden. Vorgesehen erste Novemberwoche! Wir wollen zusammen uns einen Tag die Kunstausstellung ansehen – sehr gute Gelegenheit.«

Der bizarre Streit um Goethe hat dennoch Folgen. Eine weitere Gemeinschaftssendung von Ost und West gibt es bis zur Wende nicht mehr, alle geplanten Fernsehprojekte werden abgesagt.

Empfindlich trifft der staatliche Zorn allerdings Familie Hellberg. Als das Westfernsehen Weimar verlassen hat, nimmt die Parteispitze Rache. Unter dem Decknamen »Prominenz« wird der Verdacht formuliert, »dass die Familie Hellberg durch legale Basen des Gegners als Stützpunkt aufgebaut werden soll«. Alle vier Familienangehörigen werden von nun an »bearbeitet«. Acht Ordner mit insgesamt mehreren Tausend Seiten kommen in weniger als zwei Jahren zusammen. Diese Unterlagen sind Belege einer gezielten »Zersetzungsmaßnahme«, so der »Operativplan«.

Telefone werden angezapft, Besucher der Familie registriert, Gerüchte und Falschmeldungen in Umlauf gesetzt. Über zwanzig Spitzel werden eingesetzt, Georg Brühl ist dabei. Er berichtet kontinuierlich und kühl über »den ständigen Ärger der Familie mit der Parteileitung in Weimar«, deren

Besuche in Ost-Berlin und die engen Kontakte der Töchter zum Westfernsehen.

Im Mai 1988 berichtet Brühl seinen Offizieren, dass man ihn »aus bisher unbekannten Gründen« von einem Familienempfang mit den Hellbergs und den Fernsehleuten ausgeladen habe. Schöpfte jemand Verdacht, fragen sich die Offiziere und Brühl? Aber das glaubt keiner.

Der Museumsdirektor gilt zwar als redselig und aufdringlich, aber vertrauenswürdig, so die Töchter Hellbergs heute.

Brühl beschreibt sein Doppelleben als ständige Herausforderung: »Es war nicht angenehm, das muss man dazu sagen. Man stand zwischen Baum und Borke. Aber ich denke, ich habe mich bemüht, das einigermaßen fair zu beschreiben, wie das dort abgelaufen ist. Also fair aus meiner Sicht. Was andere darüber denken, das weiß ich nicht.«

Im Zuge der Schikanen verliert Frau Hellberg ihre Dozentenstelle an der Musikhochschule. An Hellberg selbst traut sich der Apparat nicht heran. Die Behörden wählen eine andere Methode. Der renommierte Darsteller wird kaltgestellt, Angebote bleiben aus oder werden nachträglich zurückgezogen. Er wird zur Unperson erklärt, zum »Gegner«, nicht einmal zur 1.-Mai-Feier wird er eingeladen, an der er jedes Jahr als Ehrengast teilgenommen hatte. Hellberg lässt diese Ausladung nicht auf sich sitzen. Er steckt sich seine vielen Orden ans Revers und verschafft sich Zutritt zur Ehrentribüne in Erfurt. Keiner hält ihn auf.

Brühl tut so, als halte er zu ihm, auch in schwierigen Zeiten. Hellberg vertraut ihm, möglicherweise, weil er es möchte. Er sagt über ihn, er sei »keiner dieser Kriecher, wie alle anderen«.

Am 2. Februar 1989 gratuliert Brühl dem »lieben Professor Martin Hellberg« zum Geburtstag und schreibt: »Die Zeit zerrinnt uns zwischen den Händen, und wir können sie nicht halten. Mit Stolz können Sie auf ein Werk zurückschauen, das durch den Einsatz Ihrer ganzen Kraft zu der heutigen

Größe gelangt ist. Sicher möchten Sie keine der Erfahrungen missen, die Sie in den vergangenen Zeiten gemacht haben, ob sie gut oder schlecht waren. Mögen nun die guten überwiegen!«

Hellberg hat sich über die Wünsche des freundlichen Museumsdirektors gefreut. Er hätte aber viel lieber auf der Bühne gestanden oder vor der Kamera. Bei offiziellen Anlässen ist der Schauspieler und Regisseur unerwünscht, sein Name wird von den Gästelisten gestrichen. In Ungnade gefallen, gerät er in Vergessenheit, die Wende kommt für ihn zu spät. So wurde der Goethe-Schauspieler kurz vor Ende der DDR ein zweites Mal von der Bühne geschickt, wieder unfreiwillig, erst bei den Nazis, dann bei den Kommunisten. Geschichte wiederholt sich. Georg Brühl hat das nicht gewollt, versichert er heute und beteuert: »Ich dachte mir, ich habe Informationen beschafft, mit denen dieses Land sich absichern konnte, in dem ich gelebt habe.«

Drinnen vor der Tür

Spionieren lohnt sich für den Museumsdirektor Georg Brühl. Seine Berichte werden für die Staatssicherheit immer wertvoller, und er steigt gesellschaftlich auf. Brühl pendelt zwischen Weimar und der hauptstädtischen Diplomatenszene in Ost-Berlin. Der Provinzdirektor ist Gast auf Empfängen und Feiern, er steht auf Einladungslisten der französischen Botschaft und der Ständigen Vertretung der Bundesrepublik. Von manchen schulterklopfend als »Geheimrat« tituliert, gilt er als exzellenter Kenner der Kulturszene. Er ist auf dem deutsch-deutschen Parkett gefragt, ein charmanter und sicherer Gesprächspartner, der Kontakte vermitteln kann.

Brühl muss diesen Aufstieg genossen haben. An keiner Stelle in seiner Akte finden sich Anzeichen von Zweifeln oder Skrupeln. Im Gegenteil. Der Mann mit der großen Liebe zu

Nietzsche entwickelt immer größere Lust am Fabulieren und Intrigieren. Brühl versteht sich nicht als Marionette, die an unsichtbaren Fäden hängt. Er ist kein ordinärer Spitzel.

Brühl ist Handlungsreisender. Sein Geschäft ist die Beschaffung und Weitergabe von Informationen aller Art; wichtigste Geschäftsgrundlage, die es einzuhalten gilt: absolute Diskretion.

Hatte er wirklich niemals Gewissensbisse? War er ein kaltblütiger Spieler, der das Risiko liebte und stets den nächsten Gewinn im Auge hatte? Brühl rechtfertigt seinen Zweitjob als eine Art Selbsterfahrung, er wollte Grenzen austesten.

»Es war für mich ein Weg, mit anderen Einstellungen konfrontiert zu werden. Normalerweise hätte ich als staatlicher Leiter gar keine Chance gehabt, an irgend solche Verbindungen heranzukommen. Es war einfach ein Weg, seinen Horizont zu erweitern, mal andere Meinungen zu hören, mal über bestimmte Äußerungen nachzudenken, auch mal zu streiten über bestimmte Dinge. Diese Streitkultur konnte man im eigenen Land schon nicht mehr so ausleben, das ging nicht mehr so.«

Brühl wird seit der Wende oft über diese Frage nachgedacht haben. Das Statement wirkt gut vorbereitet. Der Mann mit dem Intellektuellenbart ist zu unserem Gespräch wie zu einem Geschäftstermin erschienen. Gut gekleidet, frisch frisiert. Der Bart ist sorgfältig gestutzt. Dunkle Haare, schwarzer Pullover, beige kariertes Sakko. Dazu ein dunkler Regenschirm und ein schwarzer Aktenkoffer. Er wirkt ruhig, gefasst, souverän und abgeklärt. Die alte Stasi-Ballade von Wolf Biermann fällt mir ein, das bekannte Spottlied mit der Anspielung auf Goethes Privatsekretär Johann Peter Eckermann, die Verse vom »Goethe-Papagei«:

»Worte, die sonst wären verschollen
bannt ihr fest auf Tonbandrollen
und ich weiß ja: Hin und wieder

singt im Bett ihr meine Lieder
dankbar rechne ich euchs an:
Die Stasi ist mein Eckermann.«

Brühl findet Biermann furchtbar, wie Bürgerrechtler oder
Grüne. Scheinheilig nennt er sie, sie seien Moralapostel,
die anderen vorschreiben, was sie zu denken, zu tun und zu
lassen hätten. Eine solche Einstellung nütze dem Land gar
nichts. Eckermann, Goethes Privatsekretär, hingegen sei eine
»spannende Figur«, sagt er, er habe der Nachwelt viel hinterlassen, bis heute.

Der Stasi-Flüsterer

Unangenehm sind Brühl Fragen nach seinem damaligen
Freund vom Westfernsehen. Die Unterlagen aus dem Stasi-
Archiv riechen nach Erbärmlichkeit und Verrat. Auf vielen
Schreibmaschinenseiten hat der Aktenführer Leutnant Ren-
ner das über Jahre wachsende und bestehende Vertrauens-
verhältnis zwischen den beiden Männern festgehalten.

Brühl spielt die Rolle des kritischen Staatsbürgers, der mit
den Verhältnissen im Lande alles andere als zufrieden ist.
Mehrfach bittet er den Fernsehkorrespondenten, ihn nicht
unnötig in Schwierigkeiten zu bringen. Er solle ihn weder
spontan besuchen noch zu auffällig vor Dritten begrüßen,
die Staatssicherheit habe schließlich überall ihre Leute. Zu
enge Beziehungen zum Westfernsehen seien für Systemträ-
ger wie ihn gefährlich.

Niemand im Westen schöpft Verdacht, am wenigsten der
Fernsehmann. Er habe keinen Zweifel an der Integrität des
Mannes gehabt, sagt Martin Merlin heute, es habe sich um
eine Freundschaft gehandelt. Diese Freundschaft lässt sich
der Mann aus dem Westen etwas kosten, einmal bedankt er
sich mit einer Nietzsche-Gesamtausgabe, ein anderes Mal

mit einem Monopoly-Spiel. Brühl gibt seinem Führungsoffizier zu Protokoll:

»Der IM öffnete das Weihnachtsgeschenk vorzeitig und schätzt ein, dass dieses einen Gesamtwert von 250,– DM hat.«

Bei seinen Übernachtungen in der Ost-Berliner Wohnung des Freundes soll Brühl »vorsichtig, klug und geschickt vorgehen«, heißt es am 28. Juni 1988, die Wohnung auf keinen Fall »durchsuchen« und seinen »Pkw nicht vor der Wohnung abstellen, sondern dazu große Parkplätze des Wohngebietes nutzen«.

Ende der achtziger Jahre wendet sich eine immer größere Zahl von DDR-Bürgern vertrauensvoll an den Westkorrespondenten. Die meisten wollen ihr Land verlassen. Schon der Versuch einer »Republikflucht« ist strafbar. Diese Menschen verfangen sich im Spinnennetz von Brühl.

Im September 1988 berichtet er, dass er bei einem nächtlichen Kneipenbesuch mit Merlin eine ihm unbekannte Frau beobachten konnte. Brühl liefert die für die Identifizierung notwendige Beschreibung: »Lehrerin aus Berlin, lange, blonde, zottige Haare, schlanke Gestalt, modisch auffallend geschminkt, ledig«. Die junge Frau habe Probleme, teilt er mit, sie sei Mutter eines »sechs- bis achtjährigen Kindes« und wohne vermutlich im Zentrum Ost-Berlins, da Merlin sie von der Bar des Hotels Berlin nach Hause gebracht habe und höchstens »fünfzehn Minuten unterwegs war«.

Bis zum Untergang der DDR berichtet Brühl ohne Unterlass. Auf der Weihnachtsfeier der Redaktion sei bis morgens früh um fünf Uhr gefeiert worden und ein Gast betrunken durch »die Glasscheibe der Wohnzimmertür in den Flur« gestürzt, sodass der »Notarzt geholt werden musste«, meldet er im Treffbericht vom 22. Dezember 1988.

Im Herbst 1989 notiert er, wer in der Opposition aktiv ist oder wer beabsichtigt zu flüchten. Er liefert persönliche Daten, wie es im Bericht heißt, »von sechs DDR-Bürgern«, bei denen Kontakte zum Korrespondenten »festgestellt bzw. detaillierter charakterisiert« werden können. Brühl holt sich regelmäßig den Schlüssel für die Wohnung im Redaktionsbüro ab. Mit ihm kommt die Staatssicherheit mitten in die Räume des verhassten Westfernsehens.

Als das Ende naht, soll er sich noch intensiver um »eine Lagestabilisierung und Beeinflussung des Gegners« kümmern. Mitte Oktober 1989 teilen Brühls Auftraggeber mit, »in der jetzigen Situation könnten Reformen als Schwäche ausgelegt werden. Daher ist es schnell notwendig, zur Ruhe zu kommen.« Die Demonstranten auf der Straße werden mit »den Chaoten von Kreuzberg« gleichgesetzt. Doch der Staat ist nicht mehr Herr der Lage.

Der letzte schriftliche Bericht vom »Geheimrat« stammt vom 26. Oktober 1989. Brühl bedauert in diesem Bericht, dass »der diesjährige Kulturempfang der Ständigen Vertretung nicht in der Botschaft stattfindet«. Als Grund würden Baumaßnahmen genannt. Der »Geheimrat« sei sich sicher, dass dies nur ein Vorwand sei, um einer erneuten Botschaftsbesetzung vorzubeugen.

Im November 1989 bricht die Akte »Geheimrat« ab. Die Mauer fällt, das alte Regime geht in Rente. Auch in Weimar werden die Eckermänner außer Dienst gestellt. Brühl trifft sich »irgendwann nach der Wende« mit seinem Führungsoffizier aus Erfurt. Dieser ist deprimiert, er verstehe die Welt nicht mehr. Doch der langjährige Auftraggeber hat eine beruhigende Nachricht. Er versichert, dass man die Lage im Griff habe, alle notwendigen Vorkehrungen seien getroffen. Brühl müsse sich keine Sorgen machen, seine Akte sei vernichtet.

Die Kündigung

Die neue Zeit beginnt für Georg Brühl unerfreulich. »Überall Hysterie, ein totales Stasi-Syndrom, man brauchte Sündenböcke«, sagt Georg Brühl heute über die Wende 1989. Er schüttelt sich. »Es kam die Zeit der großen Säuberungen. Abwicklung hieß das. Wer irgendwie mit dem Staat zu tun hatte, geriet unter Verdacht.« Er habe sofort auf der Abschussliste gestanden, weil er als Museumsdirektor in der DDR Verantwortung übernommen hätte. Brühl gibt gleich nach der Wende seinen Mitgliedsausweis der Sozialistischen Einheitspartei zurück, aus »Enttäuschung« und weil er nie wieder etwas mit Politik zu tun haben wolle. Der Parteiaustritt nutzt ihm wenig. Er soll seinen Posten räumen, wegen zu »großer Systemnähe«. Von Geheimdienst oder Spitzeleien ist zu diesem Zeitpunkt noch keine Rede.

Brühl wendet sich hilfesuchend an seinen Freund aus dem Westen. Er werde in Weimar gemobbt, man wolle ihn loswerden. Martin Merlin stellt ihm einen »Persilschein« aus, erklärt schriftlich, Brühl habe in schwierigen Zeiten Rückgrat bewiesen und nicht gezögert, die deutsche Einheit zu befördern. Das Empfehlungsschreiben kommt zu spät. Die neue Zeit hat wenig Geduld. Ende Dezember 1990 verlässt Brühl seinen Direktorensessel. »Freiwillig«, er habe selbst gekündigt, auf diesen Hinweis lege er Wert. Die Demütigung einer Entlassung habe er sich ersparen wollen.

Brühl steht Anfang 1991 auf der Straße. Er ist vierzig Jahre alt, als er »richtiger« Bundesbürger wird. Die einen verlieren ihre Vergangenheit, die andere ihre Zukunft, denkt er sich. Was wiegt nun schwerer? Brühl versucht, sein Wissen zu kapitalisieren. In Weimar gibt es viel zu sanieren, er schreibt Gutachten für westliche Investoren, er lebt vom Denkmalschutz, die Bezahlung ist gut. Er publiziert Bücher zur Stadtgeschichte, verfasst Chroniken für Firmen.

Als Mitte der neunziger Jahre die Stasi-Akten geöffnet werden, hält Brühl die ganze Debatte für »albern und verlogen«. Es verlange weder intellektuelle Anstrengung noch moralischen Mut, »an dieser Hatz« teilzunehmen. Es sei »scheinheilig«, wie westliche Medien auf die Staatssicherheit eindreschen. Vielleicht mache es ihnen Spaß, vielleicht sei es ihr angeborener Jagdtrieb.

Brühl erklärt mir, man solle ihn nicht mehr fragen, was er getan habe, sondern nur noch, was er künftig tun wolle.

Ein Brief aus Berlin

Eines Tages liegt ein Brief aus Berlin in seinem Briefkasten. Es ist die Stunde, vor der sich Brühl stets gefürchtet hatte. Das Schreiben ist knapp. Brühl habe ihn menschlich zutiefst enttäuscht, schließt Merlin seine Zeilen, er brauche sich nie wieder zu melden. Das Tischtuch sei zerschnitten.

Mitte der neunziger Jahre hatte der Journalist die Akten der Geheimpolizei gelesen. Er sah seiner Freundschaft ins Auge. Für den Fernsehmann war die Entdeckung von Brühls Vertrauensbruch ein Schock. »Eine riesengroße Enttäuschung, vielleicht die größte meines Lebens«, konstatiert Martin Merlin, der in einem Berliner Pflegeheim lebt.

Brühl versucht in einem Antwortbrief sein Verhalten zu erklären, der Freund von einst reagiert nicht mehr.

Wieder vergeht ein Jahrzehnt, bis weitere Dokumente das ganze Ausmaß der Verstrickung ans Tageslicht bringen. Brühl war einer der effektivsten DDR-Spitzel in der westlichen Fernsehredaktion Ende der achtziger Jahre.

Seit diesen Funden bedauert sich Brühl nur noch selbst. Er zählt sich zu den Ausgegrenzten der Gegenwartsgesellschaft. Der Museumsdirektor im Ruhestand beschreibt sich als einen der Mittfünfziger, die zwischen Beschäftigung und Leerlauf pendeln, zwischen Kurzeinsatz und Stilllegung. Er habe Angst vor dem Alter, sagt er, Angst vor der Armut.

Ich will von ihm wissen, ob er nicht während seiner »aktiven« Zeit habe Schluss machen wollen mit dem Verrat? Warum er nach der Wende bis zum letzten Moment gezögert habe, seinem Freund reinen Wein einzuschenken?

Brühl schweigt einen Moment, dann antwortet er: »Nein, das hätte mir doch geschadet.«

Eine typische Brühl-Antwort. Er wollte sich nicht schaden, also berichtete er heimlich weiter. Er sei ein Kind des Kalten Krieges gewesen, rechtfertigt er seinen Agentenjob. Den Gedanken seines Gegenübers zu erfassen, ehe das Gegenüber diesen überhaupt formuliert habe, das sei eine der Stärken der Ostdeutschen gewesen. Darauf könne man heute in gewisser Weise stolz sein, wie auf Kinderkrippen, Ferienlager und die Sicherheit, er präzisiert, die »soziale Sicherheit«. Das habe eben seinen Preis gehabt.

Brühl spricht langsam und konzentriert, wie bei einem Vortrag. Mit dem Fall der Grenzen sei das Ende der Feindseligkeiten eingeläutet worden, fährt er fort, damit hätten sich die Bedingungen für diese Form der Auseinandersetzung erledigt. Das sei doch kein Verrat, das sei Politik!

Ich frage, was er in seiner Antwort an seinen früheren Freund geschrieben habe. Brühl überlegt. Dann sagt er:

»Ich erinnerte ihn an Spielregeln, die auch die Journalisten kannten. Man musste einfach damit rechnen, dass Informationen irgendwo abgeschöpft werden. Aber entschuldbar ist es nicht. Das sagte ich ihm auch.«

Längst ist die Anna Amalia Bibliothek in Weimar wiederaufgebaut, mit neuer Elektrik, aber die wertvollen alten Buchbestände sind für immer verloren. Die beiden Weggefährten von einst haben seit Entdeckung der Akten kein Wort mehr miteinander gesprochen. Das Ende einer Weimarer Wahlverwandtschaft. Der Riss geht mitten durch die beiden. Es lasse einen einfach nicht los, sagt Martin Merlin. Es höre nicht auf, sagt auch Georg Brühl, es verfolge einen. Sie finden beide keine Ruhe.

DIE REBELLIN
AUS BERLIN

Eine Notiz

»Es sind alle erforderlichen Maßnahmen einzuleiten, um diesen Feind so schnell wie möglich zu finden.«

Eine handgeschriebener Vermerk. Er steht am oberen rechten Rand eines vergilbten Aktenstücks. Der Satz lässt aufhorchen. Wer ist dieser »Feind«?

In dem Dokument lese ich: Gefahndet wird nach einer Person, »weiblich, Alter zwischen 25 und 35 Jahren, Sprache: hochdeutsch, Beruf: vermutlich leitende Angestellte«. Das Papier ist datiert auf das Jahr 1978, als Ost-Berlin den stolzen Titel Hauptstadt der DDR trug. Drei Monate brauchte damals die Staatsmacht, bis der »Feind« identifiziert und für lange Zeit eingesperrt werden konnte.

Dreißig Jahre später führt das vergilbte Stückchen Papier zu einer Frau, die zurückgezogen in einer kleinen Mietwohnung im östlichen Berliner Bezirk Lichtenberg lebt. Ich habe die Frau sehr lange gesucht. Sie ist misstrauisch.

»Was wollen Sie von mir? Ich habe doch teuer bezahlt. Und keiner hat sich jemals für meine Geschichte interessiert.«

Kerstin Starke (Name geändert) lebt im Ruhestand, hat zwei Scheidungen und einen Herzinfarkt überstanden. Sie ist eine aufgeweckte, liebenswürdige Frau, die fröhlich und ansteckend lachen kann. »Unkraut vergeht nicht!«, sagt sie, selbst den Krebs habe sie besiegt. Sie scherzt gerne. »Ich kann einfach meine Klappe nicht halten.« Sie lächelt, doch ihre Augen wirken starr, wie abwesend, als wäre ihr inneres Feuer erloschen. Das Leben hat sie gelehrt, dass es durchaus ungemütlich werden kann, wenn sich ein einzelner Bürger eine andere Meinung als die Staatsführung leistet. Man ist schnell Staatsfeind.

Kerstin Starke hatte einen Traum. Vielleicht war es nur ein »Kindertraum«, sagt sie, »und blauäugig dazu«. Sie wollte nicht alles hinnehmen, sie wollte genau hinschauen und aufschreiben, was sie sieht, sich einmischen.

Jetzt hält die Ruheständlerin die von mir in den Archiven gefundenen Manuskripte in der Hand. Sie staunt ungläubig. Dreißig Jahre ist es her, dass die Texte beschlagnahmt und weggeschlossen wurden. Sie galten ein halbes Menschenleben lang als verschollen, irgendwo im Bermudadreieck von Polizei, Justiz und Sicherheitsbehörden. Sie weiß nicht, ob sie lachen oder weinen soll.

Nach drei Jahren Suche sind die Texte tatsächlich von der Birthler-Behörde wiederentdeckt worden. Sie lagen sorgfältig nummeriert in den Archiven der Staatssicherheit. Kerstin Starke blättert vorsichtig in den vergilbten, butterbrotpapierdünnen Originalseiten, die sie auf ihrer Reiseschreibmaschine getippt hatte. Viele Buchstaben sind durchgeschlagen, manche Zeile ist verrutscht. Sie überfliegt ihre Erzählungen, eine heißt: »Das Leben hat keine Samthandschuhe an«.

Eine bessere Gesellschaft

Kerstin wird als zweites Kind des Ehepaars Starke mitten in den Krieg hineingeboren, der Vater ist Bibliothekar, die Mutter Erzieherin. Ihre Heimatstadt Berlin ist 1943 Ziel ständiger Bombenangriffe. Sie wächst zwischen Fliegeralarm und Luftschutzbunker auf. Der Vater muss an die Front, was soll er tun? Er kehrt nicht wieder, ist für Führer, Volk und Vaterland gefallen. Die Mutter baut nach dem Untergang des

Nazireichs die Stadt als Trümmerfrau mit auf. Dann heiratet sie ein zweites Mal, einen Braumeister, Mitglied der neuen Staatspartei SED. Die Mutter glaubt auch an den Sozialismus als Gesellschaft der Zukunft. Sie erzieht ihre beiden Kinder gemäß den neuen Idealen und ist schockiert, als ihr Sohn 1960 kurz vor dem Mauerbau in den Westen geht. Sie ist enttäuscht, hat ihren geliebten Sohn verloren. Es ist nur ein schwacher Trost, dass er später im Westen Chefarzt wird.

Kerstin bleibt ihre einzige Hoffnung, und das hübsche Mädchen entwickelt sich prächtig. In der Schule ist sie aufmerksam und macht den Lehrern Freude. Sie erinnert sich an eine Anekdote aus der Oberschule:

»Eine Klassenkameradin von mir hatte einen Pullover aus dem Westen geschenkt bekommen. Sie schwärmte von der guten Wolle, nein, sie gab geradezu an. Unter dem Beifall meiner Russischlehrerin höhnte ich: Im Westen gibt es auch keine besseren Schafe! Auf diesen Satz war ich lange stolz.«

Als die Mauer 1961 gebaut wird, sitzt sie als Kranführerin in luftiger Höhe. Kerstin, das fröhliche Teenagermädchen, steht mit siebzehn Jahren ihren Mann und baut Wohnungen für das Volk. Ein Jahr später lernt sie den Beruf des Steinmetzen. Eine körperlich anstrengende und harte Arbeit in einer Männerbastion. Neue Herausforderungen reizen die Achtzehnjährige, die fast zwei Jahre lang als Mosaiksetzerin Schwerstarbeit leistet, bis sie schließlich Hammer und Meißel fallen lässt und als Stenosachbearbeiterin ins Büro wechselt.

Kerstin hat einen Traum, sie möchte zum Theater. Sie dürstet nach Wissen, Kunst und Kreativität, sie will die Welt kennen- und verstehen lernen. Unbekümmert, wie sie ist, schnuppert sie ein halbes Jahr lang als Studentin Bühnenluft in Leipzig. Doch das Theater mit seinen großen Gesten ist nicht ihre Welt.

Ab 1967 studiert sie vier Jahre Ökonomie in Ost-Berlin. Als angehende Betriebsleiterin hat sie in der DDR gute Aufstiegschancen. Sie wird Assistentin eines Betriebsdirektors, steigt zur Chefin einer Kaufhalle auf und wird bald Abteilungsleiterin im Zentralen Warenkontor der DDR-Hauptstadt. Sie ist zuständig für »Waren des täglichen Bedarfs«, eine wichtige Arbeit. Das Warenkontor ist eine Einrichtung, wie sie nur die gelenkte Wirtschaft des realen Sozialismus hervorzubringen imstande ist: Dort werden die Waren der Planwirtschaft verteilt. Von Vorgesetzten und Kollegen erhält sie beste Referenzen, sie sei eine »geistig bewegliche, intelligente und lebhafte Person, mit Vorbildfunktion«, wenn auch »eine bestimmte Wechselhaftigkeit unverkennbar« sei. Zu ihrer politischen Einstellung heißt es, »die Starke ist von einer marxistisch-leninistischen Grundposition aus schöpferisch konzeptionell tätig«.

Kerstin begreift im Alltag schnell den Unterschied zwischen erlernter Theorie und gelebter Praxis. Sie weiß, was im Alltag der DDR möglich ist und was nicht. Unermüdlich geht es um die Frage, ob ausreichend Gurken oder Bananen, Schrauben oder Schubkarren vorhanden sind. Kerstin managt mit ihren Kollegen die Versorgung einer Millionenstadt.

In der anderen Hälfte der Stadt sind die Schaufenster stets voller, bunter und attraktiver. Das weiß sie, und das ärgert sie. »Die Menschen im Osten sind doch nicht dümmer.« Woran liegt das?, fragt sich Kerstin. Sie beobachtet, sie schreibt ihre Beobachtungen auf. Ein ungleicher Wettlauf, Kerstin fühlt sich wie beim Rennen von Hase und Igel. »Was im Sozialismus die Beziehungen sind, ist im Kapitalismus das Geld«, sagt Kerstin heute. Sie formuliert das Lebensgefühl ihrer Aufbaugeneration in der DDR.

Mit ihrem Partner Klaus (Name geändert), einem gelernten Steinmetz wie sie, der sich zum Diplomjuristen hochgearbeitet hat, lebt sie ohne Trauschein, auch noch, als der gemeinsame Sohn 1965 das Licht der Welt erblickt. Die kleine Familie ist ihre Nische. Zwei Jahre später, im Sommer 1967 der weltweiten Beatles-Begeisterung, die auch ihre ist, heiraten sie. Beide arbeiten in sicheren Jobs, verdienen gut und gehören zur neuen Aufsteigerklasse der sozialistischen DDR, sie verkörpern das, was sich die regierende SED von ihren Führungskräften wünscht.

Doch die Welt der Partei und der geschönten Wirklichkeiten ist nicht Kerstins ganze Welt. Die junge Mutter setzt sich abends an die Schreibmaschine ›Erika‹, das Klappern ist bis tief in die Nacht zu hören. In diesen Stunden verwandelt sich die Managerin des Mangels in eine leidenschaftliche Autorin, die Geschichten aufschreibt, vom Leben, von der Liebe und vom kleinen und großen Glück. Sie gibt ihren Erzählungen Titel wie »Ein Thälmann-Pionier erlebt den 17. Juni« oder »Zu spät zur Beförderung!«. Es geht um eine Gesellschaft, die den Menschen verspricht, sie in eine bessere Zukunft zu führen.

Kerstin versteckt ihre Manuskripte in der Schublade. »Dort sollten sie nicht bis zum jüngsten Tag bleiben«, sagt sie. »Aber wem sollte ich diese Texte bei uns zeigen, wer würde sie veröffentlichen?« Sie schaut mich fragend an. »Bei uns« bedeutet für sie noch heute in der DDR.

Der Anruf

An einem Werktag im Januar 1978 klingelt das Telefon in der Redaktion des ZDF-Korrespondenten in Ost-Berlin. Die Stimmung ist in diesen Tagen ziemlich aufgeheizt, das Büro des »Spiegels« wurde gerade wegen Verbreitung von Falschmeldungen und Hetze gegen die DDR, wie es heißt, geschlossen. Das Hamburger Magazin hatte ein längeres Manifest über Misswirtschaft und Privilegien der Parteifunktionäre veröffentlicht; als Verfasser ist ein »Bund der Kommunisten« angegeben, hinter der sich irgendeine Oppositionsgruppe verbergen soll.

Die Sekretärin meldet sich, die Anruferin verlangt, ohne

ihren Namen zu nennen, den Leiter des Büros. Die anonyme Anruferin erklärt dem Westjournalisten, dass viele Dinge noch viel schlimmer stünden, nur werde das erfolgreich vertuscht. Sie wisse, wovon sie rede, und könne belegen, dass in großen Warenhäusern spezielle Bestelllisten für leitende Funktionäre geführt werden. Als Mitarbeiterin einer großen Verkaufseinrichtung wäre sie im Besitz von Kundenauftragslisten, mit denen »bestimmte Herrschaften« bevorzugt bedient würden. Es handle sich dabei um leitende Funktionäre der Partei, für die die Warenbestellung »deutlich flotter«, ohne lästiges Warten oder Schlangestehen, erfolge. Der Schlagbohrer oder die sogenannte Biegsame Welle seien derzeit heiß begehrt, aber absolute Mangelware. Die Wartezeit betrage normalerweise mehrere Monate. Für Kunden mit »Vitamin B« beschafft der Verkäufer die Waren am Ladentisch vorbei. »Bückware« heißt das in der DDR, ein fester Begriff, den jeder kennt. Wer kein Westgeld oder keine Beziehungen hat, muss warten.

Der Fernsehmann bleibt reserviert. Er erklärt mit Verweis auf Termine, dass man Belege brauche. Wenn sie wolle, könne sie ihm etwas zukommen lassen. Die Frau am anderen Ende erklärt sich einverstanden. Bevor sie sich verabschiedet, erwähnt sie noch, dass sie selbst Alltagsbegebenheiten als Geschichten aufschreibe, das müsse doch Leser diesseits und jenseits der Grenze gleichermaßen interessieren.

Das werde man sehen, wiegelt der ungeduldige Fernsehmann ab, nicht jeder, der schreibe, habe auch das Talent dazu. Die Anruferin lacht und meint, da habe er recht, aber vielleicht wolle er sich »die Sache« wenigstens mal ansehen.

Einige Hundert Meter entfernt stoppt der diensthabende Offizier den Mitschnitt und leitet die Kassette an die Kollegen von der Auswertung weiter. Das Abhörprotokoll vermerkt den Anruf einer unbekannten Person, besondere Kennzeichen: »weiblich, Alter zwischen 25 und 35 Jahren, Sprache: hochdeutsch«.

Kerstin Starke

Die Fahndung bekommt den Codenamen »Konsum« (Name geändert). In großen Warenhäusern gibt es gleiche und gleichere Kunden, Vetternwirtschaft unter Genossen. Darüber wird zwar unter Mitarbeitern gelästert, offen auszusprechen wagt es niemand. Zu viele profitieren von diesem System, zu viele machen mit. Wer schriftliche Unterlagen aus dem innersten Maschinenraum der Kommandowirtschaft an den »Klassenfeind« weitergibt, begeht Hochverrat. Der abgehörte Anruf ist der Startschuss zu einer dramatischen Jagd im Verborgenen.

Kerstin Starke hat beim Westfernsehen angerufen. Sie leidet seit Wochen an einer Nierenbeckenentzündung und ist krankgeschrieben. Sie verfolgt die jüngsten Propagandaschlachten zwischen Ost und West. Sie schaltet zwischen den beiden Fernsehsystemen hin und her. Es geht um die Lieferung von zehntausend Westautos der Marke Golf und um den Dissidenten Rudolf Bahro, der seiner Partei, der SED, Willkür vorwirft.

Für die fünfunddreißigjährige Ost-Berlinerin ist es kaum erträglich, dass viele Leute heimlich schimpfen, aber stillhalten und mitmachen. Das findet sie nicht in Ordnung.

»Ich bin der Meinung, dass man was hätte ändern können, ich wollte diesen Staat nicht umstürzen, ich wollte diesen Staat ändern.«

Sie will aufrütteln, Alarm schlagen. Sie ahnt nur, dass sie verbotenes Terrain betreten hat, dass sie einen Preis für ihre Enthüllungen zu zahlen hat. Der Preis wird hoch sein. Er ist ihre Freiheit, ihre Familie und ihr Glauben an die Gerechtigkeit.

Nach dem Anruf fühlt sie sich erleichtert. Immerhin hat sie etwas unternommen und blökt nicht wie ein Schaf in der Herde, um weiter hinter dem Hirten herzutrotten, egal, welche Kommandos er gibt und wohin er sie treibt.

Der Umschlag

Zwei Wochen später eilt eine blonde Frau in der schützenden Dunkelheit eines Wintertages zu einem der Diplomatenwohnblöcke in der Leipziger Straße im Ost-Berliner Zentrum. Kerstin hat sich das genau überlegt, dennoch beginnt ihr Herz zu rasen. Sie schaut sich um. Niemand ist zu sehen, dann sucht sie flugs den Briefkasten des Fernsehmannes, der hier seine Dienstwohnung hat. Sie wirft einen Brief ein, der keinen Absender hat. Dieser Umschlag im Format DIN A4 wird ihr Leben verändern, radikal und ohne Rückkehr.

Aufpasser folgen der Frau wie unsichtbare Schatten. Kerstin fühlt sich unwohl, sie weiß nicht, ob sie verfolgt wird oder an Hirngespinsten leidet. Sie weiß, dass sie möglicherweise beschattet wird. Sie zieht ihre Sache trotz der Bedenken durch, weil ihr das »Ziel wichtiger war als die ganze vermaledeite Angst«, wie sie heute sagt. Ein Stasi-Mitarbeiter notiert etwas später in einem Zwischenbericht zum Vorgang »Konsum«, was sie am Abend des 31. Januar 1978 in den Briefkasten des Westreporters gesteckt hat: »Operativ bedeutsam ist der Inhalt des Schreibens, darunter sind einige Manuskripte sowie Kopien von Bestellscheinen: Diese Kundenaufträge zeigten nur einen kleinen Teil des Ausschnitts der Vorgänge im gesamten Einrichtungshaus. Ein großer Teil der Bevölkerung werde bei der Versorgung mit ›knappen Waren‹ benachteiligt. Höhere Funktionäre werden darüber hinaus mittels dieser Kundenaufträge über den Parteisekretär des Warenhauses mit ›knappen Waren‹ beliefert.«

Der Korrespondent liest die Papiere und beginnt sich für die große Unbekannte zu interessieren, die Ausdauer, Mut und Entschlossenheit entwickelt. Wer ist »dieser bunte Vogel«, wie er sich ausdrückt, der ihm zugeflogen ist? Kommt er aus eigenem Antrieb oder im Auftrag? Was steckt dahinter?

Die beiden beginnen regelmäßig zu telefonieren. Sie kommentieren die Weltlage, lachen gerne und kreieren sich Spielregeln. Kerstin schlägt vor, zum Schutz statt der richtigen Namen Codenamen zu verwenden, da die Telefonanschlüsse vermutlich abgehört würden. Sie macht den Vorschlag, den ZDF-Mann »Imker« zu nennen. Der Reporter willigt ein und warnt seinerseits, dass der Kontakt mit ihm für sie durchaus ein Spiel mit dem Feuer sein könne. Die Frau erklärt, sie habe nicht mehr viel zu verlieren, die Wahrheit sei immer konkret und unbequem, ihr drohe Berufsverbot, das sei ihr bewusst. Dieses Wort schreiben die Lauscher in ihrem Abhörbericht in Anführungszeichen, denn Berufsverbote gibt es in der DDR nicht, die gibt es nur im Westen.

Ende Februar 1978 traut sich Kerstin ein zweites Mal aus der Deckung und deponiert im Ost-Berliner Briefkasten des Fernsehsenders einige Schnellhefter mit weiteren Geschichten. Sie steckt einige Gedichte dazu. Sie weiß selbst nicht, ob sie gelungen sind oder nicht, ob sie, eine Diplomwirtschaftlerin, überhaupt schreiben kann?

Im Stillen hofft sie, dass ihre Texte veröffentlicht werden, obwohl sie Angst vor den Konsequenzen hat. Der Rest der Welt soll wissen, macht sie sich Mut, wie es in ihrem Land zugeht. Kerstin stellt sich am Telefon als »Frau des Imkers« vor, aber ausdrücklich nicht als »flotte Biene«, weil sonst der eine oder andere Mithörer auf dumme Gedanken kommen könne. Warum sie ihre Texte nicht in der DDR veröffentlichen will, fragt der Korrespondent, der Kulturminister des Landes habe gerade einen Plan zur Steigerung der jährlichen Buchneuerscheinungen auf über siebentausend Titel vorgelegt. Es gehe doch aufwärts mit der DDR. Kerstin lacht und erwidert, aber nicht mit solchen Geschichten. »Lesen Sie meine Texte«, empfiehlt sie. Die beiden ahnen, dass sie abgehört werden, doch sie halten an ihrer Verbindung fest.

Der Fernsehmann ist ein vielbeschäftigter Mann. Er berichtet über die große Politik, über Pressekonferenzen sowie kleine und große Neuigkeiten. Die Kurzgeschichten liest er quer, bei einem Gedicht mit der Überschrift »Himmelfahrt« bleibt er hängen:

»Er wollte auch die Alpen seh'n. / Doch keiner ließ ihn dahin geh'n. / Er sah's nicht ein, ging auf die Lauer, / nahm Anlauf dann, sprang über die Mauer, / die Salven krachten, man hört sie toben. / Nun sieht er die Alpen – von oben.« Das verspricht Ärger, egal, wie gelungen diese Zeilen sind, das ist Stoff, aus dem Zensoren ihren Honig saugen. Was soll er damit tun? Er deponiert Kerstins Geschichten in jener Schublade, in der Dinge lagern, die er für so bedeutsam hält, dass er sie zwar nicht gleich wegwirft, aber auch nur aufbewahrt, um irgendwann darauf zurückkommen. Der Reporter schließt die Schublade seines Schreibtisches ab.

Der Osterbesuch

An einem Ostersonntag ist das Ost-Berliner Regierungsviertel gewöhnlich so ausgestorben wie ein Einkaufszentrum nach Feierabend. Minister, Diplomaten und Journalisten sind ausgeflogen. Einzig und allein der Missionsschutz langweilt sich vor den verlassenen Gebäuden. So fällt keinem auf, dass in der Büroetage des Westsenders den ganzen Tag über emsiges Treiben herrscht. Eine Handvoll Männer durchsucht die Redaktionsräume, während sich vor dem Hauseingang auffällig unauffällig Passanten mit Herrentäschchen die Beine vertreten. In der ersten Etage des Gebäudes öffnen Experten mit Handschuhen und Spezialwerkzeug behutsam verschlossene Schränke und Schreibtische. Irgendwann finden sie in einer verschlossenen Schublade, was sie suchten. Manuskripte und »Kundenaufträge«, die eine unbekannte Person dem Korrespondenten hatte zukommen lassen. Die Unterlagen werden Seite für Seite fotografiert, dann in die Schublade zurückgelegt, um den Schreibtisch zu verschließen, als sei nichts geschehen.

Im Observationsbericht heißt es: »Im Rahmen einer konspirativen Maßnahme konnten am 26. 3. 1978 acht Kundenaufträge eines Einrichtungshauses dokumentiert werden.«

Hinweise auf den oder die Urheber finden die Schnüffler allerdings nicht. Geräuschlos zieht die schweigsame Truppe am Nachmittag wieder ab. Auch die Herren mit den Handtäschchen haben nun Feierabend.

Nach diesem Osterbesuch wird die Observation intensiviert, jeder weitere Anruf der »gesuchten weiblichen Person« von Stimmexperten interpretiert und analysiert. Zugleich erfahren die staatlichen Lauscher, dass in der Westsendezentrale offenbar niemand Interesse an den Informationen und Texten aus Ost-Berlin hat.

»Die Sache sei beim ZDF schwer zu verkaufen«, notiert ein Abhörmann am 11. Mai 1978. Er vergisst nicht, einen mitgeteilten Witz wortgetreu wiederzugeben. Die weibliche Stimme teilt dem Fernsehmann fröhlich mit, dass Siegmund Jähn, der erste Deutsche im All und DDR-Volksheld, einen Maßanzug mit Henkeln geschneidert bekomme. Warum?, fragt der Reporter. Antwort: Damit man ihn besser herumreichen könne.

Fast ein halbes Jahr ist seit Kerstins erstem Anruf vergangen, keine einzige Zeile ist bislang im Westen veröffentlicht worden. Der Geheimdienst bemüht sich um ein Profil der gesuchten Person.

Am 22. Mai 1978 heißt es:

»Die Person besitzt eine verfestigte politisch negative Einstellung zu den gesellschaftlichen Verhältnissen in der DDR, was insbesondere durch das dauernde Erzählen politischer Witze und das aktive Verfolgen von Sendungen des BRD-Fernsehens zum Ausdruck kommt.«

Noch tappt der Apparat im Dunkeln.

Herzklopfen

Ende Mai 1978 verabredet sich Kerstin Starke mit ihrem Telefonpartner zu einem ersten persönlichen Kennenlernen. Sie wollen sich abends in der Ost-Berliner Dienstwohnung des Reporters treffen. Kerstin ist aufgeregt, sie fährt mit der U-Bahn und achtet darauf, ob ihr Menschen folgen. Sie bemerkt niemanden. Der Korrespondent erwartet sie bereits auf der Straße am Hauseingang des Hochhauses in der Leipziger Straße.

»Ich hatte wirklich Herzklopfen. So ganz geheuer war mir das nicht, aber ich hatte so viel Frust angestaut über Dinge in der DDR, dass mir das in dem Moment relativ egal war.«

Sie fahren mit dem Fahrstuhl nach oben, betreten eine schmucklose Neubauwohnung. Der Fernseher läuft in voller Lautstärke, Verkehrslärm dringt von der viel befahrenen Straße in die Wohnung. »Eine typische Junggesellenwohnung«, so Kerstin, »wenige persönliche Dinge.«

Sie sprechen über ihre Kurzgeschichten. Der grau melierte Reporter sagt, er wolle sich nicht einmischen, aber mit solchen Texten riskiere sie Kopf und Kragen.

Kerstin Starke kann sich bis heute nicht entscheiden, ob sie sich damals mehr über seine väterliche, leicht herablassende Art oder über seine versteckte Warnung geärgert hat. Sie beharrt trotzig, dass ihre Helden keine reine Fiktion seien. Nichts sei beschönigt oder übertrieben, vieles habe sie persönlich erlebt. Die Hauptpersonen seien einfache Menschen und dem Leben abgeguckt. Sie habe ihre Geschichten mehr oder weniger auf der Straße aufgelesen. Dass man sich dafür bücken müsse, verstehe sich von selbst, ergänzt Kerstin.

Der Fernsehmann verspricht, Leute in Redaktionen oder Verlagen anzusprechen. Die Geschichten seien es wert, Leser zu finden und nicht in der Schublade zu versauern. Er werde sich kümmern, sobald er Zeit habe. Er bittet sie abschließend, auf der Hut zu sein.

Als die Wohnungstür hinter Kerstin wieder ins Schloss fällt und danach der Fernscher in beeindruckender Lautstärke weiterlärmt, stoppt der Diensthabende der Staatssicherheit sein Aufnahmegerät. Er hat von seinem nahen Beobachtungsposten das ganze Treffen belauscht.

Kerstin fühlt sich auf dem Nachhauseweg leicht wie eine Feder. Dieser angenehm warme Frühlingsabend gehört ihr, die Welt liegt ihr zu Füßen. Sie hat ihrem Herzen Luft gemacht. Eigentlich ist es gar nicht mehr wesentlich, ob ihre Familienepisoden veröffentlicht werden oder nicht. Viel wichtiger ist, dass sie etwas unternommen und ihr jemand zugehört hat.

Wie ein Navigationsgerät weist sie ihren Beschattern den Weg zu ihrem Zuhause. Als sie die Wohnungstür am Prenzlauer Berg verschließt, fühlt sie sich mit der ganzen Welt versöhnt, ist aufgedreht und erschöpft zugleich. Einschlafen kann sie nicht. Sie grübelt über die Frage, ob sie nicht doch zu weit gegangen ist?

In der Schrankwand

Die Schlinge zieht sich enger. Kerstin Starke ist nun enttarnt, hat ein Gesicht, einen Namen und eine Adresse. Der Sicherheitsapparat kommt auf Touren. Nur Tage nachdem sie als leitende Angestellte Kerstin Starke identifiziert wurde, bekommt ihr Berliner Betrieb, das Warenkontor an der Oranienburger Straße, unangekündigten Besuch. Ein Kommando nimmt sich des Nachts ihren Arbeitsplatz vor. In Kerstins Terminkalender finden die Fahnder einen nur dürftig getarnten Eintrag, eine verdächtige Telefonnummer mit einem einzigen Großbuchstaben. Es ist der Anfangsbuchstabe des Namens des Westreporters und die Nummer seines Büros, die sie an jenem Tag gewählt hatte.

Der Fall scheint nahezu aufgeklärt, doch die Sicherheitskräfte wollen die Falle noch nicht zuschnappen lassen. Sie suchen Mitwisser und Unterstützer. Sie fragen sich, wie diese Angestellte an die geheimen Kundenlisten für hochrangige Funktionäre kommt? Welche Rolle spielt ihr Ehemann? Handelt sie aus persönlichen Motiven, oder steckt eine Organisation dahinter?

Kerstin wird zeitweise rund um die Uhr observiert. Sie wird auf dem Weg zur Arbeit fotografiert. Jedes Telefonat, ob zu Hause oder am Arbeitsplatz, wird mitgeschnitten. So dringen die Kontrolleure immer tiefer in das Leben einer fünfunddreißigjährigen Frau ein, die wie so viele ihrer Generation bemüht ist, Kind und Beruf in Einklang zu bringen. Kerstin Starke wird in den nächsten Monaten komplett durchleuchtet, ohne etwas davon zu wissen.

Die Schattenmänner erfahren durch Kerstin die neuesten Witze, die unter Kollegen kursieren oder von Mund zu Mund weitergegeben werden. Kerstin ist humoristisch stets auf der Höhe. Lachen sei gesund, sagt sie, und besser als jeder Doktor. Diese Medizin verabreicht sie freigiebig. Am 17. November 1978, um 13 Uhr 33 beispielsweise, zitiert eine »Vertrauliche Dienstsache« Kerstins jüngsten Witz im Wortlaut: »Ein Ehemann will sich von seiner Ehefrau scheiden lassen, weil sie nicht kochen kann. Ein Freund rät, die Frau zu einem Kochkurs zu schicken. Der Ehemann ist einverstanden. Nach Monaten fragt er seine Frau, was sie eigentlich bei dem Kurs lernt, denn sie kann immer noch nicht kochen. Die Frau erzählt, dass sie gerade bei der Oktoberrevolution sind.«

Die Schnüffler notieren Kantinentratsch und Urlaubspläne, Ehezwist und Erziehungsstress. Einmal heißt es in der Akte, die Frau sei »schön, klug, aber gefährlich«.

Sie wissen auf den Tag genau, wann Kerstin ihren Sommerurlaub an der Ostsee verbringt. Seit einiger Zeit registrieren die Lauscher zudem, wie sich das Verhältnis der beiden Eheleute merklich abkühlt. Es gibt Spannungen, Streit und gegenseitige Vorwürfe. Immer rätselhafter werden manche Dialoge, sie sind voller Andeutungen und merkwürdiger Verabredungen. Eines Tages erklärt Kerstin, sie wolle nicht mehr, sie habe die Nase voll, ihr Ehemann solle sie endlich in Ruhe lassen. Einem anderen Abhörbericht zufolge kündigt Kerstin ihrem Mann an, sie wolle mit seinen »krummen Geschäften« nichts zu tun haben. Die beiden Eheleute streiten sich nunmehr ständig. Es geht offenbar um Geld und merkwürdige Geschäfte. Kerstin ist in einem Telefonat äußerst erregt. Sie sagt zu ihrem Mann: »Nein, ganz im Ernst. Ich habe das langsam alles satt.«

Als die Starkes den Ostseeurlaub antreten, schlägt eine Spezialeinheit der Staatssicherheit zu. Die Ost-Berliner Wohnung wird auf den Kopf gestellt. Dann bricht Kerstins Familie ihren Urlaub an der Küste einen Tag früher ab als geplant. Es regne die ganze Zeit, die Stimmung sei sowieso trübe, man kehre deshalb nach Hause zurück, teilen sie der Wohnungsnachbarin in Berlin telefonisch mit. Doch das Gespräch wird abgehört.

In der Schrankwand des Wohnzimmers finden die Stasi-Leute, was sie suchen, eine Reiseschreibmaschine vom Typ Erika sowie »zwei weitere Schnellhefter mit Inschriften negativen Inhalts«. Das Tatwerkzeug ist entdeckt. Die Beamten konfiszieren die Kundenbestellscheine aus dem Warenhaus und ominöse Rechnungen über Bohrmaschinen.

»Wir haben unseren Vogel«, entscheidet der Einsatzleiter, nachdem alle Beweise ausgewertet wurden, »aber wir lassen ihn bewusst noch ein wenig umherfliegen.« Die Männer von der Staatssicherheit wollen beobachten, wo der bunte Vogel Kerstin noch überall landet, bevor man ihn einfängt.

Die Gutachten

Das Ministerium für Staatssicherheit untersucht die beschlagnahmten Manuskripte eingehend. Mehrere »Sachverständige« beschäftigen sich im Laufe der nächsten Monate mit den Texten von Kerstin Starke. Die Gutachter wissen nicht, wer sie geschrieben hat: Mann oder Frau, Einzelgänger oder verschiedene Autoren?

In einer ersten Einschätzung konstatiert im August 1978 ein Hauptmann Binder (Name geändert), die Erzählungen »tragen starke autobiografische Züge«. Und weiter: »Sie sind in einem insgesamt flüssigen Stil geschrieben und lassen Talent des Autors erkennen.« Am Ende schreibt er: »Ein künstlerischer Wert ist nicht zu erkennen.«

Der Hauptmann verfasst zu jeder der neunzehn Erzählungen eine kleine Expertise. In der Geschichte »Golfrausch« gehe es um heiß begehrte neue Westautos. Bei der Vergabe werde klar, dass in der DDR mit unterschiedlichem Maß gemessen werde.

Kerstin Starke lässt, wie im Gutachten zitiert, eine ihrer Hauptfiguren sagen: »Es ist eine Affenschande, was die mit uns machen können! Sie können sich alles mit uns erlauben. Nur weil bei uns alles knapp ist, müssen wir uns die Ohren abrennen.«

Auf Seite sieben des Textes, so der Offizier, übten Kerstins Protagonisten heftige Kritik an den gesellschaftlichen Verhältnissen. Er zitiert weiter: »Sie haben recht, und das liegt nur am System. Weil wir eingesperrt sind, können die mit uns machen, was sie wollen. Jawohl, die predigen öffentlich Wasser und trinken heimlich Wein. Da hat sich seit Heine nichts geändert. Nur die Herren sind andere geworden.«

In der Erzählung »Eine neue Arbeit und doch keine Arbeit« werde der Arbeitsalltag in einem sozialistischen Betrieb verzerrt dargestellt. Kerstin Starke hatte geschrieben: »Eine

Kollegin, die früher einmal in die Kaderabteilung hineinge-rochen hatte und, ganz genau gesagt, eigentlich nichts ge-lernt hatte, aber Mitglied der Partei der Arbeiterklasse war. Das honorierte man über den Gehaltsweg. Sie bekam rund zweihundertfünfzig Mark mehr als Karin.« Der Hauptmann schlussfolgert, dass »der Autor beim Schreiben starken emo-tionalen Einflüssen unterlag«.

Im zweiten Gutachten vom 30. August 1978, das nach der »Sicherstellung« weiterer Texte in der Wohnung von Kerstin erstellt wird, kommt ein Unterleutnant Mosler (Name geän-dert) zu folgendem Fazit: Die Texte seien einseitig und »pri-mitiv«, nicht aber staatsgefährdend. »Der durchgängig ten-denziöse Inhalt dieser Schriften weist auf eine ablehnende Einstellung des Verfassers zur sozialistischen Entwicklung hin, lässt jedoch weder im Einzelnen noch in der Gesamtheit eine auf eine zielgerichtete feindliche Diffamierung bestimm-ter Teilbereiche der Staats- und Gesellschaftsordnung oder Repräsentanten des DDR gerichtete Systematik erkennen.«

Erst im dritten Gutachten vom Juni 1979 weht ein schär-ferer Wind. Ein Oberstleutnant Nieswandt (Name geändert) beurteilt die »insgesamt 19 Erzählungen und Skizzen sowie ein Gedicht mit einem Umfang von 192 Seiten, Durchschläge nicht eingerechnet«, als unmissverständlich gegen die DDR gerichtet. Der Straftatbestand der »staatsfeindlichen Hetze« sei erfüllt.

»Die offensichtlich sprachlich-stilistischen und auch or-thographischen Mängel weisen auf Schreibübungen litera-risch ungeübter Laien hin, denen es in erster Linie nicht um einen literarischen Anspruch ihrer Arbeit geht. Die Verwen-dung bestimmter literarischer Elemente (Träume und Ähn-liches) dienen nur der Unterstützung der tendenziösen, im Wesentlichen verleumderischen Aussagen.«

Die Texte seien durch »Parolen westlicher Massenmedien« beeinflusst, die Konstruktion im vorliegenden Fall leicht zu durchschauen. Der Bezirksrat für Wohnungswesen heiße

»Schieber«, der Parteisekretär »Schreier« und der Betriebs-
direktor selbstredend »Kaiser«. Das sei äußerst einfallslos. Der
Familienname »Kraft« hingegen ließe verschiedene Interpre-
tationen zu, die Beweggründe müsse man bei Vernehmungen
unbedingt erfragen, das sei eine sportliche Herausforderung
für die Kollegen in der Untersuchungshaft. Vielleicht erkläre
die Entschlüsselung des Namen »Kraft« noch manche andere
offene Frage:

»Dabei muss eingeschätzt werden, dass die Angriffe der
Autoren gegen die DDR plump, durchschaubar, ohne Raffi-
nesse geführt werden und von ihrem Hass, gleichzeitig aber
auch von ihrem niedrigen geistigen Niveau zeugen«, befindet
der Oberstleutnant zum Schluss seines Gutachtens. Strafverschärfend müsse das Zusammenwirken mit dem Gegner berücksichtigt werden. Die Manuskripte werden damit
als »feindlich-negatives Schriftenmaterial« in die Kategorie
eins der internen Stasi-Klassifizierung eingeordnet. Hier-
bei handelt es sich um Produkte von besonders gefährlichen
Personen, da diese offenkundig bereit seien, »planmäßig mit
äußeren feindlichen Kräften zusammenzuarbeiten«. Bei solchen Personen sei keine Toleranz zu empfehlen, bilanziert
der Stasi-Sachverständige, die Medien des Westens könnten
solche Autoren zu Märtyrern aufbauen. Daher sei es ratsam,
die Texte wegen »Hetze« einzuziehen und bei den Ermittlungen zu berücksichtigen.

Die Absage

Ende September 1978 besucht Kerstin ein zweites Mal den
Fernsehmann in seiner Dienstwohnung. Sie will wissen, was
mit ihren Texten sei. Sie muss an seinen Lippen gehangen
haben, wie sie sich erinnert, jedoch weniger aus Ehrfurcht.
Das Fernsehgerät beschallt den Raum wieder in voller Lautstärke. Eine Vorsichtsmaßnahme, denn »die Brüder hören ja

mit«, flüstert der Hausherr, das habe er vor kurzem aus sicherer Quelle bestätigt bekommen. Es tue ihm leid, erklärt der Journalist, er habe nichts erreichen können, keiner sei bisher bereit, ihr Manuskript als Buch zu veröffentlichen, er habe viel versucht.

Kerstin ist enttäuscht. Der Mann aus dem Westen vertröstet sie schon seit Monaten. Sie fordert ihre Texte zurück.

Der Nachrichtensprecher verkündet mit stolzer Stimme, dass die Kosmonauten Siegmund Jähn und Waleri Bykowski zu Ehrenbürgern von Berlin, der Hauptstadt der DDR, ernannt werden. Der Korrespondent steht auf, nickt ihr väterlich zu und sagt, auf die Kosmonauten müsse man anstoßen, auch wenn die im Westen Astronauten hießen. Aus der Küche kehrt er mit einer Flasche Sekt zurück. Siegmund Jähn bedankt sich im Fernsehen für den Orden und versichert, das Beste für den Sozialismus zu geben.

Der Westjournalist will das Glas auf Kerstins Zukunft erheben. Doch der Mann muss alleine trinken, Kerstin lehnt den Alkohol ab, das sei nicht ihre Sache. »Freundschaft«, ruft die Frau aus dem Osten mit einem Glas Wasser in der Hand, während der Reporter einen sowjetischen Trinkspruch zitiert: »Lasst uns trinken auf den Erfolg unserer hoffnungslosen Sache!« Dieses Motto stammt von Bulat Okudshawa, dem russischen Bob Dylan. Der Reporter hat den Trinkspruch von sowjetischen Kollegen übernommen, den Dylan des Ostens kannte er nicht.

Kerstin findet den Spruch angemessen. Die Sorgen der kleinen Leute interessieren die »drüben« nur, wenn es ihnen gerade ins Konzept passt, überlegt sie. In der Welt des Drei-Sterne-Journalismus, der Empfänge und Premierenpartys ist offenbar kein Platz für Geschichten wie die einer »Familie Kraft«. Deren Erlebnisse stehen eben für eine hoffnungslose Sache, der kein Erfolg vergönnt sein wird.

Der Korrespondent spürt ihre Enttäuschung. Auch er stoße an Grenzen, flüstert er ihr ins Ohr. Dennoch glaube er, dass ihre Texte einmal in Ost-Berlin zu lesen sein werden, der Tag werde kommen, sie solle den Kopf nicht hängen lassen, vielleicht könne ein Vorabdruck erscheinen, am besten unter einem Pseudonym. Die Wahrheit habe eine lange Halbwertszeit, schließt er.

Die Bilanz ist für Kerstin Starke nach neun Monaten Hoffnung und Warten niederschmetternd. Weder das Westfernsehen noch »Stern« oder »Spiegel« interessieren sich für ihre Geschichten.

Kerstin drückt ihrem Gastgeber die Hand und bemüht zum Abschied ein armenisches Sprichwort: Derjenige, der die Wahrheit ausspricht, solle immer über ein gesatteltes Kamel verfügen. Sie grinst noch einmal den grau melierten Mann aus dem Westen an, in den sie so große Hoffnungen gesetzt hatte. Dann verlässt sie die Wohnung. Es ist das letzte Mal, dass sie sich sehen.

Im Frühjahr 1979 verlässt der Fernsehkorrespondent die DDR. Keine Zeile, keine Informationen von Kerstin wurden jemals veröffentlicht. Die beiden werden sich in ihrem Leben nie wieder begegnen. Auch wir können den Journalisten nichts mehr fragen. 2004 ist er verstorben.

Die Verhaftung

Zu Hause bemerkt Kerstin, dass zwei ihrer Texte fehlen. Zufall oder Absicht? Sie stellt ihre Wohnung auf den Kopf, findet aber nichts. Am Telefon fragt sie den Fernsehmann nach ihnen, dieser verspricht nachzuschauen. Der Vorgang der Manuskriptsuche lässt sich minutiös nachvollziehen, da die meisten Gespräche in der Observationsakte »Konsum« dokumentiert sind.

In dieser Zeit war Kerstin bereits auf ein weiteres Problem gestoßen. Ihr Ehemann, der im Warenhaus am Alexanderplatz Herr über knappe Güter ist, betreibt offenbar einen schwungvollen Handel mit Mangelwaren. Er führt schwarze Listen, er »privatisiert Volkseigentum«; das ist eine Art Volkssport in damaligen Zeiten. Der Ehemann wirtschaftet heimlich in die eigene Kasse. Sie macht sich als Mitwisserin mitschuldig, weil sie nichts dagegen unternimmt. Kerstin Starke wird heute noch abwechselnd heiß und kalt, wenn sie daran denkt. Es ist ihr sichtlich peinlich und unangenehm, aber es gehöre zur ganzen Geschichte.

»Ich hing ja irgendwie mit drin. Dreißig bis fünfunddreißig Bohrmaschinen waren illegal über den Tisch gegangen. Mein eigener Mann hat dabei gut verdient. Ich war zeitweise so eine Art Kurier. Es gibt Abhörprotokolle, die bestätigen, dass ich aussteigen wollte.«

Kerstin steckt in einem Dilemma. Sie klagt in ihren Geschichten Missstände an, die mit ihrem Wissen geschehen. Sie ist Bock und Gärtner in einem. Sie sucht nach einem Ausweg.

Wer hat wen angestiftet? Was waren die Gründe? In dieser Frage stoßen meine Recherchen an Grenzen. Ich kann außer Kerstin keinen der Beteiligten fragen. Der Ehemann ist verschwunden, der Fernsehreporter verstorben, die Stasi-Leute sind nicht auffindbar.

Die Akten sagen, dass Kerstin vom Schwarzhandel ihres Mannes wusste, aber nicht aktiv involviert war.

Das Ehepaar macht sich gegenseitig schwere Vorwürfe. Zum ersten Mal in ihrem Leben weiß Kerstin nicht weiter. Sie weint in den Nächten, bis ihr die Tränen ausgehen, erzählt sie.

Am 11. Mai 1979 um sechs Uhr morgens klingelt es an der Wohnungstür von Familie Starke. Man solle sich beeilen, erklärt der Leiter eines Zugriffskommandos der Staatssicherheit, nur die nötigsten Sachen dürfe man mitnehmen.

Kerstin erinnert sich: »Da waren mindestens drei Herren und drei Damen, die in die Wohnung gekommen sind. Wir mussten uns unter Beobachtung anziehen, selbst ins Bad folgten sie. Ich muss sagen, ich habe neben mir gestanden, weil ich im ersten Moment gar nicht begriffen habe, was los ist.«

Kerstin und ihr Mann werden verhaftet und getrennt abgeführt. Zur »Klärung eines Sachverhaltes«, mehr erfährt der dreizehnjährige Sohn nicht. Die Eltern sind weg, er weiß nicht, aus welchem Grund. Der Staat weist den Jungen bei der Großmutter ein.

Untersuchungshaft

Kerstin Starke wird ins Polizeipräsidium gebracht. Nach ihrer Einweisung muss sie sich als Erstes nackt ausziehen. Man gibt ihr Unterwäsche, dazu einen schwarzen Trainingsanzug mit grünen Streifen. »Sie haben mir gleich am Anfang gezeigt, wo es langgeht. Sie wollten mir meine Würde nehmen«, erzählt Kerstin. »Ich wurde ›eingestreift‹, wie es im Knast hieß. Ich sah aus wie ein Schwerverbrecher, und so behandelten sie mich auch.«

Sie wird wenige Tage später in ein Gefängnis überstellt. Sie kommt in Einzelhaft. Zweimal täglich wird sie von einem »Läufer«, so heißen die Wärter, zum Verhörzimmer gebracht. Auf den langen Fluren ist es gespenstisch ruhig. Sie kann sich nicht erinnern, während der Monate in Untersuchungshaft jemals einem Menschen begegnet zu sein.

Das Verhörzimmer ist vergleichsweise geräumig, weiß gestrichen und ohne besondere Kennzeichen, beschreibt Kerstin den Raum. An beiden Enden stehen Tische. Der Schreibtisch des Vernehmers ist groß und breit, ihr Tisch steht am anderen Ende, diagonal in der gegenüberliegenden Ecke. Ihr Tisch ist klein, »ungefähr achtzig auf achtzig Zentimeter, ein Katzentisch«. Wenn ein Beamter den Raum betritt, muss sie sofort aufstehen und sich mit dem Gesicht zur Wand drehen. So will es die Ordnung.

»Anfangs herrschte gespannte Ruhe, wie bei einer Prüfung«, sagt Kerstin. Ihr Gegenüber am anderen Ende ist ein intelligenter Mann in den Endzwanzigern mit einem für sein Alter »bemerkenswert breiten Schädel«. Kerstin kichert und sagt, »er sah deutlich älter aus, als er war. Er hatte schon mit Ende zwanzig eine Glatze wie ein fünfzigjähriger Professor.«

Auf dem Schreibtisch des Offiziers befinden sich Telefon, Diktiergerät, Notizblock und eine Schreibmaschine. Eine Tischlampe konzentriert ihre Strahlen auf den Mittelpunkt des Tisches. Die nackten Wände werfen Worte und Sätze wie Tennisbälle hin und her. Es hallt vor lauernden Fragen, Angeboten und Erklärungsversuchen, Anklagen und Rechtfertigungen.

Kerstin Starke fragt, wo sie gelandet sei. Der Staatsvertreter antwortet, sie sei an einem sicheren Ort. Erst später erfährt sie, dass der Raum 549 Teil der zentralen Untersuchungshaftanstalt der Staatssicherheit Berlin-Hohenschönhausen ist.

Jeden Tag, außer sonntags, sitzen sich die beiden gegenüber. Der Vernehmer ist freundlich, zugewandt und an ihren Geschichten interessiert. Der Offizier sucht nach Motiven und größeren Zusammenhängen. Die »Zusammenarbeit mit dem Feind«, dem Westreporter, ist von besonderem Interesse. Am Ende eines jeden Tages steht ein schriftliches Protokoll.

Am 25. Mai 1979 etwa teilt Kerstin Starke über ihre Kontakte zum Fernsehjournalisten mit: »Ich möchte in diesem Zusammenhang unbedingt erwähnen, dass mir bereits beim ersten Zusammentreffen mit Herrn V. Bedenken über die Richtigkeit meiner Handlungen kamen. Damit meine ich, dass ich zwar nicht die Vorstellung besaß, strafbar geworden zu sein, aber irgendwie war mir die Sache nicht mehr geheuer. Ich dachte immer an meinen zwölfjährigen Sohn, den ich durch meine Handlungen in irgendeinen Konflikt hätte bringen können.«

Jede Seite wird am Ende eines Tages verlesen. Der Mann fragt höflich, ob sie alles verstanden habe, wenn ja, solle sie die Seite abzeichnen. Sie muss jede Seite einzeln unterschreiben. Sie macht es am Ende eines langen Tages meistens, »weil sie nur noch ihre Ruhe haben will«.

Im selben Protokoll heißt es auf Seite zehn:

»Nach reichlichem Überlegen gelangte ich im vorigen Jahr zu der Überzeugung, dass es von Wert ist, diese Geschichten zu veröffentlichen. Da ich von vorneherein der Auffassung bin, dass die DDR es nicht gestatten würde, wenn meine Geschichten in Zeitungen der DDR bzw. im Fernsehen der DDR Verbreitung finden, kam ich auf die Idee, eine Verbreitung durch das Westfernsehen vornehmen zu lassen.«

Kerstin nickt stumm und zeichnet erschöpft auch diese Seite ab. Sie ist am Ende ihrer Kräfte. Manchmal sitzt sie mehr als zehn Stunden diesem Menschen von der Staatsmacht gegenüber.

Und weiter: »Es war und wird nie in meinem Interesse liegen, nicht mehr Bürger der DDR zu sein. Wenn es sich auch unglaubwürdig anhört, aber ich bin trotz vieler Abstriche davon überzeugt, dass der Sozialismus die richtige Gesellschaftsordnung darstellt. Ich bitte darum, mir diese Aussage zu glauben, denn sie ist aus meiner Überzeugung dargestellt. Ich wollte nicht mit der Veröffentlichung meiner Geschichten in irgendeiner Form Bürger der DDR gegen den Staat der DDR aufhetzen. Dazu sind auch meine Geschichten absolut nicht geeignet. Ich habe meine Aussagen vor dem Untersuchungsorgan gemacht, obwohl ich mir vorstellen kann, dass sich diese Aussagen gegen mich richten. Ich wollte einfach mir dieses Problem von der ›Leber‹ reden.«

Kerstin legt das Blatt zur Seite und erklärt, im Prinzip sei alles richtig wiedergegeben, nur fehle da noch ein wichtiger Satz, der müsse mit hinein in dieses Protokoll. Der Mann mit dem breiten Scheitel schüttelt den Kopf. Es sei nichts übersehen worden, jedenfalls nichts von Bedeutung. Kerstin widerspricht, der Satz, sie sei kein Staatsfeind, habe er einfach vergessen. Der Mann droht zu explodieren, doch dann nickt er beiläufig, spannt eine neue Seite ein und setzt sein Tippen fort:

»Trotz dieser persönlichen Kontaktaufnahme zu einem Mitarbeiter des Fernsehens der BRD und der Übergabe von Material an diesen halte ich mich nicht für einen Staatsfeind der DDR.«

Dieser Satz sei ihr persönlich wichtig, betont Kerstin; wer den Alltag beschreibe, sei noch lange kein Staatsfeind. Der Vernehmer tippt unbeeindruckt weiter: »Ende der Vernehmung 20 Uhr 30.«

Kerstin zeichnet auch die letzte Seite ab. Dann bringt ein »Läufer« sie zurück in die Einsamkeit der Einzelzelle. Einen Anwalt darf sie nicht sprechen.

Der einzige Kontakt

Der Mann hinter dem Schreibtisch faltet seine Hände wie zum Gebet. Das tut er gerne. Sein Gesicht umspielen feine Züge. Er hat graublaue Augen, einen schönen Mund, zartgliedrige Hände wie ein Klavierspieler, und wenn er will, kann er trotz seiner kleinen Zahnlücke zwischen den Schneidezähnen charmant wirken, findet Kerstin. Er trägt Anzüge von der Stange, auffällige Krawatten und modische Gürtel.

Seit Wochen sitzt sie ihm gegenüber, er in seiner, sie in ihrer Ecke. Er ist der einzige Mensch, mit dem sie redet. Sonst ist sie allein.

Der Mann will wissen, wie die Wohnung des Korrespondenten aussah, welche Farbe die Gardinen hatten, an was sie sich erinnern kann? Er lässt nicht locker, er wird nicht müde, jedes Detail wieder und wieder abzufragen.

Kerstin studiert den Mann mit den gefalteten Händen, seine Mimik, seine Gestik. Er ist geduldig, er lässt ihr Zeit. Er ist kein Unmensch. Bei besonders heiklen Fragen setzt er ein verständnisvolles Lächeln auf, erinnert sie sich, als ob sie gemeinsam in einem Boot säßen.

Merkwürdig. Was ist nur mit ihr los? Dieser Mann will sie überführen und als gefährliche Staatsfeindin hinter Gitter bringen. Er ist ihr Gegner, sie muss hellwach sein, darf keine Widersprüche zulassen und sich nicht verwirren lassen. Und doch findet sie diesen Kerl mit seinen schicken Krawatten sensibel und klug. Er ist ein wenig eitel, spürt sie, aber das trifft für viele Männer zu, die einen Zipfel der Macht erhascht haben. Sie muss in sich hineinlachen, wie sie ihn so sitzen sieht. Er könnte auch hervorragend Beichten abnehmen.

»Er erinnerte mich an einen Pfarrer. Er wurde mein persönlicher ›Monsieur le Curé‹. Es ist kaum zu glauben, aber der Stasi-Mann hatte ein großes menschliches Einfühlungsvermögen, man kann es auch Seele nennen, das imponierte mir.«

Kerstin bemüht sich, keine ihrer eigenartigen Gefühlsregungen nach außen dringen zu lassen. Er soll bloß nichts merken.

Im Raum 549 verschwimmen zunehmend die Fronten. Der Mann hinter dem großen Schreibtisch erzählt Geschichten aus seiner Jugend. Er bekennt, dass seine Eltern mit seiner Berufswahl alles andere als einverstanden waren. Niemals, er wiederholt, niemals solle er »einer von denen« werden, einer von der Stasi, hätte sein Vater gedroht. Als er die Eltern eines Tages über seine Entscheidung informierte, bei der Firma anzuheuern, sei der Vater vom Küchentisch aufgestanden, wortlos auf ihn zugegangen und habe ihm ansatzlos eine geknallt. Diese Ohrfeige habe er sein Leben lang nicht vergessen.

Er schweigt. Kerstin schweigt auch. Soll sie ihn jetzt bedauern?

Manchmal schweigen sie sich minutenlang an. In solchen Momenten versucht Kerstin, in seinem Gesicht zu lesen, was ihn umtreibt. Sie spürt Mitleid, aber geht sie ihm da nicht auf den Leim? Sicher spielt er ein doppeltes Spiel, ein besonders perfides obendrein. Kerstin ist hin- und hergerissen. Sie reden über Gott und die Welt, über alte Nazis und neue Ungerechtigkeiten, sie sind politisch auf der »gleichen Wellenlänge«, wie Kerstin Starke noch heute bekennt.

»Er war mir durchaus sympathisch. Das ist vielleicht für jemand, der das nicht erlebt hat, verrückt, aber ich habe ihm abgenommen, dass er etwas Gutes für die Welt tun will. Ich habe ihm das einfach geglaubt.«

Der Mann hört zu und fragt geschickt nach. Er legt Kerstin die Rolle einer Verführten nahe. Westliche Journalisten hätten besonders raffinierte Methoden entwickelt, um Menschen zu manipulieren. Das vielbeschworene Recht auf Meinungsfreiheit sei nur das Recht von einigen wenigen Reichen, die sich das leisten könnten. Es gebe kein Menschenrecht auf freie Äußerung von Vorurteilen. Dann fragt er wieder nach der Ost-Berliner Dienstwohnung des Korrespondenten.

Im Vernehmungsprotokoll steht jede Kleinigkeit, die Kerstin aussagt: »In diesem Zimmer befand sich keine Schrankwand. Auf der Lehne der Sitzmöbel stand ein Bild, welches einen Frauenkopf darstellte. Ich erinnere mich daran mit Bestimmtheit, da er mir in der Unterhaltung auf eine diesbezügliche Frage von mir sagte, dass es sich bei diesem Bild um eine Darstellung einer Frau handelt, die von einem Kollegen gemalt worden ist. Auf keinen Fall handelte es sich dabei um das Bild seiner geschiedenen Frau. Mir fiel auf, das Wohnzimmer besaß nur Übergardinen und keinen Store.«

Tag für Tag fragt der Offizier nach dem Westreporter. Stärken, Schwächen, Hobbys, Auffälligkeiten. Kerstin kennt seine Fragen längst auswendig, wie in einem Theaterstück antwortet sie mit immer denselben Antworten. Er sagt, westliche Medien würden verleumden und Misstrauen säen, sie streuten Gerüchte und schüchterten ein, wo es nur geht. Sie verteidigt den Journalisten, sie empfinde ihn trotz aller Vorwürfe nicht als extremen Scharfmacher, sie halte ihn, dabei bleibe sie, für objektiv.

Dann fragt ihr Gegenüber nach der Rolle ihres Mannes: Hat er sie angestachelt, zum Westsender zu gehen? Wie kommt er an die »Kundenlisten«? War sie selbst in Schiebereien verstrickt? Was wusste sie davon?

Kerstin schützt in den Vernehmungen ihren Mann, so gut sie es kann. Sie gibt zu Protokoll, dass er nichts von ihren Westkontakten wusste. Dabei habe es sich um einen Alleingang gehandelt.

Irgendwann deutet der Vernehmer an, dass Kerstins Mann sie schwer belastet habe. Er habe ausgesagt, sie sei die Anstifterin gewesen und an allem schuld. Soll sie das glauben? Kerstin Starke weiß schon lange nicht mehr, wem sie noch vertrauen kann.

Der Auftrag

Die Fragen im Vernehmerzimmer kreisen immer wieder um das Thema Mauer. Warum sie gebaut wurde, wen sie schützen soll, wer sie bekämpft? Erreichen die Gespräche einen toten Punkt, lobt Kerstin den Geschmack des Mannes. Dann ist der Beamte sichtlich gerührt und verliert den strengen Verhörblick. »Er fühlte sich gerne gebauchpinselt. Da war er wie alle Männer auf der Welt.«

»Ein Managertyp, aus dem ist nach der Wende bestimmt etwas geworden. Er lebt wahrscheinlich heute in Hamburg oder München und ist Unternehmensberater«, sagt Kerstin und muss heute noch lachen.

Der Offizier hat einen klaren Auftrag, er muss einen gefährlichen Staatsfeind überführen. Er hat die Vorgabe, so steht es mehrmals in den Ermittlungsakten, herauszufinden, »inwiefern mittels der Geschichten aufgewiegelt werden sollte«.

Es ist eine zähe Aufgabe, denn Kerstin widerruft nichts. Im Gegenteil. Sie dreht den Spieß um und fragt, was das für ein Land sei, in dem ihre Geschichten nicht erscheinen dürften? Kritik sei doch das Salz in der Suppe. Sie verweist auf ihre Erzählung »Manfred wird Chef«. Was daran anstößig oder gar verboten sei, fragt Kerstin. Dort wird beschrieben, was Karin Kraft mit einem Ehepaar »Reich« erlebt. Der Name wird analysiert – auch hier liege eine Anspielung vor, urteilt das Ministerium.

Die »Reichs« kommen aus dem Westen und sind bei den »Krafts« in Ost-Berlin zu Besuch: »Die Verabschiedung verlief in etwas gedrückter Atmosphäre. Reichs hatten sich wohl zum ersten Mal mit der Bedeutung der Grenze für DDR-Bürger intensiv auseinandergesetzt. Für sie war es nur ein Bauwerk, um das man aber herum konnte. Als sie wieder allein waren, saßen Wolfgang und Karin Kraft für einige Minuten stumm in den Sesseln. ›Glaubst du, dass sie sich freuen würden, wenn wir und alle anderen DDR-Bürger rüberziehen könnten, wie jeder möchte?‹, fragte Karin leise Wolfgang. Wolfgang schüttelte nach einer Weile den Kopf: ›Jeder, der nach drüben kommt, ist ein Konkurrent auf dem Arbeitsmarkt, könnte einen Alteingesessenen verdrängen. In dem Punkt sind sich die Westdeutschen und Westberliner – zumindest in der Mehrzahl – mit unserer Regierung einig: Die Grenze bildet einen echten Schutzwall.‹«

Der Vernehmer nickt anerkennend. Solche Texte finden sein Wohlwollen. Dennoch sei die Kritik an »teilweise tatsächlich vorhandenen Missständen destruktiv, die ideologische Position antisozialistisch«, schreibt er ins Protokoll.

Kerstin verteidigt ihre Texte. »Ich bin der Ansicht, dass der Sozialismus eine gute Sache ist, nur nicht immer gut gemacht.«

Sie weiß nicht, was im Stasi-Gutachten steht: »Dabei löst der Autor Geschehnisse aus dem Zusammenhang bzw. benutzt unlogisches und gesetzwidriges Verhalten der handelnden Personen, um Partei- und Staatsapparat der DDR Herzlosigkeit und Ähnliches zu bezichtigen. Ihre Position ähnelt weitgehend der im westlichen Ausland gezeichneten Vision vom unfreien DDR-Bürger, der sich durch Einflussnahme des Westens mehr Freiheit erhofft.«

»Tigerkäfig«

Neun Monate verbringen Kerstin und der Stasi-Offizier in ihrer geschlossenen Welt. Sie treffen sich täglich zweimal. Vormittags, nachmittags, manchmal bis spät in den Abend. Der Mann mit dem großen Schreibtisch seziert auch ihre Texte. Er sucht nach »schlimmen Stellen«, einiges findet er durchaus akzeptabel oder gelungen. Manchmal liest er aus den Manuskripten ganze Passagen vor, wie die folgende aus der Geschichte mit dem Titel »Eine neue Arbeit und doch keine Arbeit«:

»Es war nicht leicht gewesen, eine Arbeit in einem neuen Betrieb zu finden. Was wollte man mit einer Frau, die Jurist war? Sollte sie doch Richter oder Staatsanwalt werden. Karin wäre dann lieber als Kranführerin gegangen, wie in ihrem praktischen Jahr 1961. Trotz der Sticheleien und Knüppel, die man ihr ständig zwischen die Füße warf, suchte sie eisern. Sie landete in einer HO-Verwaltung als wissenschaftlicher Mitarbeiter. Das ihr vorher gegebene Gehaltsversprechen wurde nicht eingehalten. Wortreich wurde ihr erklärt, eine solche Gehaltsgruppe gebe es gar nicht. Außerdem müsse sie einsehen, dass sie überhaupt keine Ahnung vom Handel habe.«

Zwischen Kerstin und dem Stasi-Mann entsteht eine gewisse Vertrautheit. Das sei ein zartes, sehr zerbrechliches Pflänzlein gewesen. »Echtes Vertrauen ist etwas anderes«, sagt Kerstin in der Rückschau. Sie sprechen über ihre Kinder und Beziehungen zu Partnern, über Privates und Politisches. »Man konnte mit ihm über eine ganze Menge reden.«

Häufig philosophieren sie über die Welt draußen, außerhalb der Gefängnismauern, wie sie ist und wie sie ein Stück gerechter werden könnte. Sie entwerfen Utopien einer besseren Welt.

»Er war der Meinung, dass er praktisch das Tal durchschreiten muss, durch diesen Modder. Es ist keine schöne Arbeit, Leute einzusperren, sie dahin zu bringen, ihnen alles nachzuweisen, was sie gemacht haben. Er war der Meinung, er muss da durch, wenn das in dieser Zeit erforderlich ist. Er glaubte, dass er damit die Welt verbessert. Auch das finde ich eigentlich sympathisch, dass ein Mensch etwas verbessern will. Ich wollte auch die Welt verbessern, die DDR verbessern, was ja hirnrissig ist. Ich habe das dem abgenommen.«

So vergeht die Zeit. Sonntags scheint die Uhr einzufrieren. Kerstin grübelt, schläft miserabel und findet auf Fragen keine Antworten.

Einzige Abwechslung ist der Hofgang im »Tigerkäfig«. Zwanzig Minuten, mehr nicht. Diese Box am Rande des Gefängnishofes von Hohenschönhausen ist sechs Quadratmeter groß. Hohe, grau verputzte Wände umschließen den »Freiganghof«, an dessen oberem Ende Maschendrahtzaun gespannt ist. Der Blick zum Himmel ist nicht erlaubt. Oben patrouilliert ein bewaffneter Wärter. Stehen bleiben ist verboten, reden oder rufen strengstens untersagt. An einer Kante wächst ein Löwenzahn. Manchmal verfliegt sich ein Spatz.

Jeden Montag freut sich Kerstin auf den Moment, in dem der »Läufer« sie zum Verhör abholt.

Zwei Seiten

Wenn morgens tiefe Augenringe das Gesicht des Vernehmers zeichnen, reden sie über seine kleine Tochter, die Zähne bekommt. Der Offizier ist Vater von zwei Kindern. Das raubt ihm den Schlaf. Kerstin nimmt an seinem Familienleben teil. Sie saugt jedes Detail wie ein Schwamm auf. Mit ihrem Ehemann gibt es seit Beginn der Haft Streit um das Sorgerecht für den Sohn. Sie denkt an Scheidung.

Die Männer von der Staatssicherheit nutzen diesen Konflikt und spielen die Ehepartner gegeneinander aus. Hinter den Mauern von Hohenschönhausen kommt es eines Tages zu einer Begegnung. Es sei kein Gespräch, erinnert sich Kerstin, es sei eine Art Gegenüberstellung gewesen. Sie wechselten einige wenige Worte, redeten nur das Allernotwendigste, sie hätten sich nichts mehr zu sagen gehabt. Kerstin ist emotional auf dem Tiefpunkt, sie hat Angst, ihren Sohn zu verlieren.

Staatsfeinde dürften nicht auch noch die Zukunft ihrer Kinder zerstören, wird erklärt.

Einmal, sie weiß nicht, warum, summt sie während der Vernehmung ein Lied, das sie aus der Zeit vor ihrer Festnahme kennt. Den Text kann sie auswendig: »Musikanten herbei, spielt ein Lied für uns zwei. Bei Musik und bei Wein wollen wir heute glücklich sein.« Das Lied heißt »Anita« und ist ein populärer Schlager aus dem Westen. Am nächsten Morgen steht ein Schallplattenspieler auf dem Vernehmertisch von Zimmer 549. Als der Untersuchungshäftling Kerstin Starke den kahlen Raum betritt, beginnt der Westsänger Costa Cordalis, sein Lied von Liebe und Leidenschaft zu singen, mitten im Ost-Knast von Berlin-Hohenschönhausen. »Schwarz war ihr Haar, die Augen wie zwei Sterne, so klar. Ich seh' dir an: Da schlummert ein Vulkan.«

Der Stasi-Mann lächelt charmant. Kerstin ist gerührt. »Anita« schallt es im Refrain durch den Raum. Ist das Leben eine Operette? Gibt es vielleicht doch ein Happy End? Oder träumt sie nur und ist im falschen Film?

Sie muss sich setzen.

Ihr Vernehmer tippt nach jedem Tag an der Anklageschrift, die Anklage lautet: »Staatsfeindliche Hetze in schwerem Fall, spekulative Warenhortung, Veruntreuung«. Darauf stehen hohe Haftstrafen.

Erich Mielke persönlich, der Minister für Staatssicherheit, interessiert sich für ihren Fall. An der Potsdamer Hochschule des Ministeriums werden die Vernehmungsprotokolle als Lehrbeispiel studiert. Kerstin ist in den Augen der Staatsmacht eine gefährliche Verräterin, ein »Volksschädling«, heißt es an einer Stelle in den Akten.

Schuldig im Sinne der Anklage, sagt der Offizier zu ihr, da könne man nichts machen, aber man müsse sich schon den ganzen Menschen anschauen, fügt er nachsichtig hinzu. Kerstin bestreitet energisch, eine Betrügerin zu sein.

Zum Wohle des Volkes

Eines Tages spricht der Offizier von neuen erdrückenden Beweisen. Auf Kerstins Frage, was diese Anspielung bedeute, meint er vielsagend, dass »wir unsere Leute überall« haben. Tatsächlich hat eine erneute heimliche Durchsuchung der Redaktionsräume weitere unveröffentlichte Manuskripte zutage gefördert.

In der Ermittlungsakte »Konsum« heißt es: »Bei der Realisierung spezifisch-operativer Maßnahmen am 8. 7. 1979 gegen das Büro des ›Zweiten Deutschen Fernsehens‹ in der Hauptstadt der DDR, Berlin, konnten folgende Dokumente gesichert werden: ›Abgeordneter zum Wohle des Volkes – im Auftrage des Volkes‹ und ›Wahlsonntag‹.«

Dieser weitere Fund verschlechtert ihre Situation dramatisch. Die Beschuldigte »Starke, Kerstin«, so heißt es später in der Anklage, stehe »in dringendem Verdacht, gegen die sozialistische Staats- und Gesellschaftsordnung aufzuwiegeln, Schriften, die die gesellschaftlichen Verhältnisse der Deutschen Demokratischen Republik diskriminieren, hergestellt und zu diesem Zweck seit dem gleichen Zeitpunkt die Verbindung zu Mitarbeitern des Büros des Zweiten Deutschen Fernsehens der BRD in der Hauptstadt der DDR aufgenommen und unterhalten zu haben«.

Er könne nicht mehr viel für sie machen, bedauert der Vernehmer, schließlich stehe er selbst unter erheblichem Druck, ein Geständnis zu präsentieren. Es herrscht Stille im Raum 549.

Er wolle sie gerne schützen, setzt er nach einer Pause wieder ein, weil er sie persönlich kennen- und schätzen gelernt habe, aber sie möge doch Drahtzieher und Hintermänner nennen, vor allem westliche Anstifter.

Kerstin wiederholt, sie sei Einzelgängerin und nur ihrem Gewissen verpflichtet. Eine Gruppe, die hinter ihr stehe, gebe es nicht, das sei ein Phantom. Sie müsse ihn enttäuschen. Der Mann setzt sein Kerstin-Versteher-Lächeln auf.

»Das konnte er«, erinnert sich Kerstin, »wie auf Bestellung.«

Die Lage sei ernst, betont er. Er könne ihre Kritik an vielen Punkten verstehen, nur habe sie sich die »falschen Freunde« ausgesucht, das könne kein Land der Welt akzeptieren. Verwerflich sei, dass sie dem Klassenfeind belastendes Material zugespielt habe, schließlich befinde man sich in einer weltweiten Auseinandersetzung, und sie falle dem Land in den Rücken. Für die Staatsanwaltschaft sei sie eine »Kriminelle« und »Landesverräterin«.

Es gebe nur noch eine kleine Chance auf »mildernde Umstände«. Sie solle in ihrem Geständnis erklären, sie sei missbraucht und verführt worden. Stecke nicht doch ihr Mann hinter der ganzen Sache? Oder noch besser der Westjournalist? Der habe sie doch bestimmt angestiftet und aufgehetzt? So sei das doch gewesen, oder?

Sie solle wenigstens in dieser Situation an ihren Sohn denken. Sie sei fünfunddreißig und habe noch eine persönliche Zukunft, beschwört er die Frau.

Zehn Jahre Gefängnis. Ob ihr das »Geschreibsel« so viel

wert sei? Zehn Jahre! Das ist kein Pappenstiel, denkt Kerstin Starke. Sie holt hinter ihrem wackligen Katzentisch Luft, hält sich an der Tischkante fest. Der Mann am gegenüberliegenden Ende des Raums soll nicht merken, dass ihr der Boden unter den Füßen wegzurutschen droht.

Unterbrechung

Kerstin wartet. Stunden, einen Tag, zwei Tage. Plötzlich gibt es keine Verhöre mehr. Nichts passiert.

Sie hat sich damit abgefunden, alleine Hofgang im »Tigerkäfig« zu haben. Sie wartet seit dem ersten Tag ihrer Haft auf einen Anwalt. Sie muss ertragen, dass sie keinen Besuch empfangen darf, auch das tut weh. Doch jetzt bleibt die Zeit stehen. Keine Vernehmung, keine Gespräche, keine Blicke, einfach nichts.

Erschrocken realisiert sie, dass ihre Vernehmungen der einzige menschliche Bezugspunkt zur Außenwelt sind. Sie hofft und bangt, sie ist verzweifelt. Das schale Licht, das durch die Glasbausteine in ihre Einzelzelle fällt, verrät nicht, ob es früh, mittags oder spät ist. Sie verliert jegliche Orientierung.

Kerstin heute: »Ich kann Glasbausteine einfach nicht ertragen. Ich bekomme sofort Atemnot, mein Herz beginnt zu rasen, ich muss solche Räume sofort verlassen. Es schnürt mir die Luft zum Atmen ab!«

Woran liegt es, dass ihr Herr Vernehmer wegbleibt, mit dem sie so leidenschaftlich über das Unrecht in der Welt streiten konnte? Wo ist der Mann, der meint, dass der Sozialismus bald triumphieren werde, wenn die letzten inneren und äußeren Feinde besiegt sind? Hat er sie verlassen?

Mehrere Tage der Ungewissheit vergehen. Es ist pervers, sie vermisst diesen »Kerl«, seine Nähe, seine Art zu sprechen. Sie weiß, dass er sie »hinter Schloss und Riegel« bringen wird, ohne »mit der Wimper zu zucken«.

Am vierten Tag wird sie wieder über die langen Anstalts-flure in den Raum 549 geführt, als wäre nichts geschehen. Kerstin betritt den Raum, hält den Atem an, erkennt eine Gestalt, die ihr vertraut ist. Sie ist aufgeregt.

Sie soll Platz nehmen, blafft er sie an. Er steht mit dem Rücken zu ihr und schaut aus dem Fenster. Als er sich umdreht, sieht sie, dass er seinen rechten Arm in Gips trägt. Sie soll nicht so glotzen, das Ganze sei ein dummer Hausunfall gewesen, sagt er, ein sauberer Bruch, aber er sei für mehrere Wochen krankgeschrieben. Der Mann steht vor ihr, er muss wohl ausgesprochen pflichtbewusst sein. Oder gibt es da noch etwas anderes, vielleicht Gefühle?

Sich krankschreiben lassen sei nicht seine Art, erklärt er. Dann sagt er Kerstin ins Gesicht: »Ich habe Sie schon fast vermisst. Dabei ist mir aufgefallen, dass ich Sie inzwischen besser kenne als meine Frau.« Er lächelt schelmisch, lässt in der Schwebe, ob er diesen Satz ernst meint.

Ein Ermittler, der seine Schreibmaschine nicht bedienen kann, ist kein einsatzfähiger Mann, das ist beiden klar. Kerstin kann sich mehrere Wochen ohne ihn nicht vorstellen, nicht in dieser Hölle. Sie beobachtet, wie er sich mit seiner gesunden linken Hand ein Streichholz anzündet und den ersten Zug der Zigarette genießt. Er bläst den Rauch in Richtung Kerstin. Das tut er gerne. Sie schweigen.

Dann macht sie ein Angebot. Ob er seinen Dienst weiter versehen könne, wenn sie das Tippen der Protokolle übernehme? Kerstin lächelt. Der Mann mit dem Gipsarm lächelt zurück. Sie haben eine Lösung gefunden.

Kerstin tippt die eigenen Vernehmungsprotokolle. Erst heute kommt ihr der Gedanke, dass sie auf die eigenen Sargnägel klopfte. Ein Protokoll geht ihr besonders leicht von der Hand. Es ist die Inhaltsangabe einer ihrer besten Erzählungen, wie sie findet. Der Vernehmer diktiert. Kerstin tippt ein zweites Mal die Geschichte vom Leben, das keine Samthandschuhe anhat, diesmal für den Staatsanwalt.

»Karin Kraft kämpft gegen die Bürokratie auf dem Wohnungsamt, da ihre Wohnverhältnisse schlecht sind: zu kleiner Wohnraum, Außentoilette, kaputtes Treppengeländer, beschädigter Fußboden, unsaubere Wände, in Wohnung darüber Haftentlassener. Sie hat nach vielen Versuchen Erfolg, bricht aber fast zusammen, als sie erfährt, dass ihre Studienkollegin sofort eine 2½-Zimmer-Neubauwohnung erhalten habe, noch dazu ohne Kind, weil ihr Mann Major der Berliner Grenztruppen ist, und dass sie auch viel mehr Stipendium erhalte, da sie sich für zehn Jahre zum Ministerium des Innern verpflichtet hat. Krafts sind wie viele Menschen dritten oder vierten Grades.«

Eine typische Kerstin-Geschichte, bestätigt der Mann mit dem Gipsarm. Nah an der Wirklichkeit, aber politisch zweifelhaft. »Menschen dritten oder vierten Grades« gebe es im Sozialismus nicht, das sei ihre subjektive Sicht, mit solchen Wertungen liefere sie dem Gegner Munition frei Haus. Das müsse sie in Zukunft lernen, Wahrheiten seien taktisch. Er empfiehlt daher eine längere Auszeit, eine Zeit, die Kerstin zur Besinnung und Bewährung nutzen könne.

Für ihre Manuskripte sei es besser, wenn sie nicht veröffentlicht würden. Dieser Satz ärgert Kerstin. Sie kontert, sie mache sich Sorgen um die Stabilität seines Rückgrates. Sie habe sich wohl in ihm getäuscht, er sei offenbar auch einer von denen, die links blinken und rechts abbiegen. Wie sie das meine, entgegnet er, genau so, wie sie es gesagt habe, antwortet sie.

Anklage

Im Frühjahr 1980 schließt ihr Vernehmer die Akte. Zu diesem Zeitpunkt hat sie neun Monate Untersuchungshaft hinter sich, Monate, in denen sie nur mit einem einzigen Menschen sprechen konnte.

Der Vernehmer empfiehlt seinen Vorgesetzten einen Schauprozess, damit DDR-Bürger über Verrat und Schieberei erfahren könnten. Die beteiligten Offiziere kommen gemeinsam zu folgendem Befund: Das Ehepaar Starke sei »wegen spekulativer Warenhortung, Urkundenfälschung und Diebstahls zum Nachteil sozialistischen Eigentums«, strafverschärfend im Falle von Kerstin »wegen staatsfeindlicher Hetze in schwerem Fall«, zur Anklage zu bringen. Der Beschuldigten seien ihre Taten nachgewiesen worden. In der Anklageschrift heißt es: »Unter dem Einfluss des regelmäßigen Verfolgens von Sendungen der BRD-Fernsehanstalten, besonders solcher wie ›Kennzeichen D‹, ›ZDF-Magazin‹, ›Panorama‹ und ›Internationaler Frühschoppen‹, hat sich aus ihrer anfänglich schwankenden eine feindliche Grundhaltung zu wesentlichen Bereichen der sozialistischen Gesellschaftsordnung herausgebildet.«

Sie habe sich entschieden, heißt es weiter, »durch das Verfassen und Veröffentlichen von Schriften, die die sozialistische Wirklichkeit entstellt widerspiegeln, die Kräfte einer solchen sogenannten ›inneren Opposition‹ zu ermuntern und andere Teile der Bevölkerung in Widerspruch zur Politik der Partei zu bringen«. Für den Vernehmer ist der Fall abgeschlossen. Sein Kollege, der Genosse Baum (Name geändert), will das Ehepaar Starke als Fallbeispiel der »vorbeugenden Verbrechensbekämpfung in der sozialistischen Gesellschaft« in einer Diplomarbeit untersuchen. Mielke genehmigt mit seiner Unterschrift Schauprozess und Diplomarbeit.

Wenige Wochen vor dem Gerichtsverfahren im März 1980 sehen sich der Vernehmungsoffizier und sein Untersuchungshäftling ein letztes Mal. Die Monate gemeinsamer Zeit im Raum 549 sind vorbei. Zum Abschied gibt der Vernehmer einen Witz zum Besten, den Kerstin bis heute nicht vergessen hat:

»Steht ein Bürger auf dem Ost-Berliner Alexanderplatz und ruft: ›Sch…staat.‹ Das hört ein anderer Bürger und meldet es einem Volkspolizisten. Dieser geht zu dem Rufer und erklärt: ›Sie sind verhaftet!‹ Der Bürger entgegnet: ›Warum?‹ Der Polizist: ›Weil Sie Sch…staat gerufen haben.‹ Der Bürger: ›Sie wissen doch gar nicht, welchen Staat ich gemeint habe.‹ Der Volkspolizist überlegt. Dann antwortet er: ›Na, dann lasse ich mal Gnade vor Recht walten.‹ Der Volkspolizist wendet sich ab, läuft einige Schritte, bleibt stehen, dreht sich um und ruft über den Alexanderplatz: ›Bürger, Sie sind sofort verhaftet!‹ ›Warum?‹, erwidert der Passant. Da sagt der Polizist: ›Es gibt nur einen Sch…staat.‹«

Das Urteil

Am 14. März 1980 findet sich Kerstin in einem Ost-Berliner Gerichtssaal auf der Anklagebank wieder, ein Dreivierteljahr nach ihrer Verhaftung. Der Richter ist eine Frau. Die Staatsanwältin auch. Kerstin will sich erklären. Doch weder die Richterin noch die Staatsanwältin wollen sie anhören. Beweismittel sind die »Kundenlisten« für spezielle Käufer und Kerstins Manuskripte.

Was für Kerstin eine Möglichkeit war, ihren Unmut loszuwerden, ist für den Staat eine konspirative Verschwörung, Spionage, Sabotage und Verrat. Die Verhandlung selbst dauert einen einzigen Tag. Der Anwalt verteidigt die Angeklagte »lustlos«, so Kerstin, »man hatte das Gefühl, dass ihm das Sprechen vor Gericht Schmerzen bereitete. Jedenfalls schwieg er die meiste Zeit.«

Das Volk, in dessen Namen Recht gesprochen wird, bleibt ausgeschlossen. Nur geladene Besucher aus Partei, Geheimdienst und Presse sind zugelassen. Sogar um die Pausenversorgung der Zuschauer kümmert man sich. Kaffee und belegte Brote gibt es für die Genossen im Nachbarraum. Beim Verhandlungspunkt »Hetze« geht es um Kerstin. »Ausschließlich Mitarbeiter des MfS und der Volkspolizei dürfen im Verhandlungssaal verbleiben«, alle anderen müssen den Saal verlassen. Die geplante »publizistische Auswertung« des Verfahrens Starke in Rundfunk und Fernsehen wird nicht realisiert. Offenbar existieren Bedenken.

Der Prozess kommt zum Ende. Die Vorsitzende Richterin spricht das Ehepaar Starke am 28. März 1980 in allen Punkten für schuldig. Kerstins Ehemann erhält wegen Veruntreuung, sie selbst wegen Aufwiegelung und Staatsverleumdung jeweils sieben Jahre Haft. Das Gericht unterscheidet in seiner Urteilsbegründung nicht zwischen wirtschaftlichen und politischen Vergehen. Die Schuldigen seien als Wirtschaftskriminelle mit niederen Beweggründen zu betrachten, heißt es. Sie hätten die großen Errungenschaften des Sozialismus zum eigenen Vorteil ausgenutzt, betont die Richterin. Solches Tun verlange Härte. Wer sich außerhalb der Gemeinschaft stelle, müsse die Konsequenzen in aller Schärfe tragen.

Nach dem Schuldspruch steht Kerstin Starke monatelang unter Schock. Der Vorwurf, sie sei eine üble Kriminelle, die Strafe mehr als angemessen, trifft sie tief. Im Gefängnis ist sie wie ausgetauscht, ohne Antrieb und Lebenswillen. Sie zieht sich in sich selbst zurück.

Im Herbst 1980 wird der Scheidung stattgegeben. Die Trennung der beiden Strafgefangenen geht reibungslos über die Bühne, doch der Preis ist hoch. Kerstin verliert den Kampf um ihren Sohn. Dieser entscheidet sich für den Vater, dem das Sorgerecht zugesprochen wird.

In diesen Wochen weiß Kerstin nicht mehr weiter. Sie leidet an Kreislaufstörungen, ihr Herz macht Schwierigkeiten. Sie bekommt starke Medikamente und wird ruhiggestellt. Sie schreibt an die Gefängnisleitung von Hohenschönhausen verzweifelte Briefe. Einer der »Strafgefangenen Starke« ist erhalten. Er ist undatiert, verfasst ungefähr nach dem Scheidungstermin und vor dem drohenden Entzug des Sorgerechts für ihren Sohn durch die staatliche Jugendfürsorge.

Kerstin appelliert an den Gefängnisdirektor, der frühere Vernehmungsoffizier solle ihre Glaubwürdigkeit bestätigen.

»Ich würde alle möglichen Lügen durch meinen Mann ertragen, aber wenn es um mein Kind geht, kann ich das nicht. Ich hatte solche Pläne! Ich glaube an nichts mehr, da ich absolut kaputt bin. Ansonsten würde ich mich lieber heute als morgen aufhängen.«

Die Kommandoratsvorsitzende

Mit der Zeit macht Kerstin, was sie in ihrem Leben immer gemacht hat: Sie flüchtet in Arbeit. Sie übernimmt Aufgaben, die ihr vertraut sein konnten: aus wenig das Beste zu zaubern. Der Staatsfeind wird Küchenchefin in Hohenschönhausen. Trotz schlechter Versorgung bekommt sie Tag für Tag »zweihundert Mäuler satt«, wie sie stolz erzählt, »selbst arabische Häftlinge, die mit deutscher Gefängniskost so wenig klarkommen wie mit dem strengen Haftregime«. Sie schaut weg, wenn in Kücheneimern Kassiber geschmuggelt werden. Sie warnt vergeblich, als Frauen versuchen, aus Kartoffelschalen Schnaps herzustellen, und allen wird schlecht.

Sie legt sich mit ihrem »Erzieher« an, dem Genossen Hans Schlüter (Name geändert). »Der war ein ganz scharfer Hund«, darauf besteht Kerstin. Die Genossen Erzieher sollen wie Bewährungshelfer die Strafgefangenen auf eine Rückkehr ins normale Leben vorbereiten.

»Er war ein richtiger Menschenquäler. Einmal ließ er einen gutaussehenden, aber lesbischen Häftling nach einer Backenzahnoperation auf Transport gehen. Ihr Vergehen: Sie ließ sich nicht alles gefallen, sie war aufmüpfig. Dazu muss man wissen, dass die Transporte in viel zu engen Zugabteilen oder Kleinlastern durchgeführt wurden, teilweise stand man tagelang irgendwo auf einem Abteilgleis, egal, ob bei Hitze oder Kälte. Die Frau muss höllische Schmerzen durchlitten haben. Menschen wurden wie Vieh behandelt. Anders kann man das nicht nennen.«

Kerstin Starke wird »Chefin« ihrer Abteilung. Sie wird zur Kommandoratsvorsitzenden ernannt, so heißt das in Hohenschönhausen. Die Mitgefangenen schätzen ihre Schlagfertigkeit und ihr Organisationstalent. Sie zitiert gerne Martin Luther: »Iss, wenn es gar ist. / Trink, wenn es klar ist. / Rede, wenn es wahr ist!«

Kerstin ist froh über ihre Arbeit in der Küche. Eine besondere Freude sind die Katzen, die irgendwie den Weg in die Gefängnisküche finden. »Wir haben mit ihnen gespielt, sie umhegt und versorgt. Das hat uns alle sehr getröstet«, sagt die Frau, deren schöne große Augen leer sind.

Einige Monate teilt sie ihre Zelle mit einer Kindsmörderin und einer älteren Bundesbürgerin, der zusammen mit ihrem Ehemann Spionage vorgeworfen wird.

»Sie waren als Touristen in Mecklenburg-Vorpommern. Man warf ihnen vor, Kasernen ausgekundschaftet zu haben. Sie bestritten diesen Vorwurf und sagten, sie wären rein zufällig in der Nähe gewesen. Die Behörden konnten nichts beweisen. Nach einem Jahr ist sie dann entlassen worden. Ich habe mich mit ihr gut verstanden. Sie stammte aus Winsen an der Luhe. Ich habe sie nach der Wende besuchen wollen. Aber sie lebte nicht mehr.«

Selbst im Knast wartet manchmal das kleine Glück. Kerstin fällt ein junger, gutaussehender Mann auf.

»Ja. Ich habe mit ihm ›kassibert‹. Der Mann war rund zehn Jahre jünger als ich. Es war ein Hübscher, ein Dunkelhaariger. Alle Frauen im Knast haben nach ihm geguckt. Er hat mich angeblinzelt. Er sagte, er sei aus Graal-Müritz. Angeblich sei er wegen Fahnenflucht eingesperrt. Wir hatten eine kleine Liebelei. Das kam bald raus. Zur Strafe für den Kassiber bekam ich drei Monate lang keinen Haftlohn. Gott sei Dank war ich Nichtraucherin. Die konnten mich damit nicht bestrafen.«

Überall lauert der Verrat. Selbst in der eigenen Zelle. Kerstin stellt sich eines Tages auf einen Schemel, um vom Zellenfenster Kontakt mit Häftlingen im Hof aufzunehmen. Das ist nicht erlaubt. Sie wird angeschwärzt. Dafür erhält sie mehrere Tage Arrest und verliert ihre Position als Kommandoratsvorsitzende. Als Kerstin die Mitgefangene später zur Rede stellt, antwortet diese: Es sei richtig, sie habe diesen Vorfall gemeldet, sie würde es wieder tun, dazu sei sie verpflichtet gewesen, aber es sei nicht 11 Uhr 32, sondern 11 Uhr 30 gewesen. Wahrheit müsse Wahrheit bleiben.

Zum »sozialistischen Strafvollzug« gehört, dass jeder Insasse einmal die Woche einen Vortrag zu halten hat. Viele Frauen drücken sich vor dieser Aufgabe. Kerstin springt gerne ein. Sie verfasst Referate über »den Hund als besten Freund an der Seite des Menschen« oder »die Kirche der Armen in Lateinamerika«. Den Stoff für ihre Vorträge findet sie in mitgebrachten »Urania«-Heften. In diesen Momenten fühlt sie sich wie eine Schriftstellerin. Zu ihren Lesungen kommen sogar Zuhörer. »Kein Wunder, die konnten ja nicht weglaufen«, lacht Kerstin. Sie erzählt von dem »Verhältnis von Lenin zu seiner Geliebten Nadeshda Krupskaja«; da geht es um Liebe, Leidenschaft und Geheimtinte. Sie versetzt sich in die Frau an der Seite des Revolutionärs Lenin. Solche Momente sind für sie ein Stück innere Freiheit. Weder Anstaltsvorschriften noch Aufpasser können ihr dann noch etwas anhaben.

Genosse Schlüter fragt einmal, woher denn ihre jüngste Wochenlosung sei: »Beim Lachen zeigt man die Zähne, / beim Lächeln die Seele, / beim Grinsen den Charakter.«

Das wisse sie nicht, antwortet Kerstin, sie habe das Motto irgendwo entdeckt. Ob er Einwände habe? Ob er die Losung verbieten wolle?

Der Genosse sagt nichts und geht. Kerstin lächelt.

Die Entlassung

Im Sommer 1983 öffnen sich die Tore der Strafanstalt in Karl-Marx-Stadt einen Spalt weit. Eine blonde Frau tritt heraus und verlässt mit unsicheren Schritten das Gefängnis, sie trägt einen kleinen Koffer. Am liebsten würde sie sich mit einer Perücke tarnen.

»Ich fühlte mich damals wie ausgezogen. Ich hatte das Gefühl, dass mir jeder nachschaut.«

Kurz vor ihrer Haftentlassung hatte sie erfahren, dass der geschiedene Mann nach West-Berlin ausreisen konnte. Wenig später folgte ihr Sohn in den Westen, genau an dem Tag, an dem er volljährig wurde. Für Kerstin bricht eine Welt zusammen. Sie hat nun, wie es scheint, ihren Sohn für immer verloren. Heute sagt sie über ihre Haftjahre: »Das, was ich vorher nicht unbedingt hatte – ich hatte keinen Hass auf die DDR, sondern ich wollte Dinge verändern –, diesen Hass hatte ich dann wirklich, weil ich einfach nicht verstehen konnte, dass man einen Änderungswillen überhaupt nicht begreift, sondern dass man sich nur angegriffen fühlt, dieser Verfolgungswahn, alle sind Feind, die nicht Freund sind.«

In diesem Sommer 1983 empfindet Kerstin Starke tiefe Scham und Trauer. Die DDR ist Kerstin fremd geworden. »Die Menschen waren härter geworden, irgendwie abgestumpfter, einfach anders.« Sie ist überzeugt, dass jeder Mensch, ob die Verkäuferin an der Ecke, der Schaffner im Zug oder die Kollegen am Arbeitsplatz, in ihr eine Kriminelle sehen. Sie fühlt sich wie eine Aussätzige.

Lange braucht sie, bis sie wieder unbefangener mit Menschen umgehen kann. Sie ist misstrauisch geworden, unnahbar, verschlossen. Mit wem kann sie sprechen, ohne Angst zu haben, enttäuscht oder verraten zu werden?

»Kritik ist das Salz in der Suppe«, sagt sie einmal, »ohne Widerspruch kein Fortschritt.« Aber man weiß nicht, ob sie daran wirklich glaubt oder daran zweifelt. War ihr Leben nur ein Experiment? Ein tragischer Irrtum?

Viereinhalb Jahre saß sie hinter Gittern, wie eine Verbrecherin. Diese Jahre kann man ihr ansehen. Sie wurde für ihr Anderssein, ihre Aufmüpfigkeit, ihren Gerechtigkeitssinn bestraft. Sie hat gelernt, dass Anpassung sich lohnt und allein der Versuch einer Kritik strafbar sein kann. Nicht eine einzige Zeile ihrer Texte ist veröffentlicht worden, niemand hat von der Existenz der »Kundenlisten« für einflussreiche Personen erfahren. Es war nur eine Schimäre.

Kerstin ist bei ihrer Entlassung vierzig Jahre alt, eigentlich ein Alter, in dem sie neu beginnen könnte. Tatsächlich überlegt sie, in den Westen zu gehen. Der Staat bietet ihr diese Fluchttür an. Doch sie bleibt, »sie lässt sich nicht verkaufen«, wie sie sagt. Außerdem will sie ihre Mutter nicht allein in Ost-Berlin zurücklassen. Und ihrem geschiedenen Mann will sie nie wieder begegnen. »Das war auch ein triftiger Grund, nicht in den Westen zu gehen«, sagt sie heute und schmunzelt.

Kerstin arbeitet in den späten achtziger Jahren in einem Ost-Berliner Wohnungsunternehmen, später in einem Großbetrieb. Dort managt sie nach dem Fall der Mauer die Vereinigung des Betriebes zu einem gesamtstädtischen Unternehmen. Sie ist zuverlässig und anerkannt, die Kollegen halten viel von ihr. Wenn sie gefragt wird, was sie Ende der siebziger, Anfang der achtziger Jahre gemacht hat, schweigt sie. Wenn es sich nicht vermeiden lässt, erklärt sie einfach, sie habe einen längeren Kuraufenthalt genossen, in einem staatlichen Sanatorium.

Neues Glück, alte Sorgen

Sie heiratet ein zweites Mal, ihre große Liebe. »Wir waren wie füreinander geschaffen«, betont Kerstin, doch der Mann stirbt viel zu schnell. Ihr Sohn bleibt unerreichbar. Sie besiegt die Krankheit Krebs und übersteht einen Herzinfarkt. »Nur nicht unterkriegen lassen«, sagt sie. Trotz der vielen Rückschläge findet sie immer wieder ins Leben zurück. Sie reist gerne, soweit ihre Rente reicht, und sie lernt Französisch.

Als sie von mir fünfzehn Jahre nach der Wende auf ihre Geschichte angesprochen wird, braucht sie Monate Bedenkzeit, um sich auf ein Gespräch einzulassen. Schließlich willigt sie ein, obwohl sie sich geschworen hatte, »nie wieder mit Journalisten etwas zu tun haben zu wollen«. Sie betrachtet diese dunklen Jahre wie unbeteiligt, manchmal ironisch, meist jedoch sarkastisch.

Ihre Texte von damals findet sie heute furchtbar. »Das waren echte Jugendsünden. Ich habe versucht, die Welt zu beschreiben. Mein Gott, war ich damals naiv!«

Doch den Vernehmer, ihren »Herrn Pfarrer«, kann sie nicht vergessen. Insgeheim hofft sie, diesen Kerl wiederzutreffen, wenn notwendig mit meiner Hilfe. Sie bleibt mit mir in Kontakt. Sie will wissen, was aus ihm geworden ist. Hat er Karriere gemacht? Wie denkt er heute über sein damaliges Tun?

Kerstin ist in den Vernehmungsprotokollen auf einen Namen gestoßen. Dieser Mann hat viele der Papiere unterzeichnet. Das könnte der Vernehmer sein. Sie weiß es nicht, sie kennt den richtigen Namen nicht, durfte ihn nicht kennen. Sie weiß nur, wie er aussah, sprach und lachte. Wir machen uns auf die Suche. Der Zufall führt uns zu einem kleinen Zeitungsartikel. Die Überschrift lautet: »Unternehmen darf Ex-Stasi-Major nicht kündigen«.

Die Person passt zu Kerstins Vernehmer in Hohenschönhausen. Der ehemalige Stasi-Major hatte es im vereinten Deutschland zum leitenden Manager eines großen Unternehmens gebracht. Durch eine Indiskretion unter Kollegen war seine Vergangenheit dort bekannt geworden. Der Arbeitgeber kündigte ihm, daraufhin klagte er wegen Verfahrensfehler. Er pochte auf einen gültigen Arbeitsvertrag. Der Streit kam vor Gericht, er gewann, das Urteil stand in der Zeitung.

Kerstin Starke

Der Prozess

Die Zeitungsmeldung berührt Kerstin gewaltig. Sie beschließt, zur Revisionsverhandlung zu gehen. Der Termin vor dem Arbeitsgericht wird wieder und wieder verschoben. Ein halbes Jahr später ist es so weit. Der Rechtsstreit hat in der Öffentlichkeit für ein gewisses Aufsehen gesorgt. Kerstin Starke ist rechtzeitig im Gerichtsgebäude, sucht den Saal im dritten Stock, nimmt in der letzten Reihe hinter den wartenden Journalisten Platz. Sie ist nervös. Sie schwitzt. Es ist heiß im Gerichtssaal, draußen herrscht herrliches Hochsommerwetter. Kerstin fixiert die Herren vor dem Richtertisch. Sie lauscht jedem Satz, der fällt. Ist ihr Vernehmer dabei? Wer von den Herren könnte es sein?

Sie konzentriert sich. Sie kann ihn nicht erkennen. Der Einzige, der in Frage kommt, sieht anders aus. Vielleicht hat er sich in den zurückliegenden dreißig Jahren stark verändert? Oder sich operieren lassen? Unsinn, überlegt sie. Der Mann vor dem Richter ist Mitte fünfzig, sehr gepflegt. Er trägt einen feinen Anzug. Er hat volles Haar und keine Glatze. »An den Augen würde ich ihn sicher erkennen«, überlegt Kerstin weiter. Sie hofft auf die Pause.

Der Mann sitzt mit dem Rücken zu den Zuschauerbänken. Er spricht leise, berät sich mit seinem Anwalt, der genauso elegant gekleidet ist wie er.

In der weiteren Verhandlung ergibt sich, dass der einstige Stasi-Major seit einiger Zeit für die Liegenschaften eines großen Unternehmens zuständig ist. Man habe seine Vergangenheit gekannt, bestätigt die dortige Personalchefin, die als Zeugin Rede und Antwort steht; sie stellt sich als »Change Managerin« vor, was auch immer das ist. Der Exmajor sei eingestellt worden, erklärt sie, weil das Unternehmen einen Mann brauchte, der im Auftrag der Geschäftsleitung Unregelmäßigkeiten aufzuspüren hatte. »Mit eisernem

Besen sollte er ausfegen«, fügt sie noch hinzu. Für ein solches »Aufgabentableau« habe der Mann ideale Voraussetzungen mitgebracht, er sei durch besondere Kunden-, Projekt- und Teamführungsqualitäten aufgefallen, seine Fähigkeit zum Corporate Management sei beachtlich, bestätigt die junge Change Managerin in bester McKinsey-Sprache. Für diese verantwortungsvolle Führungstätigkeit habe man einen entsprechend dotierten Zeitvertrag ausgehandelt, befristet auf fünf Jahre. Der Richter fragt nach der Bezahlung. Die Dame antwortet: »AT, das heißt außertariflich, wie bei solchen Tätigkeiten marktüblich.«

Die Summe wird nicht genannt. Gemurmel im Saal. Das Jahresgehalt stehe in den Akten, versucht der Richter die Gemüter zu beruhigen. »Noch weitere Fragen? Offenbar keine.« Die drei Richter ziehen sich zur Beratung zurück.

Kerstin wird zunehmend unsicherer, ob der Mann ihr Vernehmer ist. Der frühere Offizier, der vor Gericht Harmlosigkeit und Rechtschaffenheit vorschützt, kommt ihr vor wie der Prototyp eines Heuchlers: abgebrüht, routiniert, eiskalt.

Kerstin ist es schlecht.

Ohne Samthandschuhe

Eine halbe Stunde später spricht der Richter sein Urteil. Erwartungsgemäß beendet er das Verfahren mit einem Vergleich. Die Kündigung sei rechtswirksam, aber dem Manager stehe eine sechsstellige Abfindung zu. Der Manager spricht leise mit seinem Anwalt, einige Zuschauer murren empört, die Journalisten mühen sich um erste Stellungnahmen.

Kerstin Starke ist verdutzt. Dann nimmt sie sich ein Herz. Sie eilt auf den Flur, um den Manager auf dem Gerichtsgang direkt anzusprechen. Sein Anwalt schiebt sich sofort dazwischen. Er weist sie freundlich, aber bestimmt ab. Als Kerstin auf ihrer Frage beharrt, ob der Mann ihr Stasi-Vernehmer gewesen sei, weist er sie kühl in die Schranken. Ihre Vergangenheit sei zu bedauern, aber nicht Gegenstand des Verfahrens. Mit sanftem Druck schiebt der Anwalt Kerstin Starke zur Seite und seinen Mandanten in Richtung Ausgang.

In Kerstin kocht ihr ganzer Rebellengeist hoch. Sie stellt sich wie ein Verkehrspolizist vor einen der Fahrstühle, breitet die Arme aus und ruft, sie warte seit dreißig Jahren auf eine Antwort. Sie habe ein Recht darauf. Der Mann habe ihr sieben Jahre ihres Lebens geraubt. Kerstins Stimme droht sich zu überschlagen, sie ist auf dem ganzen Flur zu hören. Sie schreit, dass sie erfahren möchte, warum man ihr den Sohn weggenommen hat?

Der Anwalt wird energisch. Er schirmt seinen schweigenden Mandanten mit Körper und Aktentasche vor Kerstin ab. Er fixiert die Frau und sagt mit fester Stimme: »Wenn Sie jetzt nicht sofort schweigen, nehmen wir den anderen Fahrstuhl!«

Eine Sekunde ist Kerstin Starke verdutzt. Er droht, den anderen Fahrstuhl zu nehmen? Das ist Situationskomik der feinsten Art. Die Sekunde der Unentschlossenheit nutzen die beiden Herren, um in Richtung Treppenhaus zu enteilen, als seien sie auf der Flucht.

Kerstin Starke bleibt vor dem Fahrstuhl zurück. Sie lässt die Arme fallen, holt Luft. Wenigstens in einem Punkt hat sie Gewissheit. Der Mann hinter dem Anwalt ist nicht ihr Vernehmer. Sie hat seine Augen gesehen. Er ist es sicher nicht.

Der Manager im feinen Anzug hat das Gericht durch einen Notausgang verlassen. Er verschwindet wortlos, im Gepäck eine hohe Abfindung.

»Das ist also der Rechtsstaat«, raunt Kerstin mit leiser Stimme, als wir auf der Straße stehen. »Der Rechtsstaat schützt diejenigen, die das Recht vorher mit Füßen getreten haben.« Demokratie sei eben die Herrschaft des Geldes. Das Leben habe wirklich keine Samthandschuhe an, zitiert sie den Titel einer ihrer Geschichten.

Wir stehen unschlüssig vor dem Gerichtsgebäude. Es ist ein freundlicher Sommertag. Sie müsse jetzt gehen, verabschiedet sie sich, sonst würde sie vor Wut noch platzen. Dann müsse ein Unschuldiger ihre Reste wegfegen. Das wolle sie keinem zumuten.

Monate später erfahren wir, dass der Manager ein Kollege von Kerstins Vernehmer war. Es ist der Major aus der Haftanstalt, der an der Potsdamer Stasi-Hochschule Kerstins Fall als Vorlage für seine Diplomarbeit verwendet hatte. Ihr »Pfarrer«, der vorgab, für eine bessere Welt zu kämpfen, bleibt vorerst unauffindbar. Ein weiteres halbes Jahr später erfährt Kerstin von der Unterlagenbehörde seinen richtigen Namen. Der Mann heißt Schulze (Name geändert).

»Das ist kein Name«, sagt Kerstin, »das ist in Berlin ein Zustand.« Wie solle sie einen Schulze finden? Seinen Vornamen kennt sie nicht. Im Gefängnis durfte sie ihn nur mit seinem Dienstgrad ansprechen. Soll sie ihre Energien noch einmal mobilisieren, um diesen Menschen zu finden? Sie ist vierundsechzig Jahre alt. Die Geschichte liegt dreißig Jahre zurück. Will sie ihn wirklich wiedersehen? Den Mann, der ihr Leben verändert hat? Den Mann, dem sie in der Einsamkeit der Untersuchungshaft vertraut und der sie am Ende eiskalt ans Messer geliefert hat?

Es gibt Tage, da will sie es wissen. Es gibt Tage, da will sie nur noch vergessen.

BRUDER UND SCHWESTER

Der Bruder

Es regnet wie aus Kübeln. Auf dem Parkplatz des Supermarkts bilden sich riesige Pfützen. Wir sind an diesem Sommerabend in Berlin-Marzahn verabredet. Ein kräftiger Mann, Mitte sechzig, steht verloren am Rande und wartet. Das Wasser rinnt ihm von den Haaren ins Gesicht.

Ich winke ihm zu. Er nickt. Wir treffen uns in der Mitte des Platzes. Das Wasser spritzt unter den Füßen. Sein Händedruck ist kräftig. Wir steigen in mein Auto. Schweigen.

Der Mann heißt Hans Heller (Name geändert). Sein Name sei absolut unwichtig, hatte er vorab am Telefon betont, er möchte unerkannt bleiben. Das sei Voraussetzung für jedes weitere Gespräch.

Heller führt ein Tarnkappenleben. Er hat das Schweigen gelernt. Gefunden hatte ich seine Geschichte im Dickicht der Archive des Ministeriums für Staatssicherheit. Nach einer gewissen Bedenkzeit stimmte er einer Begegnung an einem »neutralen« Ort zu.

Ich bin ziemlich überrascht. Ich habe fest damit gerechnet, dass er mich sitzen lässt. Nun verharrt er auf dem Beifahrersitz. Das Wasser klatscht auf die Windschutzscheibe. Die Scheibenwischer laufen auf Hochtouren. Wir schleichen über breite Straßen, vorbei an endlosen Neubauwohnblöcken, von denen im Dunst nur Umrisse zu erkennen sind. Kein Mensch ist auf der Straße. Die Fenster sind beschlagen.

Ich frage, ob er ein gemütliches Plätzchen kenne, wo wir uns in Ruhe unterhalten können? Er antwortet, dass er selten ausgehe, genau genommen überhaupt nicht.

Ich schlage vor, dass wir Richtung Zentrum fahren, vielleicht zum Alexanderplatz, von Marzahn gut zwanzig Kilometer, eine halbe Fahrstunde. Für Heller zu weit. Der Mann wehrt ab, meint, da sei er schon seit zehn, fünfzehn Jahren nicht mehr gewesen. Er wisse gar nicht, wie es da heute aussehe, und es interessiere ihn auch nicht. Dann verstummt er, als hätte er zu viel von sich verraten, versinkt in undurchdringlichem Schweigen. Er scheint nichts mehr zu erwarten. Das Leben ist anderswo.

Wir finden eine Gaststätte. Sie ist an diesem verregneten Abend nahezu leer. Die Kellnerin mustert uns freundlich. Heller wirkt tapsig und unsicher, am liebsten würde er das Lokal sofort wieder verlassen. Wir setzen uns, bestellen Bier und Soljanka.

»Wissen Sie, die neue Zeit ist keine gute Zeit für mich«, sagt Heller plötzlich. Er beginnt unaufgefordert zu reden. Die Menschen dächten nur noch an sich, setzt er an, während er auf die Tischdecke starrt. Viele hingen rum, hätten nichts zu tun, alle redeten nur noch übers Geld. Am S-Bahnhof habe er Leute betteln sehen, das habe es früher nicht gegeben. Er fixiert mich, seine Augen wandern durch die leere Kneipe.

»Heute lernen die Kinder nichts mehr in der Schule, nicht mal mehr schwimmen. Wo sind wir denn? Das Land ist abgewirtschaftet. Es wird ausgeplündert. Jeder darf sich bedienen. Aber bald ist nichts mehr da. Das ist eine schöne Wende. Nur den Reichen, denen geht es wirklich gut. Denen wird doch alles hinterhergeworfen. Das ist doch alles so verlogen hier. An uns kleine Leute denkt keiner. Wir zahlen die Zeche. Aber das nennt man ja Demokratie. Jeder macht, was er will. Gesetze gelten nichts mehr. Schöne Freiheit!«

Mit der flachen Hand streicht er über die Tischdecke. Dann schweigt er wieder. Er wirkt ein wenig überrascht über sich

Hans und Helene Heller

selbst. So viele Sätze hintereinander hat er offenbar schon lange nicht mehr zu einem Fremden gesprochen. Er streicht sich durchs Haar, verschränkt die Arme vor der Brust.

Heller scheint erleichtert zu sein, endlich einmal konnte er Dampf ablassen. Das ist viel für einen, der leicht übersehen wird, für einen, der aus der Zeit gefallen ist. Er ist nicht unsympathisch. Er vermittelt den Eindruck solider Zuverlässigkeit; von ihm könnte man bedenkenlos einen Gebrauchtwagen kaufen.

Der Mittsechziger lebt in der Vergangenheit. Eine Zukunft sieht er nicht mehr für sich. Das geht vielen so in seiner Generation. Nur dass sein Gestern aus drei Buchstaben besteht, die ihm viel bedeutet haben. Diese drei Buchstaben heißen DDR, und dieses Land gibt es nicht mehr. Es ist weg, einfach so. Hans Heller starrt mich an, als könne ich ihn sowieso nicht verstehen.

Die Schwester

Helene (Name geändert) ist neugierig. Sie hat ihren Bruder Hans seit Jahren nicht mehr gesehen, geschweige denn gesprochen. Er war immer verschlossen, sagt sie. Kein Wort zu viel komme über seine Lippen. Keine Empfindungen, keine Emotionen. Dabei sei doch viel passiert.

Die agile Ruheständlerin ist in gewisser Weise gespannt, ob ein neuer Kontakt zustande kommen kann. Diese kleine Option hat sie immerhin aus der Reserve gelockt. Aus den Akten der Staatssicherheit geht hervor, dass sie für ihren Bruder, der bereits mit achtzehn Jahren eine eigene Familie gegründet hatte, eine wichtige Rolle gespielt hat.

Ihr Bruder war wie Helene erst im Kinderheim und später in einem Internat aufgewachsen. Er habe »nur noch losen Kontakt zu seinen Eltern« gehabt, heißt es in einem »Auskunftsbericht« eines Führungsoffiziers, die Geschwister hätten sich gegenseitig vertraut und gestützt. Hans und Helene bestätigen übereinstimmend, dass sie sich gegenüber ihren strengen Eltern gerne verbündet hätten. Sie müssen sich in ihrer Kindheit blendend verstanden haben.

Helene sagt: »Mein Vater war charmant, er konnte aber auch aufbrausend und jähzornig werden. Wenn wir etwas angestellt hatten, bekamen wir öfter Dresche. Mit dem Teppichklopfer. Unsere Mutter war sehr streng. Während unser Vater uns schon einige Minuten nach der Keile wieder in den Arm nehmen konnte, hat unsere Mutter das nie fertiggebracht. Soweit ich mich erinnern kann, hat mich meine Mutter nie geküsst, als ich noch Kind war. Wir Kinder hielten wie Pech und Schwefel gegen unsere Mutter zusammen.«

Seit langem reden sie nicht mehr miteinander. Sie belauern sich gegenseitig, sind misstrauisch. Warum? Was ist passiert?

Von heute aus betrachtet, wiegelt die Schwester ab, sei ihre Berliner Familiengeschichte wahrscheinlich nichts Außergewöhnliches. Die Mauer habe eben viele Menschen verändert.

Dann sagt sie: »Eines stimmt: Es gab da diesen Knacks. Es muss wohl an meiner Flucht gelegen haben.«

Helene hat ihr Leben lang Neues ausprobiert. Sie wollte wissen, wie etwas geht oder auch nicht. Diese Neugier hat sie von ihrem Vater geerbt. Ausprobieren, scheitern, wieder aufstehen, nicht locker lassen. Schauen, was jenseits der eigenen kleinen Welt existiert.

Diese Sehnsucht hat Helenes Vater, einen gebürtigen Wiener, Ende der dreißiger Jahre nach Berlin geführt. Er lernt eine kesse Berlinerin kennen. Sie heiraten, gründen eine Familie. Im Krieg kommen zwei Kinder im Abstand von einem Jahr zur Welt. Der Vater ist an der Front, die Mutter zieht Sohn und Tochter auf, ein hartes Brot in den Bombennächten und Hungerjahren. Es dauert lange, bis sich »die Hitlers« ergeben, wie der Wiener Vater sagt, und er selbst nach Hause zurückkehren kann. Der Vater behält seinen österreichischen Pass. Dennoch bleibt er in Berlin und mit Überzeugung im Ostteil.

»Er verstand sich als Kommunist. Er hatte zwei Pässe, wir Kinder am Anfang auch. Wir hätten gehen können, aber er wollte nicht. Er wollte ganz bewusst die neue DDR mitaufbauen. Das war für ihn das bessere Land.«

Helenes Vater träumt den Traum von einer gerechteren Gesellschaft, ohne Krieg, Ausbeutung und Willkür. Im Westen sind ihm zu viele ehemalige Nazigrößen zu schnell untergekommen und zu problemlos wieder an einflussreiche Schaltstellen gelangt. Das widert ihn an. Das gibt er seinen Kindern Hans und Helene mit auf den Weg. Der Osten als Neuanfang, als Hoffnung, als gelebte Utopie.

Heimkinder

Die Eltern treten nach Kriegsende der neuen Staatspartei bei, aus Überzeugung. Beide wollen die DDR mitaufbauen, dem Sozialismus eine Zukunft geben. Die Mutter arbeitet sich von der einfachen Verkäuferin zur Kaderleiterin hoch. Der Vater ist in der Verwaltung tätig, wegen seiner Kriegsverletzung ist er nur noch bedingt belastbar. In der Ehe jedoch kriselt es, die Ehepartner entfremden sich, schließlich zerbricht die Beziehung.

Helene erinnert sich: »1951 war die Scheidung. Meine Eltern redeten nicht mehr miteinander. Wir Kinder wurden dann hin- und hergeschoben. Es gab feste Zeiten, meistens am Wochenende, wo wir einmal beim Vater, ein anderes Mal bei der Mutter waren. Ich weiß noch genau, wie mein Vater immer an der Straße auf uns wartete.«

Hans und Helene kommen ins Heim.

Ein tiefer Einschnitt, meint Helene: »Ich kam mit nicht einmal zehn Jahren ins Kinderheim. Später waren wir dann im Wochenheim, so hieß das damals, wenigstens blieb ich in dieser Zeit mit meinem Bruder zusammen. Mit vierzehn kam ich ins Internat. In das gleiche Internat wie mein Bruder. Das war in Berlin-Blankenfelde.«

Hans und Helene kennen kein Zuhause. Ihre Väter und Mütter sind Direktoren und Erzieher. Sie werden zu Kindern des Sozialismus erzogen. Hans sagt heute: »Ich habe meine Mutter als Kind praktisch nie gesehen. Wir wurden im neuen Helene-Weigel-Heim im Bezirk Köpenick untergebracht, nicht weit von zu Hause entfernt. Das gibt es heute nicht mehr. Das ist abgerissen worden. Wir haben uns wohlgefühlt. Wir sind im Kollektiv aufgewachsen.«

Beide lernen fleißig, sind gerne in der Freien Deutschen Jugend, sammeln Altmetall und singen im Schulchor die Lieder der neuen Zeit. Gemeinsam absolvieren sie eine Lehre in der Landwirtschaft. In der Berufsschule lernen sie die Gesetze des Klassenkampfes. Der Direktor sagt, der Sozialismus sei kein leichtes Unterfangen, er verlange Opfer, aber das Ziel rechtfertige jede Anstrengung.

Für Hans ist der Direktor eine Respektperson, mehr noch, ein Vorbild. Hans lächelt versonnen und ergänzt, »er war wie ein Vater zu uns«. Für ihn ist es daher keine Frage, als FDJ-Sekretär am Internat Blankenfelde aktiv zu werden.

»Wir hatten eine herrliche, unbeschwerte Zeit«, schwärmt Hans noch heute. »Wir waren in den gleichen Ferienlagern, wir sangen im gleichen Chor. Im Volksgut Blankenfelde war ich FDJ-Sekretär, Helene meine Stellvertreterin. Das weiß ich noch genau. Wir haben uns manchmal ganz schön gefetzt, wie das eben so ist zwischen Bruder und Schwester.«

Hans Heller ist bereit, für den Sozialismus zu kämpfen. Mitte der fünfziger Jahre, in der Blütezeit des Kalten Krieges, ist der junge Ost-Berliner wie ein Indianer auf Streifzügen, seine Jagdgründe befinden sich im feindlichen West-Berlin. Die Grenze in der Viersektorenstadt ist noch offen, die Stadt politisch längst geteilt. In den täglichen Scharmützeln geht es um Atombomben, Wiederbewaffnung, alte und neue Nazis sowie um die Frage, wer in Deutschland die Lufthoheit hat. Der Propagandakrieg benötigt Fußvolk. Hans Heller ist einer dieser Legionäre des Kalten Krieges. Er rückt mit Gleichgesinnten Richtung Westen aus.

»Wir waren als FDJler oft drüben im Wedding. Wir haben Flugblätter verteilt, Plakate geklebt, Unterschriften gesammelt. Wir kämpften gegen die Atombombe. Die FDJ-Leitung rief uns an, wir sollten rüber, eine Aktion starten. Dann machten wir das. Das hat Spaß gemacht. Das passierte meistens abends im Dunkeln. Wir fuhren mit der Straßenbahn in den Westen. Die Fahrkarte kostete dreißig Pfennig. Das war am S-Bahnhof Wollankstraße. Das hatte einen Hauch von Untergrundarbeit, wie in der Weimarer Zeit. Ich habe den politischen Kampf von der Pike auf gelernt. Wir haben zusammengehalten. Das war großartig.«

Seine Augen leuchten noch heute, wenn er davon erzählt. Das tun sie selten. In diesen Momenten scheint er mit sich im Reinen zu sein. Er bezeichnet sich selbst als »eingefleischten Kommunisten«, für ihn sei das kein Schimpfwort.

»Ich war frei. Ich konnte meine Meinung sagen. Keiner hat mir dazwischengequatscht. Das ist so, auch wenn Sie das nicht glauben wollen!«

Der rüstige Mann sitzt kerzengerade. Er trinkt Apfelschorle. Alkohol sei nicht seine Sache, er verderbe nur den Charakter.

Getrennte Wege

Als er den Lehrabschluss in der Tasche hat, entscheidet sich Hans für ein Landwirtschaftsstudium in Schwerin. Die Liebe aber führt ihn ganz woanders hin, »in die Braunkohle«. Er zieht in ein Revier südlich von Leipzig, wird mit achtzehn Jahren Vater und schuftet im Tagebau von Deuben.

»Dort ist auch meine erste Tochter geboren. Mit den Sachsen habe ich mich allerdings überhaupt nicht verstanden. Wir haben uns oft geprügelt. Die hatten was gegen uns Berliner. Ich wollte so schnell wie möglich von dort wieder weg.«

Hans Heller meldet sich mit neunzehn Jahren bei der Sozialistischen Einheitspartei Deutschlands. Eine Selbstverständlichkeit. Seine um ein Jahr jüngere Schwester holt auf der Abendschule das Abitur nach. Sie studiert zuerst Pädagogik, später Mathematik und Physik an der Humboldt-Universität in Ost-Berlin. Aus ihnen soll etwas werden, der Staat braucht Talente wie Hans und Helene.

Um sie herum eskaliert der Kalte Krieg. Ost und West suchen jede Gelegenheit, die jeweils andere Seite vorzuführen, ein Riss geht mitten durch die Stadt.

Helene ist wie viele ihrer Altersgenossen aufgewühlt, allerdings aus einem anderen Grund. Die Studentin hat sich in einen jungen Fernsehtechniker »verguckt«. Es ist zwar nicht die ganz große Liebe, doch eine »Liebelei ... das war er«, lächelt Helene noch heute.

Der neue Schwarm hat einen kleinen Schönheitsfehler. Er lebt in Neukölln, und Neukölln liegt auf der anderen Seite, in West-Berlin. Der Liebhaber ist ein »Grenzgänger«, er wohnt im Westen und arbeitet im Osten. Das ist in diesen Tagen noch möglich, wenn auch mit zunehmenden Schwierigkeiten.

Es liegt etwas in der Luft, der Propagandakrieg gewinnt einmal mehr an Schärfe. Es sind nur noch wenige Wochen bis zum 13. August 1961, dem Tag, an dem der »antifaschistische Schutzwall« hochgezogen wird, um »Menschenhändlern« und »Grenzgängern« das Handwerk zu legen. Gemeint sind damit Leute wie Helenes Freund.

Hans akzeptiert die Teilung als notwendigen Schritt, Helene nicht. Helene ist zwanzig Jahre jung. Sie will sich nicht einsperren lassen, sie plant ihre Flucht. Vermutlich redet sie an der Uni einmal zu viel darüber oder mit dem Falschen, jedenfalls wird sie verpfiffen und verhaftet.

»Ich weiß nicht, wer von meinen Kommilitonen mich gemeldet hat. Durch die Denunziation kam ich in Untersuchungshaft. Tagelang wurde ich verhört. Man warf mir ›geplante Republikflucht‹ vor. Ich war mehrere Wochen in Einzelhaft, das war gar nicht lustig.«

Die Behörden können ihr nichts nachweisen.

In den Ermittlungsakten steht aber eine weitere Wahrheit, die Helene erst nach der Wende erfährt und mit der sie bis heute nicht klarkommt:

»Aus den Akten weiß ich definitiv, dass mein Bruder auf mich angesetzt war. Meine Mutter stellte sogar ihre Wohnung für heimliche Treffen zur Verfügung. Das war eine konspirative Wohnung. Sie haben mit denen zusammengearbeitet, gegen mich.«

Bruder Hans bestreitet, zu diesem Zeitpunkt in irgendeiner Form darin verstrickt gewesen zu sein: »Ich kann mich nicht erinnern, dass die Stasi mich damals gefragt hat. Ich hatte mit denen in dieser Sache nichts zu tun.«

Helene wird aus der Haft entlassen, aus Mangel an Beweisen. Sie hat nur noch einen einzigen Gedanken: weg! Sie will das Land ihrer Eltern, das Land ihres Bruders verlassen, für immer, und zwar so schnell wie möglich. Heute sagt sie: »Ich fühlte mich mundtot gemacht. Ich hatte das Gefühl, dass mein Leben bis zum letzten Atemzug verplant war. Alles stand fest, alles war festgelegt. Es wurde uns vorgekaut, was wir zu tun und zu lassen hatten, wie wir zu denken und reden hatten. Wer widersprach, bekam Ärger. Das war wie Gehirnwäsche. So stelle ich mir die Zeugen Jehovas vor. Das Paradies vor Augen, sollte man Entbehrungen auf sich nehmen und Schwierigkeiten klaglos hinnehmen. Wer auf Antworten bestand, galt als Feind der Sache. Gut oder Böse, Schwarz oder Weiß. Eine andere Sichtweise gab es nicht. Das sollte das Leben sein? Ich wollte nicht lebendig begraben sein.«

Helene spricht im Stakkato. Es bricht aus ihr heraus, als hätte sie den Entschluss, »rüberzumachen«, in diesem Moment getroffen, dabei liegt ihre Studentenzeit fast ein Menschenleben zurück. Erinnerung kann verdammt genau sein, wenn man sie herausfordert. Sie atmet durch.

»Ich weiß, das nervt. Ich weiß, das will heute keiner mehr hören. Aber ich war keine Verräterin. Ich habe mein Land nicht verraten.«

Helene kramt ein Taschentuch hervor. Mit leiser Stimme ergänzt sie:»Es war nach dem Mauerbau, ungefähr kurz vor Weihnachten 1961. Da stand mein Entschluss fest: Ich gehe.«

Helene will »auf die andere Seite«. Dazwischen liegt seit einigen Monaten eine bewachte Grenze, an der scharf geschossen wird. Helene will sie überwinden. Sie plant ihre Flucht von Ost nach West, die ihr Bruder Hans als Verrat ansieht, bis heute.

Der Kasten

Der West-Berliner Freund organisiert einen Fluchthelfer. Helene lässt sich damals darauf ein. Sie erzählt zum ersten Mal die Geschichte ihrer Flucht.

»Den Fluchthelfer habe ich auf der Transitautobahn kennengelernt. Dort hat er mich angesprochen, ob ich rüber will. Der Mann war deutlich älter. Er hinkte. Offenbar eine Kriegsverletzung. Als Tarnung sollten wir uns verloben.«

Eines Tages steht dieser Mann tatsächlich vor der Tür des Vaters in Köpenick und sagt:»Guten Tag, ich bin der Verlobte Ihrer Tochter.« Helenes Vater kippt fast aus seinen Schuhen, der Fremde ist ihm nicht geheuer.

Der Fluchthelfer besitzt einen DKW, Typ Junior, einen »Drei in Sechs«, wie das geräumige Fahrzeug damals hieß.

Nach mehreren abgebrochenen Versuchen ist es im Sommer 1962 so weit. Der Mann aus dem Westen holt sie beim Vater ab. Sie steckt ihren Ausweis ein, dazu ein paar persönliche Habseligkeiten und schleicht aus der väterlichen Wohnung, während ihr Herz klopft. Der »Drei in Sechs« ist in der Nachbarstraße geparkt. Sie steigt ein, ohne sich umzudrehen.

»Das Versteck war nicht im Kofferraum, sondern hinter der Rücksitzbank war ein präparierter Sperrholzkasten. Das war ein Kasten, der nach oben hochgeklappt werden konnte.«

Sie fahren durch die Vororte Ost-Berlins. An einem Waldrand hält der Wagen. Es ist so weit. Helene klettert in den engen Kasten. Es riecht nach Benzin, Gummi und alten Decken. Der fremde Mann gibt knappe Anweisungen. Sie solle bei Problemen klopfen, jedoch nur im äußersten Notfall.

Er klingt sehr routiniert. Der Mann schließt den Deckel. Im Innern ist es stockfinster, eng und heiß. Helene hat ihren Körper wie ein Embryo zusammengekrümmt, bald beginnt jeder Knochen zu schmerzen, das Herz zu rasen. Helene will gegen den Sperrholzkasten klopfen, dreimal, viermal, hundertmal. Sie lässt es. Sie fügt sich in ihr Schicksal. Sie wollte es, nun muss sie durchhalten, macht sie sich Mut. »Bald kann ich ein neues Leben beginnen«, flüstert sie sich zu.

Der Wagen holpert durch stille Straßen. Helene schwitzt und schnappt nach Luft. Sie trommelt im Takt des Motors nervös mit den Fingerknöcheln auf ihren Mund. Das hat sie schon als Kind getan.

Plötzlich hält der Wagen. Der Motor verstummt. Dann herrscht gespenstische Ruhe. Es ist der Grenzübergang Bornholmer Straße. Die Fahrertür wird geöffnet. Sie hört Stimmen. Der Fluchthelfer hat zur Tarnung eine weitere Frau aus West-Berlin als Begleiterin mitgenommen. Helene hält die Luft in immer größeren Abständen an, sie atmet flach. Schweißperlen rinnen über Stirn, Nase und Wangen. Das Herz klopft bis zum Hals. Sie kauert wie früher als kleines Kind im Luftschutzkeller, die Hände über dem Kopf. Wann fallen die Bomben, wo schlagen sie ein? Sie rechnet damit, dass jeden Moment der Kasten im Fond des Wagens entdeckt und aufgerissen wird und alles vorbei ist.

Nichts passiert. Der Motor springt wieder an, das Fahrzeug gewinnt an Fahrt. Endlos lange fährt der Fahrer weiter. Erst sehr viel später stoppt das Auto, der Kasten wird geöffnet. Eine frische Brise weht in das stickige Versteck.

»Willkommen in der Freiheit!« Der Unbekannte grinst und zieht sie aus ihrem Verschlag.

Helene zittert am ganzen Körper, die Knochen schmerzen, sie schnappt nach Luft, sie hustet. So riecht also der Westen, so anders! Sie weiß nicht, ob sie jubeln oder schreien soll. Sie weiß nur, dass jetzt alles anders wird.

West-Berlin ist für Helene wie ein geöffnetes Fenster. Ausschau halten, durchatmen, die Welt entdecken. Keine Verhöre, keine Funktionäre, keine Beschränkungen, aber auch keine Sicherheiten.

Das Geschäft mit der Freiheit

Helene kennt in der neuen Welt außer ihrem Freund keine Menschenseele. Der Mann bringt sie nicht zu ihm nach Neukölln. Er verspricht ihr ein Quartier, eine Bleibe für die ersten Tage. Sie verlässt sich ein weiteres Mal auf ihn. Er bringt sie in eine Altbauwohnung irgendwo in West-Berlin.

Sie wundert sich, dass die Fenster der Wohnung von innen nicht zu öffnen sind. Sie entdeckt, dass die Wohnungstür keine Klinke hat und von außen verschlossen wird. Was hat das zu bedeuten? Sie realisiert, dass sie in der Freiheit sogleich in neue Gefangenschaft geraten ist.

Ihr Befreier hat sie eingesperrt und verlangt seinen Lohn, er will Geld, und nicht zu wenig. Der Mann hat wenig Sinn für Ideale. Er ist Fluchthelfer, ein professioneller Schleuser. So einer wie er könnte in der DDR-Wochenschau jederzeit als Hauptdarsteller für die Ostpropaganda auftreten, als hässliche Fratze der westlichen Frontstadttypen.

»Ich war total naiv. Ich glaubte wirklich, er wolle mir helfen. Die Verlobung war für mich immer nur Tarnung. Damit niemand Verdacht schöpft. Ich war ein kleines dummes Ding von Anfang zwanzig.«

Helene zieht heftig an ihrer Zigarette. Ihre Hände zittern. Die Asche fällt runter. Sie schaut in die Ferne.

»Ich wollte ihm einfach glauben. Er, der große Freiheitskämpfer, ich, das unbedarfte Zonenkind. Ich bin mir absolut sicher, von einem Preis hat er nie gesprochen, jedenfalls nicht in Ost-Berlin. Sonst hätte ich das nicht gemacht.«

Helene kann sich selbst befreien. Ihr gelingt die zweite Flucht, diesmal aus dem westlichen Verlies und ohne fremde Hilfe. Sie schafft es, das Notaufnahmelager Marienfelde aus eigener Kraft zu erreichen, vier Tage nachdem sie im Westen angekommen war. Dort erhält sie einen neuen Pass und eine Bleibe. Sie jobbt in einer Fabrik, dann bewirbt sie sich bei einem Fernsehsender in West-Berlin. Sie wird eingestellt und lernt das Handwerk einer Schnitttechnikerin.

Doch ihr Befreier lauert ihr auf, verlangt Lohn für seine »Dienste«. Er schüchtert sie ein, jagt ihr Angst ein. Helene weigert sich zu zahlen. Da zieht er vor Gericht.

»Nach der Flucht hat er mich verklagt, straf- und zivilrechtlich. Wegen Betrugs und ausgebliebener Honorare. Das Verfahren dauerte über zwei Jahre. Es war eine furchtbare Zeit. Erst behauptete er, ich hätte das Verlobungsversprechen gebrochen. Dann klagte er wegen entgangenem Honorar. Es kam tatsächlich zu einem Gerichtsverfahren. Ist das nicht unglaublich? Ich erinnere mich ganz genau, als wäre es gerade eben passiert: Der Richter hatte mich freigesprochen, mit den Worten: wegen erwiesener Unschuld.« Helene wiederholt diese drei Worte, »wegen erwiesener Unschuld«, als könnte diese Formel böse Geister vertreiben.

Selbst nach dem Freispruch lässt der Mann nicht locker. Er

droht, sie bis ans Ende ihrer Tage zu verfolgen, er werde sie immer finden, an jedem Fleck dieser Erde, kündigt er an.

Helene kann in diesen Wochen nicht schlafen. Angst frisst ihre Seele auf. So geht das lange Zeit. Aber der Mann, der mit ihr zum Schein verlobt war, taucht nie wieder auf.

Helene hat diese Geschichte ein Leben lang für sich behalten. Ihr Vater, dem angesichts ihres Weggangs fast das Herz brach, sollte nie davon erfahren. Der Wechsel nach West-Berlin war schlimm genug, sagt sie. Außerdem fühlte sie sich doppelt bedroht, vom Fluchthelfer im Westen und von der Staatssicherheit im Osten.

Der Verdacht

Manchmal hat sie Heimweh, richtig Heimweh, nach ihrem Vater. Sie will ihn wiedersehen, den Menschen, mit dem sie so gerne und leidenschaftlich tanzen ging. Der Vater lebt zurückgezogen in Ost-Berlin, die Behörden haben ihm seinen österreichischen Pass weggenommen, er sitzt seit dem Mauerbau wie alle DDR-Bürger hinter dem Schutzwall. Er wartet auf bessere Zeiten – und seine Tochter.

Ihm geht es nicht gut, der Krebs raubt ihm seine Lebenskraft. Nach einer Operation hat er keinen Kehlkopf mehr. Er wird Invalidenrentner. Mit diesem Stempel im Pass kann er mit staatlicher Genehmigung die DDR besuchsweise verlassen. Zu einem runden Geburtstag seiner verlorenen Tochter beantragt er ein Visum. Daraufhin »wurde er sofort gesundgeschrieben und ihm der Status eines Invalidenrentners aberkannt, so schnell konnte man gar nicht Luft schnappen«, erzählt Helene.

Irgendwann Anfang der siebziger Jahre darf sie wieder einreisen. Das Abkommen, von Kanzler Willy Brandt ausgehandelt, öffnet ihr ein wenig die Tür. Die DDR-Beamten stellen ihr ein Tagesvisum aus, sie kommt als Touristin.

Hans und Helene Heller

Das Land hinter der Mauer erscheint Helene auf eigenartige Weise verändert und vertraut, fern und nah zugleich. Sie möchte ihren Vater sehen, der Kontakt zu ihm bedeutet ihr sehr viel.

»Ich wollte mich um meinen Vater kümmern. Es ging ihm zunehmend schlechter. Er lebte sehr zurückgezogen in einer kleinen Altbauwohnung, zwei Zimmer, in Ost-Berlin. Kontakte hatte er nur noch wenige. Er war verbittert. Er hasste die Kleinkariertheit der Leute, er verachtete die Engstirnigkeit der regierenden Funktionäre. Aus der Partei war er längst rausgeflogen. Er träumte von seiner Jugend, er sehnte sich nach seinem Wien. Doch trotz aller Enttäuschungen hielt er an seiner Idee fest: Eine gerechtere Gesellschaft gab es für ihn nur im Osten. Es hat ihn fast zerrissen. Er grübelte viel, manchmal wusste er nicht mehr weiter.«

Die ersten Reisen nach Ost-Berlin, zurück in ihre Kindheit, sind eine große seelische Belastung; grotesk findet sie, dass diese Vergangenheit nur einen Steinwurf entfernt liegt. In Ost-Berlin sind ihre Wurzeln, spürt sie, doch sie sind gekappt. Sie merkt, wie hilflos ihre Bemühungen nach Nähe zum Vater sind. Vater und Tochter haben sich in den Jahren der Trennung auseinandergelebt. Sie will dagegen ankämpfen, will es nicht wahrhaben.

Es bleibt den beiden nicht genug Zeit, um das Unausgesprochene auszusprechen. Das Tabu in der Familie ist ihre heimliche Flucht. Sie will ihr Verhalten erklären. Sie wünscht, dass er versteht, warum sie weggegangen ist. Tatsächlich hatte der Vater die Flucht seiner Tochter akzeptieren, aber nicht verwinden können. Es ging über seine Kräfte.

Eines Tages meldet er sich. »Komm mich besuchen, ich brauche Dich«, schreibt er. Helene besorgt sich ein Visum und macht sich auf. Wenn sie kommt, wartet er stets am Fenster und winkt. Doch als Helene diesmal eintrifft, steht niemand am Fenster.

»Ich hatte meinem Vater ein Telegramm geschickt, dass ich

komme. Ich hatte keinen Schlüssel. Ich parkte das Auto wie immer auf der Straße Mittelheide in Köpenick unweit vom S-Bahnhof Hirschgarten und betrat das Haus. Ich wunderte mich schon, dass er nicht am Fenster stand. Der Briefkasten war voll mit Zeitungen, da steckte sein ›Neues Deutschland‹ drin. Ich ging die Treppe hoch, es roch merkwürdig. Das war Gas. Ich habe nicht geklingelt. Aus Vorsicht. Ich klopfte, nichts regte sich. Ich ging zu den Nachbarn runter, die sagten, sie hätten meinen Vater zum letzten Mal vor einer Woche fröhlich lächelnd gesehen.«

Sie ruft ihre Mutter an, die von nichts weiß. Sie alarmiert die Polizei. Innerhalb weniger Minuten treffen in der ruhigen Wohnstraße Polizei, Feuerwehr, der Gasentstörungsdienst und der Notarzt ein. Helene steht auf dem Bürgersteig, sie zittert, ahnt Schlimmes. Der Verdacht wird Gewissheit. Der Vater ist tot.

»Ich wollte ihn unbedingt sehen. Man sagte mir, dass er tot im Bett aufgefunden worden sei. Ich durfte nicht zu ihm. Das wurde mir verwehrt. Ich habe ihn nicht mehr gesehen. Ich war völlig außer mir. Die ließen mich nicht zu ihm.«

Die Männer von der Kripo besänftigen die aufgebrachte Helene und loben ihr umsichtiges Verhalten. Einer sagt, sie habe eine Katastrophe verhindert, sonst wäre das ganze Mietshaus in die Luft geflogen. Mit Gas sei nicht zu spaßen. Dann kontrollieren sie ihren Pass. Die Kriminalisten stutzen. Es ist kein blauer Ausweis mit Hammer und Zirkel. Die Zeugin kommt aus dem Westen. Fragen drängen sich auf. Droht ein komplizierter Fall mit diplomatischen Verwicklungen? War es Selbstmord? Oder ist der alte Mann vergiftet worden?

Helene glaubt bis heute, dass ihr Vater umgebracht worden ist. Sie ist sich sicher, »hundertprozentig«.

»Ich glaube nicht an einen Unfall. Er hatte mir doch geschrieben, dass ich kommen soll. Da waren Löcher in der Leitung. Die Leitung war manipuliert. Als offizielle Todesursache wurde dann ein Unfall angegeben. Das meinte auch mein Bruder.«

Die Ermittlungen werden später eingestellt. Die Behörden gehen von einem Unglücksfall aus, bedingt durch »technisches Versagen«. Ein Leck in der Gasleitung habe den Vater vergiftet, heißt es, die Kommunale Wohnungsverwaltung habe versäumt, Reparaturen an der schadhaften Gasleitung ordnungsgemäß auszuführen. Der Fall wird zu den Akten gelegt.

Die Beerdigung bringt die Familie in Ost-Berlin zusammen. Hans und Helene, die Geschwister, die sich in den Heimen so viel zu sagen hatten, die immer gegen ihre strengen Eltern zusammenhielten, reden nur das Allernotwendigste. Der Graben ist tief. Der einsame Tod des Vaters hält allen den Spiegel vor: Warum hat sich niemand um ihn gekümmert? Hätte sein Tod nicht verhindert werden können?

Zwischen Hans und Helene steht ein unausgesprochener Vorwurf: Jeder gibt dem anderen die Schuld. Der Unfall hätte verhindert werden können, die Gasleitung war offenbar schon länger schadhaft. Am Ende zieht sich Hans zurück, Helene reist wieder ab, jeder in seine, in eine andere Welt.

Die Wege trennen sich, für immer, so scheint es. Sie wollen sich nicht mehr sehen, das schwören sie sich jeweils selbst. Doch sie werden sich bald intensiver begegnen, als sie es je geträumt hätten.

Der Besuch

Im Dezember 1985 klingelt an einer Neubauwohnung in Berlin-Marzahn ein Mann mit gewinnendem Lächeln und unscheinbarem Äußeren. Der Fremde erklärt, er müsse ein paar Fragen zu Vorfällen im Betrieb stellen, ob er hereinkommen dürfe?

Der Besucher ist bemüht, alles richtig und nichts falsch zu machen. Beflissen zieht er seinen Mantel aus und folgt dem

Gastgeber in dessen Wohnzimmer. Es ist wenige Tage vor Weihnachten. Hans Heller erwartet um diese Zeit normalerweise keine Gäste, schon gar nicht abends. Heller ist ein Einzelgänger, ein notorischer Brummbär, einer, der nach einem harten Tag seine Ruhe haben will, vor allem am Feierabend.

Was will er von mir?, fragt sich Heller und mustert den Fremden. Sie reden über Arbeitskräftemangel, Überstunden und die letzte Ernte. Der Gast sucht das Vertrauen seines Gesprächspartners zu gewinnen.

Dass der Mann vermutlich von der Staatssicherheit ist, stört Hans Heller nicht. Er traute sich anfangs aber auch nicht danach zu fragen, räumt er heute ein, warum auch? Irgendwie gehörten die mit dazu, meint er.

Heller ist gelernter Rinderzüchter, Agrar-Ingenieur-Ökonom. So steht das in seinem blauen Versicherungsausweis. Er ist Parteisekretär. Dafür gibt es einen anderen Ausweis. Heller steht an der Spitze einer Landwirtschaftlichen Produktionsgenossenschaft am Rande von Ost-Berlin. Er ist Abteilungsleiter in seinem Großbetrieb, praktisch ist er Manager einer Fleischfabrik. Solche Formulierungen gefallen ihm nicht, er sieht sich eher als Macher und Mann des Kollektivs. Wenn es sein muss, legt er selbst Hand an. Er ist sich für nichts zu schade. Kurzum, er ist in seinem Betrieb ein wichtiger Mann. Manche sagen, er ist die Seele des Unternehmens, das Mädchen für alles. Das stört ihn nicht. Er fühlt sich in seiner Funktion wohl, auch wenn er ständig mit dem Mangel zu kämpfen hat.

Stolz erzählt er: »Wir haben viele Jahre mit der Hand gemolken. Morgens, abends, zweimal am Tag. Das war richtig harte Arbeit. Ich bin um halb zwei Uhr morgens aufgestanden. Abends bin ich gleich nach dem Abendbrot todmüde ins Bett gefallen.«

Der kräftige Mann ackert und rackert für seinen Betrieb. Überstunde um Überstunde. Glanz steht in seinen Augen, wenn er heute über die Anfänge berichtet.

»Ich war für dreihundert Kühe zuständig. Die Kuhleistung lag bei dreitausend Liter pro Jahr, heute liegt sie bei achttausend Liter. Wir hatten einfach nicht das optimale Futter. Einmal sagte Chruschtschow, wir sollten auf Mais setzen, denn Mais sei ›Wurst am Stängel‹, aber das haute nicht hin. Wir hatten stets Probleme mit dem Futter. Allerdings waren die Kühe bei uns glücklicher. Da bin ich mir sicher. Unsere Kuh ›Nummer 1‹ hatte vierzehn Kälber. Das gibt's doch heute gar nicht mehr.«

Heller bildet Nachwuchs aus. Einer seiner Schützlinge an der Melkmaschine ist ein junger Mann, der auffällt, weil er mit seinem Mundwerk deutlich besser und schneller umgeht als mit seinen Händen.

»In Blankenfelde war Gregor Gysi bei mir. Er hat bei mir gelernt. Ich habe ihm das Melken beigebracht. Er hat seine Ausbildung bei uns im Stall gemacht. Er konnte viel und gut reden, war aber ein schlechter Melker.«

In seiner Freizeit ist er Chef des Kampfgruppenzuges 216. Manches Wochenende wirft er sich in den Dreck, zieht sich die Gasmaske über oder putzt die Kalaschnikow, freiwillig und ohne zu murren.

»Dreißig Jahre war ich in der Kampfgruppe, dreißig Jahre.« Hans Heller dehnt die dreißig wie Kaugummi. Zugleich versucht er zu lächeln, sein Lächeln wirkt aufgesetzt und gequält.

Wir kommen wieder auf den Antrittsbesuch des Mannes von der »Firma«. Der Besucher, der sich nur mit seinem Namen, aber ohne Funktion vorstellt, will wissen, wie viele Vietnamesen in seinem Betrieb arbeiten. Er fragt nach Kellereinbrüchen, zerstochenen Reifen an einem Golf und ob Hellers Chefs »sauber« wären, man höre von »gewissen Unregelmäßigkeiten«. Der freundliche Fremde wird allmählich aufdringlich.

Heller nimmt sich ein Herz und fragt den Mann schließlich, ob er von der Kripo sei. Das verneint er. Er käme auch nicht von der Parteikontrollkommission. Er sei in der gleichen Partei wie Heller. Seinen Job verstehe er als Dienstleistung. Er sorge mit dafür, dass Heller in Ruhe arbeiten könne, dass er geschützt sei. Damit die Lage »in der Republik« stabil bleibe, brauche er seine Hilfe.

Hans Heller hat verstanden, er willigt ohne weitere Fragen ein. Warum auch nicht? Man verabredet eine Losung für künftige Zeiten. »Schöne Grüße vom Kollegen Fichtel.«

Auftrag Schwester

Der Fremde kommt von nun an regelmäßig. Er ist aufmerksam, freundlich, ausgeglichen. Manchmal bringt er kleine Geschenke mit. Eine Flasche Wodka oder ein Buch, zur Abwechslung auch Pralinen. Dass er sich einen anderen Namen wählen soll, wegen der »Konspiration«, findet Heller albern. Dass er sich in fremden Wohnungen treffen muss, betrachtet er als lästige Zeitverschwendung. Es bleibt ihm nicht einmal Zeit für sein eigenes Leben, seine Ehe geht auseinander. Der Multifunktionär Hans Heller ist stets unter Druck, damals jedenfalls, wie er beiläufig bemerkt.

»Ich hatte kein Privatleben. Ich war ständig unterwegs. Für den Betrieb, für die Partei, das Wohngebiet. Eine Zeit lang war ich ja auch noch Abgeordneter. Wir hatten permanent Terminschwierigkeiten. Die Treffen haben kaum länger als eine halbe Stunde gedauert.«

Die Herren von der Staatssicherheit wechseln sich ab. Insgesamt drei Offiziere kümmern sich um den Mann aus der Landwirtschaft, dessen Terminkalender so voll ist, wie er Sorgen hat.

»Wir haben uns gut verstanden. Wir trugen das gleiche Abzeichen am Revers. Wir hatten die gleichen Ziele. Wir haben uns ideologisch verstanden. Bei den Gesprächen ging es eher um taktische Fragen. In der Sache war alles klar.«

Eine Sache behagt ihm nicht. Er soll seine Bereitschaft zur Zusammenarbeit schriftlich bestätigen. Für Hans Heller gilt die alte Regel vom Handschlag, der Geschäfte besiegelt, mehr sei unter Männern nicht nötig. Eine Unterschrift unter irgendwelche Verpflichtungen will er nicht leisten, wozu auch? Dass er den Genossen hilft, ist für ihn selbstverständlich. Hans Heller:

»Ich hatte von den Offizieren eine spezielle Telefonnummer bekommen. Ich konnte dort immer anrufen. Solche Anrufe erledigte ich manchmal direkt von meinem Büro. Das war ein ganz kurzer Draht.«

Nachrichtendienste hat es immer gegeben und wird es immer geben, führt er aus. Heller setzt eine kurze Pause, dann fixiert er mich.

»Jeder Staat hat Feinde. Um sich zu schützen, muss man den Gegner kennen und rechtzeitig bekämpfen. Das sehen wir doch jeden Tag. Krieg gegen den Terror heißt das heute. Was machen denn die Amerikaner? Afghanistan, Irak, Guantanamo. Es ist nur die alte Frage, ob man für die richtige Sache kämpft.«

Je länger Heller redet, desto mehr kommt er wieder mit sich ins Reine. Er hat seine Schieflage überwunden, in der er sich anfangs bei unserem Gespräch wähnte. Jedenfalls macht er jetzt einen deutlich selbstbewussteren Eindruck.

Der kräftige Mann blättert flüchtig in den Akten, die ich auf den Tisch gelegt hatte. Ab und zu schüttelt er den Kopf und sagt:

»Das haben die sich zusammengereimt, das stimmt so nicht. Aber die kamen ja ständig wieder, die ließen einfach nicht locker.«

Heller fühlt sich wie in einem Film, der mit erhöhter Geschwindigkeit rückwärts läuft und dann auf einem einzigen Standbild stehen bleibt. Er sei ein gemeiner Stasi-Spitzel? Hans Heller sieht bei diesem Gedanken aus, als hätte man ihm einen Teller mit angebrannten Kartoffeln vorgesetzt.

»Ich habe nichts Verbotenes getan. Die Herren waren für mich legitime Vertreter unseres Staates. Warum sollte ich das ablehnen? Ich habe mit diesen Menschen häufig über den Kampf der Systeme diskutiert. Wir waren uns oft einig. Aber diese Gespräche stehen überhaupt nicht in den Akten.«

Die Männer von der Firma erklären, dass der Staat auf Leute wie ihn angewiesen sei.

»Einmal erklärte einer der Offiziere den Kampf von Ost und West so: Fehlen bei uns in der DDR in einem Betrieb ein paar Schrauben, reden die drüben von Misswirtschaft. Verfasst jemand schlechte Gedichte, und wir drucken das Geschreibsel nicht, fabulieren die über fehlende Menschenrechte. Läuft ein Mann von seiner Frau weg und lässt seine Kinder sitzen, schreiben die über wachsende Unzufriedenheit im Volke. Flippt dieser Mann dann aus und wird daran gehindert, unsere völkerrechtlich anerkannte Staatsgrenze zu überwinden, brüllen die in den Abendnachrichten: Wieder ein Flüchtling. Wieder zeigt das System sein wahres Gesicht. Mauer und Stacheldraht.«

Die Offiziere argumentieren, die Lügen des Westens seien eigentlich leicht zu durchschauen. Das Dumme sei nur, dass in der DDR viele diesen Mist jeden Abend sähen und glaubten. Die Brüder vom Westfernsehen würden die Unzufriedenheit regelrecht herbeisenden. Sie bauschten auf und machten die Massen aufmüpfig und rebellisch. Den Rest erledige die Werbung, das sei parfümierte Massenhysterie. So etwas müsse man verbieten. Während sich die DDR an Gesetze halte, würden »die drüben« ständig zum Gesetzesbruch aufrufen. Das könne sich kein Staat der Welt bieten lassen. Hans Heller nickt zustimmend. So sieht wohl auch er die Welt.

Eines Tages lassen die freundlichen Herren die Katze aus dem Sack. Man brauche Hellers Hilfe in einem besonders brisanten Fall. Er habe den Schlüssel zu einer dieser Herrschaften in der Hand. Heller schüttelt den Kopf und antwortet, er

verstehe viel von Saatgut, Getreidewirtschaft und Milchkü-
hen, aber nichts von Politik und Propaganda.

Der Geheimdienstmann erzählt, dass der neue Fernsehkorrespondent aus dem Westen seit längerem eine Freundin
habe. Auf Hellers Frage, was das mit ihm zu tun habe, antwortet der Offizier, die Geliebte sei Hellers Schwester.

Die Geburtstagsfeier

Heller hat seine Freundin mitgenommen. Er geht mit ihr
die Spree entlang. Sie sind mitten im Zentrum Ost-Berlins
und doch schon nahe der Grenze. West-Berlin ist nicht weit,
für das Paar aus Marzahn allerdings unerreichbar fern. Heller fühlt sich in dieser Gegend am Schiffbauerdamm nicht
wohl.

Auf der gegenüberliegenden Spreeseite ragt schemenhaft
eine Halle mit schwungvollem Dach aus dem Februardunst.
Es ist der Grenzübergang Friedrichstraße, hier öffnet sich ein
winziges Tor zum Westen, der »Tränenpalast«. Was dahinter
liegt, interessiert ihn nicht wirklich.

Heller hat Geburtstag. Dieses Jahr feiert er an einem ungewöhnlichen Ort, im Ganymed, einem edlen Etablissement
am Schiffbauerdamm. Heller war noch nie da. Er ist ein wenig aufgeregt. Jetzt steht er vor diesem berühmten Wein-
restaurant, das sich mit dicken, bunten Butzenscheiben vom
Rest der Welt abschirmt. Das Ganymed ist eine der schicks-
ten Adressen Ost-Berlins. Eine Art Exil in der tristen Ge-
nusslandschaft DDR, ein volkseigener Tempel der Völlerei,
eine Inszenierung des Unerhörten, eine Scheinwelt, die sonst
nirgendwo im Osten existiert, aber in der man mit Ostgeld
bezahlen kann.

Heller sortiert vor dem Lokal noch einmal Garderobe und
Gedanken. Um die Ecke strömen Besucher zu Brechts Berliner Ensemble, die Spree fließt träge gen Westen, über die

Weidendammer Brücke rattert eine Straßenbahn in Richtung Endstation Kupfergraben.

Heller hat Geburtstag. Heller hat einen Auftrag. Er soll feiern, hier an dieser feinen Adresse. Seine Schwester und ihr Lebensgefährte, der Fernsehmann, haben zugesagt, sie holen die Mutter ab und bringen sie mit. Es ist eine besondere Familienfeier, praktisch unter staatlicher Aufsicht. Essen und trinken, lachen und scherzen im Auftrag der Genossen, um, wie die Offiziere betonten, den Gegner besser »unter Kontrolle« zu halten. Was man vorher wisse, könne hinterher nicht anbrennen, »die Ausschaltung des Überraschungsmoments« sei nicht zu unterschätzen, trichterte Genosse Franz Fichtel (Name geändert) Heller vor dem Abend ein. Heller dürfe keine unnötigen Hemmungen haben, den Feind müsse man mit dessen Mitteln schlagen.

Hans Heller schaut sich im Ganymed um. Er entdeckt hochherrschaftlichen Stuck an den Wänden und Plüsch in rauen Mengen. Auf den Tischen, bedeckt mit weißen Leinentischtüchern, stehen Gläser aus fein geschliffenem Kristall und glänzende Sektkühler. Das Ambiente erinnert an Wiener Restaurants, von denen der Vater manchmal erzählte. Hans Heller fragt sich, was er hier eigentlich soll, und verwünscht den Moment, an dem er den »Auftrag« angenommen hat.

»Das Lokal war sehr, sehr vornehm. Was mir noch auffiel: Ich war nicht allein. Die Aufpasser saßen überall im Restaurant an den Nachbartischen.«

Der Abend nimmt einen fröhlichen Verlauf. Der neue Mann an Helenes Seite ist weder aufdringlich noch eitel. Er hat gute Manieren, ist ein angenehmer Gesprächspartner und fragt höflich, ob man als Einstieg die Selleriecremesuppe oder den Graupensalat mit gebratener Wachtelbrust wählen solle, und lächelt galant ein Erfolgslächeln, wie Heller es nur von Gesichtern aus dem Westfernsehen kennt.

Heller starrt auf die Abendkarte. Er versteht fast nichts, er kann die Gerichte kaum aussprechen, nur die Preise am rechten Rand beeindrucken ihn nachhaltig. Er entscheidet sich zunächst für eine Suppe, er will Zeit gewinnen.

Helene ist aufgekratzt. Sie sieht blendend aus und sitzt neben ihrem Tischherrn. Die Speisen mit den fremden Namen gehen ihr selbstverständlich über die Lippen. Sie überlegt, ob sie das rosa gebratene Lammkarree mit Wachsbohnen und geschmorten Quitten oder den Brecht-Teller wählt. Ihr Lebensgefährte setzt seine Lesebrille ab und brummt, was denn um alles in der Welt ein Brecht-Teller sei? Sie erklärt, darunter könne man sich Salatbouquet mit Pinienkernen und Shrimps-Cocktail, dazu Bayonner Schinken vorstellen. Heller zuckt zusammen; wenn er nicht wüsste, dass diese Frau die eigene Schwester ist, käme sie für ihn von einem anderen Stern.

Hans Heller tut sich schwer. Er entschuldigt seine fehlende Weltläufigkeit und betont, er könne seine Wurzeln einfach nicht verleugnen. Er sei weder Nachtschwärmer noch Partygänger, überhaupt pflege er selten auszugehen.

Heute sagt er: »Ich wurde mit dem Korrespondenten einfach nicht richtig warm. Da war so eine unüberbrückbare Barriere. Ich bin ja ein überzeugter DDR-Bürger, vielleicht lag es daran.«

Helene erinnert sich: »Er war über die Atmosphäre im Lokal erstaunt wie ein kleines Kind. Er war manchmal sehr naiv in solchen Dingen.«

Helene genießt den Augenblick. Für sie ist dieser Abend eine Art Wiedergutmachung, eine Familienzusammenführung erster Klasse, nach Jahrzehnten der Vorwürfe, der Trennung und des Schweigens. Der Fernsehmann erklärt, er möge die Menschen im Osten. Was ihn immer wieder aufs Neue fasziniere, das sei ihre Authentizität. Er lobt ihre direkte Art, da sei nichts Gekünsteltes oder Aufgesetztes. Man rede hier so, wie man denkt. Die Menschen seien geradlinig, keine Schauspieler wie im Westen, das imponiere ihm.

Heller wird bei solchen Sätzen ganz anders zumute. Dann verspeist die Tischrunde zum Nachtisch eine Spezialität des

Hauses. Crêpe Suzette, am Tisch flambiert mit Weinbrand Edel und Orangenspalten, für Heller schmeckt es wie Eierkuchen.

Irgendwann an diesem Abend bietet der Fernsehjournalist Heller das Du an und äußert, dass er sich freue, seine Bekanntschaft zu machen. Möglicherweise stehe man am Beginn einer langen Freundschaft. Der Mann prostet Hans Heller zu, der verlegen den Trinkspruch erwidert.

Die Rechnung

Das gemeinsame Essen schafft eine gute Grundlage für den Abend. Der Wein, es ist ein seltener Meißner Gutedel, löst die Zungen. Jeder erzählt aus seinem Leben. Die Andersartigkeit hat ihren Reiz. An Gesprächsstoff fehlt es nicht. Bruder und Schwester reden über Kindheitstage, bornierte Lehrer und gemeinsame Abenteuer im Ferienlager. Die Stimmung ist gelöst.

»Es war ein schöner Abend im Ganymed. An unserem Tisch wurde übrigens sehr freundlich über die DDR gesprochen. Wir redeten hauptsächlich über vergangene Zeiten. Es wurde nicht politisiert. Man kann sagen, es war eine wohlige Stimmung. Ich weiß noch genau, ich habe meinem Bruder an diesem Abend einen Pullover geschenkt.«

Helene wundert sich über ihren Bruder, der so viele Jahre nichts von ihr wissen wollte und plötzlich so aufgeschlossen ist. Sie hat diesen Abend bis heute nicht vergessen.

»Wir verbrachten einen gemeinsamen Abend. Wir fühlten uns wie eine Familie. Wir feierten ohne Ärger und Misstöne. Das Leben kann so schön sein.«

Der Fernsehmann ist angetan. Hier sitzen keine Aufpasser, Wichtigtuer oder Offiziellen am Tisch. Hier erfährt er, wie die Menschen wirklich denken, worüber sie lachen, was sie ärgert. Der Mann aus dem Westen seinerseits erzählt von seinem Treffen mit Heiner Müller, dem berühmten Brecht-Dramatiker von nebenan. Wenn es bedeutend wird, spricht der weit gereiste Mann etwas leiser. Keiner soll mithören. Dann stecken sie ihre Köpfe verschwörerisch zusammen.

Immer wieder setzt der Fernsehmann zu neuen Anekdoten an. Heller raucht der Kopf, sein Offizier hatte ihm aufgetragen, sich so viel wie möglich zu merken.

Das Restaurant ist längst leer, als Heller die Rechnung auf einem kleinen silbernen Tablett serviert bekommt. Er zuckt unmerklich, als er die Summe liest. 248,30 Mark steht da geschrieben und: »Wir hoffen, es hat Ihnen gefallen.« Die Rechnung entspricht seinem Wochenlohn. Er bezahlt und zögert einen Wimpernschlag lang, ob er mitlachen soll, als der Fernsehmann fragt, ob er den Abend von der Steuer absetzen kann. Heller lacht schließlich mit. Ihm wird plötzlich leichter ums Herz, denn der kleine, hilflose David, in dessen Haut er sich den ganzen Abend lang wähnt, hat die Steinschleuder, mit der er den großen Goliath in die Knie zwingen kann. Heller genießt den Gedanken, er kann die komplette Rechnung absetzen, sein Staat übernimmt die vollen Kosten.

Man trinkt zum Abschluss auf das Wohl des großzügigen Geburtstagskindes, dann erzählt der Fernsehmann eine Geschichte zum Abschied, die er neulich gehört habe: »Eines Abends trafen sich hier im Ganymed die Komponisten Hanns Eisler und Paul Dessau. Eisler war verschnupft, Dessau bestens gelaunt. Eisler beklagte sich bei Dessau, dass seine Werke in der DDR mit Aufführungsverbot belegt sind. Der umtriebige Dessau sprang auf, eilte zu den beiden Musikern, erbat sich die Geige und führte ein Originalwerk von Eisler auf, die Nationalhymne der DDR. Für die Gäste, darunter viele bekannte Schauspieler und hohe Funktionäre, entstand ein plötzlicher Moment der Verunsicherung: Was ist zu tun? Sollte man bei der Nationalhymne aufstehen oder nicht?«

Hans Heller erhebt sich und sagt, er müsse jetzt wirklich aufstehen, morgen rufe wieder die Arbeit. Erleichtert umarmt er seine Geburtstagsgäste und dankt für den gelungenen Abend. Als der Fernsehmann mit seiner Schwester Ost-Berlin verlässt, ist es genau neun Minuten nach Mitternacht. Der Ausreisestempel vom nahen Grenzübergang Friedrichstraße, der die Stadt in zwei Welten teilt, hält diese Uhrzeit fest. Das Blatt ist in der Spitzelakte von Hans Heller fein säuberlich unter dem Datum des Geburtstags archiviert.

In den Unterlagen steht nicht, was Helene ihren Freund vom Fernsehen auf dem Nachhauseweg von Ost- nach West-Berlin fragt. Sie will wissen, welchen Eindruck er von ihrem Bruder gewonnen habe? Ohne lange zu zögern, sagt er, eine Menge, er schätze besonders seine Offenheit. Er sei sicher, Bruder Hans sei eine verdammt ehrliche Haut.

Überstunden

In der Gegensprechanlage des Hochhauses knackt es. Heller spricht seine Losung, »Schöne Grüße vom Kollegen Fichtel«. Der Türöffner summt. Heller huscht zum Fahrstuhl wie ein Schatten und hofft, dass ihm niemand über den Weg läuft. Er hasst diese Versteckspiele seit Monaten, mit Parole, Treffen in leeren Neubauwohnungen und ständigen Selbstkontrollen. Weder die eigenen Töchter noch die neue Lebensgefährtin dürfen etwas von seinem zweiten Leben erfahren. Er vertröstet seine Freundin und behauptet, er mache Überstunden. Arbeit fürs Kollektiv, die Schreibarbeiten, was eben so liegen bleibt, einer müsse es ja machen. Diese Erklärung reicht, sie fragt nicht weiter nach. Heller gilt als pflichtbewusst, zuverlässig und einer, der nicht auf dumme Gedanken kommt.

Heller drückt den Knopf. Die Fahrstuhltür klappt ächzend zu. Er ist allein, Gott sei Dank. Trotzdem rinnt ein dünner Film aus Schweißperlen über seine Stirn. Manchmal will er nur noch aussteigen. Seit zwei Jahren geht dieses Katz-und-

Maus-Spiel. Ständig die Angst, einen Fehler zu begehen. Ständig die Sorge, entdeckt zu werden. Warum tut er sich das an, fragt er sich. Heller hat oft darüber nachgedacht, er kommt zu keinem klaren Ergebnis. Er hat nie nein gesagt. Er hat aber auch nicht alles erzählt, manches hat er gegenüber den Offizieren verschwiegen. Solche kleinen Akte des Widerstandes dienen seiner inneren Hygiene. Er will keiner sein, der andere verpfeift, anschwärzt oder in die Pfanne haut. Er sieht sich nicht als Verräter.

Einmal wehrt er sich, als die Offiziere eine schriftliche Verpflichtung verlangen, die er ablehnt. Aber sie lassen nicht locker, sie bedrängen ihn und appellieren an sein Pflichtbewusstsein. Schließlich unterschreibt er eine Schweigeverpflichtung. Es ist ein Kompromiss, mit dem er leben kann. Die drei Zeilen stammen von den Genossen, die Hand führt er selbst.

Die Fahrstuhltür öffnet sich. Heller schielt erst nach links, dann nach rechts. Seine Augen tasten den Flur ab. Es ist ruhig. Niemand ist an diesem Abend unterwegs. Irgendwo läuft ein Fernseher, dessen Geräusche durch die dünne Wohnungstür nach außen dringen. Er schleicht wie eine Katze an den Wänden entlang, immer auf dem Sprung. Was hat er nicht alles auf sich genommen? Die merkwürdige Verwandlung des Hans Heller in einen Geheimagenten der Partei.

»Ich fühlte mich wie ein ferngesteuerter Roboter«, sagt er heute. Er hat sich immer wieder in Anzug und Krawatte gezwängt, auf Tischsitten geachtet und den interessierten, verständnisvollen Bruder gemimt, so gut es nur ging. Er hat sich in der Welt vornehmer Empfänge bewegt, mit redegewandten, aber merkwürdig steifen Menschen. Er hält sich in teuren Lokalen auf und trifft auf Partys prominente Menschen. Er ist ein anderer geworden, wenn auch nur für Stunden. Komisch, dass ihm dieser Mummenschanz gelingt, sonst fehlt ihm jedes Talent zur Schauspielerei. Es wundert ihn, dass Helene dieses Spiel nicht längst durchschaut hat. Ist sie blauäugig oder vielleicht aus Liebe blind? Ist ihr möglicherweise der Rummel komplett zu Kopf gestiegen?

Hans Heller ist angesichts ihrer Arglosigkeit überrascht. Seine Auftraggeber sind es nicht. Sie drängen auf Erfolge. Er soll aus seinen erstklassigen Kontakten endlich etwas machen.

Der Auftrag

Heller sitzt mit seinem Kollegen Fichtel zusammen. Ob er wirklich so heißt, weiß er nicht. Es interessiert ihn auch nicht. Fichtel löchert ihn mit Fragen nach einem Radiobeitrag. Ein Westsender hatte über Probleme in der Landwirtschaft berichtet, ausgerechnet in seinem Betrieb. Woher denn diese Informationen stammen? Ein anderes Mal zeigt der Genosse Fotos, die bei einem Fest von Fernsehleuten aufgenommen wurden. Es sind Porträtaufnahmen. Sie zeigen ausgelassene, fröhliche, selbstbewusste Menschen. Im Mittelpunkt steht unverkennbar der Fernsehmann, seine Schwester ist häufig an seiner Seite. Heller findet sich selbst nur auf wenigen Fotos, meist im Hintergrund und erstarrt wie ein Fremdkörper. Ihm fällt auf, dass er kein einziges Mal lächelt.

An diesem Abend ist der Offizier besonders penibel. Er wiederholt seine Fragen. Wer ist diese Person, wer jene? Was weiß er? Welche Kontakte hat er zu Westjournalisten? Wie kam die Person zu der Einladung?

»Ich sollte jemanden identifizieren. Ich kannte allerdings keinen.«

Der Offizier möchte Persönlichkeitsprofile, ihn interessieren Auffälligkeiten, Stärken, Schwächen, Alkoholkonsum, Affären. Das Gespräch entwickelt sich fast zu einem Verhör. Heller fühlt sich in die Pflicht genommen. Er beruhigt sich damit, dass hier gefährliche Gegner ihr mieses Spiel treiben. Die Überheblichkeit und Arroganz der Westler stören ihn.

Dieses Gefühl hilft ihm, aufkeimende Gewissensbisse zu beruhigen. Er schaut sich ein Foto an, auf dem seine Schwester zu erkennen ist. Glücklich flirtet sie mit der Kamera. Für ein bisschen Macht tut sie offenbar sehr viel. Ist sie überhaupt noch seine Schwester? Heller ist sehr müde, er fühlt sich ausgelaugt, er will gehen.

Der Mann von der »Firma« ergänzt, dass man mit ihm noch einiges vorhabe. Der Landwirt erwidert, dass er nach Hause möchte, sein Tag beginne früh um fünf, er müsse mit den Hühnern aufstehen und seine Arbeit tun.

Der Mann entgegnet, dass auch er seiner Arbeit nachgehe, sein Job sei es, das Land zu schützen. Das Ministerium sorge dafür, dass Arbeiter und Bauern ohne kapitalistische Ausbeuter morgens aufstehen könnten.

Im Herbst 1988 planen die Genossen, Hans Heller an die Front zu schicken, über die Mauer ins »Operationsgebiet« nach West-Berlin. Als Legende, so überlegen sich die Offiziere, soll er die »Grüne Woche« besuchen, das ließe sich als Weiterbildung gut begründen, vor allem gegenüber misstrauischen Kollegen in Hellers eigenem Betrieb. »Der IM wurde beauftragt zu prüfen, welche legalen Möglichkeiten bestehen und durch ihn umgesetzt werden können, um die Verbindung zu seiner Schwester zu intensivieren«, heißt es im Stasi-Kauderwelsch, um eine »offizielle Dienstreise nach WB zu realisieren«. WB steht für West-Berlin.

Diesmal soll es im Westen nicht um Flugblätter oder Plakate gehen, diesmal soll er im Herzen des Gegners, beim Vertreter eines »Feindsenders«, so viel wie möglich auskundschaften. Am 9. Februar 1989 vermerkt ein anderer Treffbericht, dass Hans Heller »beauftragt« wurde, in West-Berlin eine »Lageskizze der Wohnung« anzufertigen, die Namen der Nachbarn auszukundschaften und einen Nachschlüssel zu besorgen. Der Agent »Rudolf« (Name geändert), so der Name, der in den Stasi-Akten auftaucht, soll endlich wertvolle Ergebnisse heranschaffen.

Alles kommt anders

Hans Heller bestreitet heute vehement, jemals von solchen Aufträgen gewusst oder überhaupt von irgendwelchen Plänen für einen geheimen Westeinsatz gehört zu haben. Tatsächlich wird die Zusammenarbeit in dieser Phase zunehmend komplizierter, das geht aus den Unterlagen hervor. Da in Hellers LPG niemand von seinen Verbindungen zum Westfernsehen erfahren soll, muss er ständig auf der Hut sein. Hans Heller, der pflichtbewusste Mann, geht den Kollegen aus dem Weg. Er meidet gemeinsame Pausen. Er ist in dieser Zeit empfindlich und achtet auf jede Anspielung, die ihm zu Ohren kommt. Trotz aller Bedenken macht er weiter und kündigt den geheimen Pakt mit der Staatssicherheit nicht auf.

Ist es sein verdammtes Pflichtgefühl? Versteht er die Zusammenarbeit als patriotische Tat, um sein Land zu verteidigen? Was würde der Vater dazu sagen? Wo ist er da hineingeraten? Wie kommt er wieder raus? Nachts sucht Heller ruhelos nach Antworten. Seine Schwester sei selbst schuld, beruhigt er sich, sie war es schließlich, die in den Westen »abgehauen« ist. Andererseits mischen sich diese Menschen von der Staatssicherheit ständig in sein Privatleben ein. Erst neulich hatte einer der Herren kritisiert, dass Hans Heller »keine emotionale Bindung« zu seiner Schwester aufgebaut habe. Was geht ihn das eigentlich an?

Dann herrscht über Monate Ruhe an der Geheimdienstfront. Die »Grüne Woche« in West-Berlin kommt und zieht wie eine Fata Morgana am fernen Horizont vorbei. Das Frühjahr bringt neue Arbeit, der Fernsehmensch macht in den Nachrichten ein schlaues Gesicht. Der Alltag kehrt zurück. Die Männer von der »Firma« lassen nichts mehr von sich hören. Haben seine Bedenken Wirkung gezeigt? Wollte man ihm den riskanten Einsatz in West-Berlin ersparen? Beschäftigen sich die Genossen mit wichtigeren Dingen?

Hans Heller kümmert sich wieder um die kleinen und großen Sorgen des Alltags, um unwillige Lehrlinge und viel zu hohe Produktionsvorgaben. Eines Tages findet er im Briefkasten eine Nachricht vor, auf der steht: »Schöne Grüße vom Kollegen Fichtel. Morgen Abend Besuch an der Panke.«

Da sind sie wieder, denkt Heller und beginnt zu schwitzen, ohne etwas dagegen tun zu können. Der kräftige Mann hat die Nase voll. Er beschließt, noch am nächsten Tag diese Zusammenarbeit aufzukündigen, definitiv, endgültig und für immer. Er hat nur noch einen Gedanken: Warum lassen sie mich nicht in Ruhe?

Am Tag darauf ist der Offizier merkwürdig zurückhaltend, er ist weit weniger gesprächig als sonst. In wenigen Worten erklärt er die Zusammenarbeit für beendet, jedenfalls bis auf weiteres.

Der Vorgang sei erledigt. Der Fernsehmann habe sich anders orientiert, begründet er den Schritt, vermutlich habe er eine neue Freundin. Seine Schwester habe zuerst nichts mitbekommen, dass er eine andere habe, vor einigen Monaten sei der Rosenkrieg voll entbrannt. Irgendwann habe sich der Korrespondent von seiner Schwester getrennt. Sie komme nicht mehr in die Hauptstadt, sie sitze nicht mehr auf dem Thron, sie sei nicht mehr die Königin. Folglich sei sein Job getan, sagt der Mann vom Ministerium.

Hans Heller winkt ab und fragt, wie es seiner Schwester gehe. Das wisse er auch nicht genau, antwortet der Führungsoffizier und verschweigt ihm offenbar, was er weiß.

Nachzulesen ist, dass die Stasi-Männer zum damaligen Zeitpunkt über viele Details informiert waren. So kursierten Hinweise von Informanten, dass Helene nach der Trennung ziemlich verzweifelt war. Ein Spitzel wollte sogar erfahren haben, dass sie versucht habe, ihrem Leben ein Ende zu setzen. Diese Gerüchte zirkulieren in Dokumenten. Die Beziehung der Schwester zum Journalisten endet in einem dichten Nebel von Mutmaßungen und Spekulationen.

Ende Oktober 1989, als die Menschen in der DDR auf die Straße gehen, findet sich in Hellers Informantenakte ein letzter Vermerk. Dort heißt es, man habe im Jahre 1989 »die Trefftätigkeit deutlich reduziert, da er kaum noch gegen ›Leopard‹ (Name geändert) eingesetzt werden kann«. Man bemühe sich um eine »Perspektive«, heißt es abschließend, und prüfe, wie der Informant »anderweitig genutzt werden kann«.

Dazu kommt es nicht mehr. Die Wende macht solche Sandkastenspiele überflüssig. Nach dem Fall der Mauer meldet sich Genosse »Fichtel« nicht mehr. Heller bestätigt:

»Ich habe nie wieder von ihm gehört. Er war genauso plötzlich von der Bildfläche verschwunden, wie er aufgetaucht war.«

Aufbruch

Heller ist nach Aufbruch zumute. Er hat genug geredet. Er beeilt sich noch zu erwähnen, dass er dieses Ende seiner Schwester nicht gewünscht habe. »Erst nach der Wende war ich bei meiner Schwester im Westen. Was nutzte ihr die ganze tolle Wohnung am Savignyplatz? Zu diesem Zeitpunkt war sie ganz schön fertig. Sie kam mit der Trennung nicht klar. Sie rutschte ab. Es war traurig mitanzusehen.«

Er lässt seine Schultern hängen und signalisiert, dass er gehen möchte. Wir rufen die Kellnerin, zahlen und verlassen zu später Stunde das Lokal. Der Regen hat aufgehört, die Luft ist nach dem Sommerregen herrlich frisch. Die Vorstadt schläft, nur wenige Lichtpunkte schimmern aus den großen Wohnblöcken. Heller steht unschlüssig auf der Straße, er will sich verabschieden, dann bleibt er abrupt stehen. Seine Hände hat er tief in der Hose vergraben, die Armeejacke verleiht ihm Stärke und Festigkeit, sie hält den Mann zusammen.

Unvermittelt fängt Heller an zu sprechen. Er redet in die dunkle Nacht von Berlin-Marzahn, es ist ein Monolog ohne

Punkt und Komma. Der Mann rudert mit den Armen, er gestikuliert. Er sagt, hier habe er fünftausend Aufbaustunden geleistet, ohne einen Pfennig extra. Damals, als noch Aufbruch war, als man noch Ziele hatte, als es sich noch lohnte, morgens aufzustehen, und als man abends nach vierzehn oder sechzehn Stunden Plackerei müde, aber zufrieden ins Bett fiel. Heute gehe alles nur noch den Bach runter. Am meisten habe ihn nach der Wende der Spruch geärgert, dass DDR-Bürger erst einmal lernen müssten, richtig zu arbeiten. Sein Gesicht leuchtet vor Wut. Das sei unverschämt, selbstgerecht und überheblich, schimpft er. Das Dumme sei, dass Sieger nun mal die Geschichte schrieben, während für den Verlierer nur Spott, Schimpf und Schande übrig blieben.

Er macht eine Pause, lauert auf Widerspruch. Ich lasse ihn ausreden, höre ihm zu. Das verblüfft ihn. Dann erzählt er von »platt gemachten Betrieben« und von verlassenen Gegenden, durch die er täglich fahre. Das sei »wie nach dem Krieg«. Ganze Landstriche würden entvölkert, da gebe es bald nichts mehr, dann habe der Westen seinen »Morgenthau-Plan« endlich umgesetzt.

Heller fährt seit Jahren täglich mit seinem kleinen Lieferwagen übers Land und versorgt die letzten Bewohner der Dörfer mit Obst und Gemüse. Er sagt:

»Mit meinem Obst- und Gemüsejob kann man nicht reich werden, aber irgendwie muss man über die Runden kommen. Ich lebe auf Hartz-IV-Niveau. Ich verdiene zu viel zum Sterben und zu wenig zum Leben. Aber aufhören kann ich nicht, ich muss unter die Leute.«

Der Siebenundsechzigjährige ergänzt mit ernster Miene, dass er heute keinem Menschen mehr vertrauen könne, er wiederholt, »keinem Menschen«. Er schaut mich nicht an, aber außer mir ist niemand in der Nähe. Heller verstummt. Er wirkt erschöpft. Ich fahre ihn zu seinem Plattenbau, der trotz frischer Fassadenschminke seine Herkunft Ost nur mühsam kaschieren kann. Er steigt aus und sagt, dass er zum ersten Mal seit langem wieder mit einem Menschen aus dem Westen gesprochen habe. Er sei selbst überrascht, dass er so viel erzählt habe. Dann fügt er noch an, er werde mir etwas zuschicken. Vielleicht würde ich die ganze Geschichte dann anders beurteilen, das sei nicht unwichtig, auch er habe Dokumente, die vieles in einem anderen Licht erscheinen ließen.

Die Anzeige

Irgendwann nach dem Mauerfall beantragt die Schwester ihre Observationsakte in der Gauck-Behörde. Als sie in den Dokumenten blättert, fällt sie aus allen Wolken.

»Das war der Hammer. In den Akten stand mein Bruder. Er hat mich jahrelang beschattet. Ich war aufgewühlt. Ich kam nicht zur Ruhe.«

Es gibt keinen Zweifel, die Belege sind eindeutig. Auf vielen Seiten ist der Verrat ihres Bruders dokumentiert, schwarz auf weiß. Der Bruder war ein Informant der Staatssicherheit. Er war, so die Papiere, nicht heimtückisch, aber sehr zuverlässig. Sie erfährt aus den Dokumenten, dass ihr Bruder bei seiner Anwerbung angibt, dass sie beide »Welten trennen«, dass sie »kaum auf einen gemeinsamen Standpunkt« kommen, dass er dennoch bereit sei, Informationen zu liefern.

Helene will das klären. Sie sucht die Aussprache, erinnert sie sich, doch der Versuch scheitert. Der Bruder streitet alles ab und entschuldigt sich nicht.

»Da war nichts zu machen. Er hat gemauert. Irgendwann später hat er einmal gesagt, er habe sein ganzes Leben im Übergang gelebt. Er verstünde die Welt nicht mehr.«

Heller, der nie Böses wollte, sondern angetreten war, um mit dem Bösen in der Welt aufzuräumen, weicht dem Thema Verrat aus, wo er nur kann.

Für Hans und Helene ist der Kalte Krieg keineswegs vorbei. Er dauert an – die Front verläuft mitten zwischen Bruder und Schwester. Sie führen ein Leben mit unausgesprochenen Vorwürfen, die an ihnen kleben wie nasses Laub an den Schuhsohlen. Dieses Anschweigen haben sie schon einmal praktiziert, vor Jahrzehnten, damals, als die Mauer gebaut wurde.

Längst ist das deutsche Monstrum Geschichte. Für manche sind die Mauerreste heute ein Denkmal, für die meisten Menschen eine beliebte Touristenattraktion. Für Hans und Helene steht sie noch. Unsichtbar, unüberwindbar. Hans hat sich tief im Osten der Stadt eingegraben, Helene im Westen. Lichtjahre liegen zwischen ihnen und zerbrochene Familienbande.

Hans Heller schickt einige Wochen nach unserem Gespräch einen Brief an mich. Zwei amtliche Papiere sind darin enthalten, aus denen hervorgeht, dass nach der Wende gegen ihn ermittelt wurde, »wegen des Verdachts der geheimdienstlichen Agententätigkeit«. In dem Schreiben wird Hans Heller aufgefordert, sich beim Berliner Staatsschutz zu melden.

»Ich musste zum Platz der Luftbrücke nach West-Berlin. Das war ein riesiges Gebäude. Man hat mir den Ausweis abgenommen, man hat mich verhört. Da waren mehrere Leute im Raum, einer hat mich befragt. Der Beamte war gut informiert. Ich fand das äußerst unangenehm. Ich bin ein unbescholtener Bürger, ich habe nichts getan.«

Ein Jahr lang hört er nichts mehr von den Behörden, dann erfährt er 1995 schriftlich, dass die Ermittlungen gegen ihn eingestellt worden seien. Ein Oberstaatsanwalt Meißner verfügt aus Gründen »der Verhältnismäßigkeit« und der allgemeinen Rechtslage das Ende des Verfahrens. Das Bundesverfassungsgericht hatte entschieden, dass Spionage für das eigene Land nicht strafbar sein könne.

Meine Nachfrage bei der Staatsanwaltschaft öffnet eine weitere Black Box. Heller sei damals angezeigt worden, lautet die Auskunft, ob von Amts wegen oder durch eine private Person, könne nicht mehr nachvollzogen werden. Die Ermittlungsakten seien vernichtet worden, in solchen »Bagatellverfahren« würden sie höchstens zehn Jahre aufgehoben. Der Staatsanwalt bedauert und versichert, es sei heute einfach nicht mehr zu klären, wer hier wen warum angezeigt habe. Ich könne die Beteiligten ja direkt fragen, rät er zum Schluss und wünscht mir viel Erfolg.

»Ich war es nicht. Ich habe meinen Bruder nicht angezeigt«, erklärt Helene nach einer kurzen Schrecksekunde am Telefon. Sie holt tief Luft, dann fügt sie mit fester Stimme an: »Mein damaliger Freund war das auch nicht. Völlig ausgeschlossen. Die Anzeige war weder von ihm noch von mir. So etwas tut man nicht.«

Ich rufe ihren Bruder an. Ich will wissen, was er dazu sagt. Hans schweigt lange, er sträubt sich, offenbar hegt er einen Verdacht. Auszusprechen wagt er den Gedanken nicht. Dann ringt er nach Worten, er verschluckt Satzteile, fast stottert er:

»Sie hat so schön gesungen. Damals im Internat. Das waren Lieder über unsere Heimat, die wir lieben. Wir haben uns doch so gut verstanden. Wir waren ein Herz und eine Seele. Warum hat sie das alles vergessen? Wieso ist sie geflüchtet? Das war widerwärtig von ihr. Was hat sie nur bewegt, unsere Sache zu verraten?«

Verrat? Ich meine, nicht richtig gehört zu haben. Ich will diesen Satz nicht unkommentiert stehen lassen, bei einem Menschen, der die eigene Schwester jahrelang bespitzelt hat. Mir wird übel.

Hans spricht von Verrat. Seine Schwester Helene auch.

Wer hat hier wen ans Messer geliefert? Was ist richtig, was falsch? In jedem Verrat, ob politisch oder privat, so heißt es, kehrt das Rätsel des Judas wieder, der Kuss des Jüngers auf die Wange von Jesus. Ich kann das Rätsel nicht lösen.

Heller spürt mein Unbehagen. Er schweigt. Schließlich sagt er in die Stille:

»Lassen Sie uns in Ruhe. Das war eine andere Zeit. Sie werden das nie verstehen.«

Einige Monate später ereilt Hans eine schwere Krankheit. Sein Leben kann gerettet werden. Helene besucht ihn im Krankenhaus. Sie kümmert sich um ihn, hilft ihm. Hans erzählt viel. Sie reden wieder miteinander. Wenn es möglich ist, wollen sie ihr gemeinsames Lehrlingswohnheim aus ihrer Jugend aufsuchen.

NACHWORT

Der Auftrag

»Lass es sein. Das bringt doch nichts. Schwamm drüber! Das gibt nur Ärger.« – Diese Ratschläge konnte ich häufig hören. Ein langer Aufenthalt in grauen Geheimdienstarchiven war keineswegs geplant, noch war die Aufgabe besonders attraktiv. Ich erinnerte mich an einen Ausspruch meiner Großmutter: »Wer zu lange im Stall steht, der riecht danach.«

Aber die Geschichten, die ans Licht kamen, ließen mich nicht los, die Neugier wuchs. Ich war fasziniert, weil diese Lebensläufe etwas spiegelten, was uns alle anging. Ich konnte die Spannung und Zerrissenheit der Akteure fühlen, die aus den Akten drang. Es ging um Hoffnungen und darum, wie diese begraben wurden.

Das Buch entstand in der Folge eines ungewöhnlichen Auftrages. Im Juli 2004 präsentierte die ARD eine Studie zur Einflussnahme des DDR-Ministeriums für Staatssicherheit auf das Erste Programm während der Zeit der deutschen Teilung. Die Autoren des Forschungsverbundes SED-Staat an der Freien Universität Berlin wiesen in ihren Ergebnissen auch auf die Rolle des Zweiten Deutschen Fernsehens hin. Gegen einen Auslandskorrespondenten des ZDF wurde der Vorwurf erhoben, für die Stasi gearbeitet zu haben. Die Presse nahm das Thema auf. Das ZDF kam unter öffentlichen Druck.

In dieser Situation beauftragte mich der Sender mit internen Recherchen zu einem konkreten Fall. Eine von mir zu leitende Arbeitsgruppe sollte ferner untersuchen, wie das Ministerium für Staatssicherheit das ZDF-Programm kontrolliert und möglicherweise beeinflusst hatte. Alle Stasi-Aktionen gegen den Sender liefen unter dem Codenamen »Bagage«, das war der Deckname der Stasi für das ZDF. Für unsere Untersuchungen würden wir einige Monate brauchen, so dachten wir. Geplant war eine Fernsehdokumentation mit einer Länge von dreißig Minuten.

Im August 2004 nahm unser kleines Team die Arbeit auf. Wir beantragten Akteneinsicht und stellten fest, dass die mit der Überwachung von Westsendern beauftragte DDR-Spionageabwehr Unmengen an Material zum ZDF zusammengetragen hatte. Material, das nur bruchstückhaft bekannt, zum größten Teil noch unerschlossen war. Wir entdeckten, dass Offiziere der Staatssicherheit unzählige Personendossiers, Observationsprotokolle, Treffberichte, Abhörbänder, Anklageschriften und vieles mehr zusammengetragen hatten, um über den »Gegner wirksam aufzuklären«. Gezielte Störmanöver oder Falschmeldungen sollten den Westsender als »Wolf im Schafspelz«, als »Hort der Reaktion« entlarven und denunzieren.

Mit jeder Woche Recherche nahm die Materialmenge zu. Nahezu täglich tauchten weitere Unterlagen aus den Geheimschränken auf. Erste Analysen der Anwerbestrategien von Mitarbeitern ergaben, dass vorzugsweise private Beziehungen genutzt wurden, um an Informationen zu kommen. Freunde, Geschwister oder Verwandte wurden zum Ausspähen oder Anwerben eingesetzt.

Die für das Ausland zuständige Hauptverwaltung Aufklärung von Markus Wolf hatte ein eigenes Agentennetz im Westen aufgebaut. Für die »Bearbeitung« unter anderem des ZDF in der Bundesrepublik war die Spezialabteilung »Aktive Maßnahmen«, auch genannt Abteilung X (»zehn«), zuständig. Deren Unterlagen der DDR-Auslandsspionage wurden 1990 zum größten Teil vernichtet. Allerdings lieferten die von den USA fünfzehn Jahre später zurückgegebenen Rosen-holz-Dokumente Hinweise; die in Statistikbögen der DDR-Auslandsspionage überlieferten Decknamen und verschlüs-selten Angaben führten zu Inoffiziellen Mitarbeitern aus und in der Bundesrepublik, die es zu verifizieren galt. Eine kom-plizierte Aufgabe, bei der bis heute wesentliche Fragen of-fen geblieben sind. Zum einen sind die Ermittlungsakten der Bundesanwaltschaft unter Verschluss, Karlsruhe hatte rund dreitausend Verfahren gegen Bundesbürger als mutmaßliche West-Agenten durchgeführt, andererseits sind sogenann-te Überläufer, frühere DDR-Spione, die sich nach der Wen-de westlichen Diensten zur Verfügung gestellt hatten, durch das Stasi-Unterlagengesetz geschützt. Bei Rechercheschluss im November 2007 hatten sich die in der Birthler-Behörde gesichteten Unterlagen auf die erstaunliche Zahl von drei-hundertfünfzigtausend Seiten aufgehäuft.

Deutsch-deutsche Spionage im Kalten Krieg

Spitzeln lohnt sich. Für den Auftraggeber rechnet es sich. Spionieren ist gängige Praxis, in allen Zeiten, in allen Sys-temen, ob im Kalten Krieg, beim Konkurrenzkampf von Konzernen oder zur Überwachung der eigenen Mitarbeiter. Schon der junge Johann Wolfgang Goethe schickte als Ge-heimrat einen verdeckten Ermittler nach Ilmenau, um den Grund für ausbleibende Steuern herauszufinden.

Die DDR-Spionage war erfolgreich, sie verfügte über die mutigsten Agenten der Welt, war unbesiegbar und sicherte den Weltfrieden in Zeiten der atomaren Bedrohung. Je länger die DDR verblichen ist, desto lebendiger wird die Legende von der überlegenen Agententruppe unter Leitung von Spio-nagechef Markus Wolf. Es ist der Mythos von der Hauptver-waltung Aufklärung als einem der besten Geheimdienste der Welt.

»Ich bin stolz auf unsere Arbeit mit herausragenden Ergebnissen. Ich würde heute nichts anders machen«, sagte Ralf-Peter Devaux, letzter Vizechef des Amtes. Viele Jahre war er zuständig für die DDR-Spionage in Bonn und damit für Top-Spion Günter Guillaume, der Bundeskanzler Willy Brandt stürzte. Generaloberst Werner Grossmann, Nachfolger von Markus Wolf und letzter Chef der Auslandsspionage, erklärte unter Beifall seiner früheren Mitkämpfer: »Wir haben nicht wie andere Geheimdienste Staatsstreiche, Ermordungen oder Entführungen durchgeführt. Wir haben nicht mit Terroristen zusammengearbeitet.«

Die Agenten Ost-Berlins nannten sich »Kundschafter an der unsichtbaren Front«. Sie sahen sich selbst als Minensucher, in jeder Hinsicht: Die erste falsche Entscheidung war stets die letzte. Spione gab es ausschließlich auf der anderen Seite, im kapitalistischen Westen. »Wir waren besser, weil wir überzeugt waren von dem, was wir taten«, erklärte ein früherer DDR-Spion auf einer internationalen Fachtagung.

In den Jahren staatlicher Teilung waren täglich mehrere Tausend Agenten auf beiden Seiten an der geheimen Front. Während die DDR nach seriösen Schätzungen insgesamt mehr als fünfhunderttausend Zuträger und Informanten rekrutierte – davon waren im Westen ständig zwei- bis dreitausend Agenten im Einsatz –, ließ der westliche Bundesnachrichtendienst von 1949 bis 1990 nach neueren Studien insgesamt rund zehntausend Mitarbeiter in der DDR für sich spionieren.

Die DDR habe den Kalten Krieg verloren, doch Ost-Berlin, so die Veteranen, sei dem Westen immer eine Nasenspitze voraus gewesen. Markus Wolf sagte nach der Wende: »Wir haben ja nicht gegen Feindbilder operiert. Wir hatten wirkliche Feinde.« Das Bild eines besseren Geheimdienstes pflegen die alten Kameraden bis heute: in Talkshows, Konferenzen und Büchern. Sie fühlen sich nach wie vor in der Bundesrepublik verfolgt, schimpfen über Strafrenten und Siegerjustiz, sehen sich als moralische Sieger und Vertreter einer Friedensmacht.

Die Verantwortlichen haben ein gutes Gewissen. Sie empfinden keine Schuld für das größte Spitzelsystem, das in der jüngeren europäischen Geschichte errichtet wurde; allein die Informantendichte in der DDR war achtmal so hoch wie im sozialistischen »Bruderstaat« Polen. Die Tätigkeit der Birthler-Behörde bezeichnen frühere Kader als »Jagdverein« oder »moralischen Morgenthau-Plan«, dabei werde die gezielte Abwicklung von Lebensläufen, Land und Leuten umgesetzt.

Wie kommt es, dass viele Menschen aus der früheren DDR Nachsicht für ehemalige Spitzel zeigen? Ist es der Wunsch, von eigener Zaghaftigkeit abzulenken, oder der Ärger über westdeutsche Besserwisserei? Was bedeutet dieses ostdeutsche Phänomen der Solidarisierung mit angegriffenen »Landsleuten«? Ist diese Sprachlosigkeit zwischen Ost und West eine Fortsetzung des Kalten Krieges mit anderen Mitteln? Lebt der Konflikt weiter, obwohl die Mauer längst gefallen ist?

Im Streit um die Vergangenheit kommen alle guten und schlechten Seiten der Deutschen zum Vorschein. So gibt es mit der Stasi-Unterlagenbehörde die weltweit größte Einrichtung für die Beschäftigung mit einer Diktatur; zugleich verteilt die Gesellschaft reihenweise Persilscheine an frühere Nutznießer der Diktatur und gewährt ehemaligen Systemträgern höhere staatliche Zuwendungen als deren Opfern. Die Mitte der Gesellschaft hält sich bedeckt. Es gilt die deutsche Tugend vom Reden ist Silber, Schweigen dagegen Gold.

»Wir drehen am Rad der Geschichte«

Für »psychologische Kriegsführung« im Kalten Krieg war in Ost-Berlin die schon genannte Abteilung X der HVA zuständig. Die Aufgabe der sechzig Spezialisten, die durchweg gelernte Journalisten waren, bestand in der Manipulation der öffentlichen Meinung mittels »aktiver Maßnahmen«.

Das Vorbild der Abteilung saß in Moskau, in der Lubjanka. Das KGB hatte eine weltweit operierende Abteilung »Desinformacia« aufgebaut, sie hatte in ihren besten Zeiten über sechstausend gut geschulte Mitarbeiter.

Was sind »aktive« oder »verdeckte« Maßnahmen? In der Definition Moskaus gehören dazu alle Handlungen, die ohne Wissen der Öffentlichkeit durchgeführt werden. In den amerikanischen Festlegungen sind es Maßnahmen, die vom Präsidenten abgestritten werden können. Das Pendant zu Moskaus »Desinformacia« ist in den USA ein »Directorate of Operation«, die zentrale Steuereinheit der CIA, verantwortlich für Planung und Ausführung verdeckter Operationen. Die CIA nennt eine »aktive Maßnahme« *covert action*, sie wird von Personen mit exklusivem Zugriff und Privilegien durchgeführt. Dazu gehört seit dem 11. September 2001 das Recht, Feinde und Gegner an jedem Punkt dieser Erde aufzuspüren und »auszuschalten«.

DDR-Spionagechef Markus Wolf gründete im Juni 1966 die »Spezialabteilung X«, zu dessen erstem Leiter Rolf Günter Wagenbreth ernannt wurde. Er stand drei Jahrzehnte lang an der Spitze dieser Abteilung für Desinformation. Der Thüringer verweigerte gegenüber Bundesanwälten in Karlsruhe als einziger ostdeutscher General nach der Wende jede Aussage. Er berief sich auf den Ehrenkodex, den »Eid eines deutschen Offiziers«, auf den sich inzwischen viele Ehemalige berufen, obwohl der Geheimdienst längst nicht mehr existiert.

Der Ruheständler im idyllischen Bad Saarow bei Berlin schreibt ab und zu Leserbriefe. Er organisiert Sitzungen und Kameradschaftsabende. Ämter und Funktionen werden in der Welt der Geheimdienstler weiter wahrgenommen; es sind »bizarre Sandkastenspiele alter Männer«, so Teilnehmer, sie verteidigen ihr Leben, ihre Biografien, ihre Überzeugungen.

Für Wagenbreth sind die fünfunddreißig Jahre »Desinformation« kein Ausdruck des Scheiterns, er versteht seine »aktiven Maßnahmen« als Erfolgsgeschichte. Gegenüber einer Zeithistorikerin erklärte er: »Es war unser Versuch, die Räder der Geschichte zu drehen.«

»Aufwiegeln, bedrohen, beeinflussen, bloßstellen, diffamieren, denunzieren, erpressen, fördern, lancieren, manipulieren«, so definiert der Generalbundesanwalt das Geschäft der Abteilung in seiner bis heute unveröffentlichten Anklageschrift. Die Ost-Berliner Mitarbeiter steuerten laut Karlsruher Ermittlern »367 Kundschafter im Operationsgebiet«, so hieß damals die Bundesrepublik in der Stasi-Sprache, um Falschmeldungen und Finten in Umlauf zu bringen oder Neuigkeiten auszukundschaften. Das westliche Hilfspersonal reichte vom Lokalreporter bis zum Chefredakteur.

Das wichtige Referat X/4 unterstand Oberst Rolf Rabe. »Einflussnahme unter legalen Dächern« lautete der Auftrag. Das Referat tarnte seine haupt- und ehrenamtlichen Kräfte als Mitarbeiter seriöser Verlage, Hochschuleinrichtungen oder staatlicher Archive. Die Agenten dieser Abteilung waren besonders effektiv. Die Arbeit »unter legalen Dächern« war eine Erfindung von Markus Wolf. »Wir machten beides. Wir tarnten uns als Journalisten, und wir nutzten Journalisten zur Tarnung.« Das waren »legale Ersatzlösungen für illegale Geschäfte«, so der frühere, wie er selbst sagt, »Spezialist für staatliche Nebelkerzen«, Günter Bohnsack. Er definiert seine einstige Tätigkeit als »Marsch durch die Institutionen der Bundesrepublik«. Dabei habe es zahlreiche Pleiten und Pannen gegeben, das Geschäft sei mitunter mühselig gewesen. Viele Bundesbürger hätten sich verweigert. Dennoch habe man Erfolge erzielt, letztlich sei jede noch so kleine Chance »zum Anbandeln und Zündeln« genutzt worden. Das Ziel waren »Freundschafts- oder Abschöpfkontakte«. Überraschend viele westliche Journalisten ahnten nicht, dass sie als sprudelnde Quellen benutzt oder geführt wurden.

Bohnsack erklärt: »Die Herausforderung war: Je wichtiger die Sender uns schienen, je mehr Einfluss sie hatten, desto mehr wollten wir verankert sein. Das galt auch bei den Printmedien. Man wollte einfach in den ›Spiegel‹ oder in die ›Süddeutsche Zeitung‹, um dort Agenturen zu platzieren, wie wir das vornehm ausdrückten.«

Der Westen setzte im Kalten Krieg auf Marshall-Plan, Wirtschaftswunder und Rock 'n' Roll. Großzügig finanzierten amerikanische Dienste »eine Nato-Offensive der Kultur«. Rund einhundertsiebzig Stiftungen, sogenannte Dummie Foundations, unterhielt die CIA einzig und allein für den Zweck, die wahren Auftraggeber nicht deutlich werden zu lassen.

Der Osten setzte propagandistisches Dauerfeuer ein. Mit dem Vorwurf, alte Nazis säßen an Schaltstellen in der BRD, mischte Ost-Berlin massiv in der Bonner Innenpolitik mit. Die Munition lag in den Archiven der NS-Zeit. Die DDR hatte bis auf das NSDAP-Mitgliedsarchiv, das in West-Berlin von den Westmächten im »Document Center« verwaltet wurde, alle wichtigen Archive des NS-Regimes auf ihrem Territorium.

Belastende Dokumente aus der NS-Zeit wurden zum politischen Kapital. So startete Ost–Berlin vor den Bundestagswahlen 1972 und 1976 heimlich eine flächendeckende Rasterfahndung. Mehrere Tausend Wahlkreiskandidaten wurden bis einschließlich Verwandte ersten Grades auf braune Flecken durchleuchtet. In diesem Zusammenhang war jedes Mittel recht, bestätigt Günter Bohnsack, der sechsundzwanzig Jahre seines Lebens mit Planung und Ausführung echter, erfundener oder inszenierter Geschichten im Auftrage der »Firma« verbrachte, wie er seinen einstigen Arbeitgeber noch heute nennt.

»Da wurden NS-Akten, sowohl originale als auch frisierte, produziert oder gefunden, um die Bundesrepublik international zu verteufeln. Die Rechnung war folgende: Ihr habt die Nazis, und wir haben die Akten. Auf dieser etwas simplen Formel gab es jahrelang die sogenannten Fälle Globke, Oberländer, Lübke, Kiesinger, die wie eine Perlenkette zusammengebaut wurden.«

In einigen Fällen wurde auch nachgeholfen.

»Wenn die vorhandenen Akten nicht ausreichen, wurden sie durch ›Zugaben‹ ergänzt. Personalakten aus der NS-Zeit wurden aus den Archiven angefordert und nach belastendem Material durchsucht und je nach Maßgabe ›vervollständigt‹ durch Dokumente aus eigener Fertigung. Manchmal mussten wir Akten auch lüften, was hieß, entlastendes Material zu beseitigen, so etwa Dokumente, die bewiesen, dass die betreffende Person in Opposition zur Hitler-Diktatur gestanden hatte. Alles wurde so lange getrimmt, bis es sich optimal eignete, das ausgewählte Opfer zu diskreditieren.«

Mit Hilfe von Erpressungsmaterial, sogenannten »Komprimaten«, wollte Ost-Berlin Sand ins Getriebe der Bundesrepublik streuen.

»Es wurde vor allem versucht, in der CDU/CSU Abschüsse zu tätigen. Am Anfang auch in der SPD unter Führung von Willy Brandt als Regierendem Bürgermeister. Die SPD war da noch eine Feindeinrichtung von uns. Später im Rahmen der Ostverträge wurde die SPD für uns zu einer verbündeten Kraft. Da wurde die SPD nicht mehr bekämpft, es wurde ihr auch nicht mehr geschadet, sondern sie wurde gestreichelt, gefördert. Konzeptionell – das war unter anderem auch meine Aufgabe – die Partei nach links zu rücken.«

Für Verrat in den eigenen Reihen gab es kein Pardon. Man habe nicht nach den Regeln eines Mädchenpensionats oder der Heilsarmee gehandelt, erklärte Markus Wolf einmal rückblickend. 1981 vollzog die DDR in Leipzig das letzte Todesurteil ihrer Geschichte. Mit Genickschuss wurde der Spionageoffizier der DDR Werner Teske hingerichtet. Die Exekution sei ein notwendiger Schritt gewesen, rechtfertigte Jürgen Strahl, einst Hauptmann der Staatssicherheit, heute

Rechtsanwalt, noch zwei Jahrzehnte nach Ende der DDR das Geschehen. »Seit Stauffenberg wissen wir: Verräter erschießen sich selbst oder werden erschossen.«

Im Dezember 1993 verurteilte das Oberlandesgericht Düsseldorf Markus Wolf zu sechs Jahren Haft wegen Landesverrat und Spionage. Der Spionagechef erhielt Haftverschonung. Im Sommer 1995 kassierte der Bundesgerichtshof das Urteil mit der Begründung: Mitarbeiter der DDR-Aufklärung könnten nicht für Spionage gegen die Bundesrepublik verurteilt werden, wenn sie auf dem Gebiet der DDR tätig waren. Sie hätten für das eigene Land gearbeitet, das bedeute juristisch gesehen weder Spionage noch Verrat.

Markus Wolf brachte es in seiner Geheimdienstlaufbahn auf sechsundsiebzig Auszeichnungen. Nach der Wende publizierte er bis zu seinem Tode am 9. November 2006 mehrere Bücher. Er präsentierte sich als Sprachrohr der Ostdeutschen und erklärte die »Kunst der Verstellung«, ob als Kochbuchautor oder Kundschafter in eigener Sache. Auf der Trauerfeier würdigte der russische Botschafter Vladimir Kotenev Meisterspion Mischa Wolf mit den Worten: »Deutschland hat einen seiner bedeutenden Söhne und Russland einen seiner besten Freunde in Deutschland verloren.«

Im Kalten Krieg hatten seine Leute den Auftrag, die Öffentlichkeit in beiden Teilen Deutschlands von der Unabänderlichkeit der Existenz zweier deutscher Staaten in Europa zu überzeugen.

Rückblickend meint ein Spezialist der DDR-Aufklärung: »Unser Auftrag war schlicht unser Motto. Markus Wolf sagte: ›Alles, was den äußeren Schutz der DDR bewirkt, ist erwünscht. Alles, was die BRD schwächt, ebenfalls.‹ In den späten achtziger Jahren war unser einziges Ziel, dass die DDR von außen anerkannt werden sollte. Honecker wollte auf den roten Teppich in Bonn. Dafür taten wir alles.«

Die Desinformationsspezialisten benutzten die Ergebnisse der Telefonüberwachung von Seiten der DDR in der Bundesrepublik. Beim permanenten »großen Lauschangriff« überwachten Mitarbeiter der Staatssicherheit bis zu vierzigtausend Anschlüsse in der Bundesrepublik und zeichneten jährlich etwa einhunderttausend abgehörte Gespräche auf.

Mit Hilfe von Lauschern, Agenten sowie freiwilligen wie unfreiwilligen, unwissentlichen Zuträgern erarbeitete die DDR »eine bemerkenswert dichte Innensicht der BRD« und war »informatorisch stets auf der Höhe der Zeit«, bilanzierte eine Studie der Birthler-Behörde und führte als einen der Belege das Genfer Obduktionsgutachten im Todesfall des CDU-Politikers Uwe Barschel auf. Eine Kopie war in Ost-Berlin, bevor das Original bei der zuständigen Staatsanwaltschaft in Lübeck eintraf.

Im Rahmen der »psychologischen Kriegsführung« gegen die Bundesrepublik kalkulierte Ost-Berlin mit den Mechanismen der westlichen Mediengesellschaft wie Sensationsgier und Konkurrenzdruck. Die Genossen deponierten gezielt »ein Bömbchen hier oder da, je nach Lage«, wie einer der Offiziere erläutert: »Für uns war klar: Von allein anstoßen konnten wir nichts. An Größenwahn haben wir nicht gelitten. Das war auch ein Stück Erfahrung. Wir konnten nur einen bereits vorhandenen Trend verstärken. Wir haben dann regelrecht angefüttert. Wir sind auf bereits fahrende Züge aufgesprungen und haben versucht, sie in unserem Sinne zu steuern. Wenn Franz Josef Strauß in der Debatte war, dann haben wir etwas nachgelegt. Klar war auch, es musste immer einen wahren Kern geben, sonst funktionierte das nicht.«

»Aktive Maßnahmen« lösten Affären, Untersuchungsausschüsse und Rücktritte aus. Einige Beispiele:

› Herausgabe von getarnten Pressediensten in Bonn: »Die Mitte« (CDU), »intern« (SPD), »Pressedienst« (FDP) für verdeckte Lobbyarbeit im Bundestag, um Meinungen und exklusives Material im Sinne der DDR als Informationen zu »streuen«.

› Veröffentlichung eines gefälschten Ullstein-Sachbuches über Rainer Barzel im November 1972, Titel: »Der Mann, der Gott sein wollte«, in einer Auflage von rund dreihundert Exemplaren, das gezielt an Bonner Abgeordnete und Barzel-Gegner verschickt wurde. Der Ullstein-Verlag dementierte die Urheberschaft. Die CDU verdächtigte SPD-Fraktionschef Herbert Wehner.

› Bundesweite Verteilung von gefälschten ausländerfeindlichen Flugblättern der rechten Partei Deutsche Volksunion 1974. Inhalt: »Bekämpft jeden Türken«.

› Ein Abhörprotokoll eines Telefongesprächs von Helmut Kohl mit Kurt Biedenkopf wurde 1975 auf einem Formblatt des US-Abwehrdienstes Military Intelligence Group dem »Stern« zugespielt, der die Fälschung am 19. Juni 1975 veröffentlichte. Es folgten parlamentarische Anfragen und monatelange Debatten im Bundestag.

› Ein Abhörprotokoll eines Telefongesprächs von Franz Josef Strauß mit Wilfried Scharnagl im September 1976 wurde auf einem G-10-Formblatt des BND in Umlauf gebracht. Die »Süddeutsche Zeitung« veröffentlichte es am 14. Januar 1978 unter der Überschrift »Ein anonymes Paket Zündstoff«. Es folgte ein zweijähriger Untersuchungsausschuss.

› 1977 Verhörprotokolle der Terroristengruppe RAF mit Hanns-Martin Schleyer, entstanden auf der Basis von abgehörten Ferngesprächen des Bonner Krisenstabes, wurden Zeitungsredaktionen zugespielt. Sie erschienen in »Konkret«.

› Fingierte Evakuierungspläne des Bundesinnenministeriums im Falle eines GAU in einem Atomkraftwerk, ausgedacht und gefälscht 1978. Die Liste der im Ernstfall zu rettenden prominenten Personen wurde in Pressefächern im

Bonner Bundestag deponiert. Die Veröffentlichung bestimmte tagelang die Schlagzeilen.

› Vermeintliches CSU-Strategiepapier »Rückbesinnung auf Wildbad Kreuth« über die Aufkündigung der Fraktionsgemeinschaft mit der CDU, Oktober 1980. Veröffentlicht im »Spiegel« eine Woche vor den Bundestagswahlen.

› Fingiertes Schreiben Franz Josef Strauß' an den Vorsitzenden der türkischen Partei der Nationalen Bewegung Agca. Inhalt: herabwürdigende Äußerungen über den Papst. Es wurde 1982 zunächst in italienischen und türkischen Zeitungen veröffentlicht. Später folgte eine intensive Berichterstattung in bundesdeutschen Medien. Noch heute wird im Zusammenhang mit dem Papst-Attentat wegen dieser Vorwürfe ermittelt. Eine »Jahrhundertmaßnahme«, so ein HVA-Mann.

› Die »Kießling-Affäre« im Dezember 1983. Der Viersternegeneral wurde der Homosexualität bezichtigt und als »Sicherheitsrisiko« eingestuft. Die Stasi setzte in Umlauf, es handelte sich um eine Intrige der USA gegen Kießling.

› Fingiertes CDU-Grundsatzpapier über Trennung von Amt des Bundeskanzlers und Parteivorsitzenden. Es löste 1985 einen Streit zwischen Helmut Kohl und CDU-Ministerpräsident Ernst Albrecht aus.

› Die Aids-Lüge von 1987. Die These von biologischen Viren aus der CIA-Giftküche stammte aus den Fälscherwerkstätten von KGB und MfS. Sie wurde übernommen, zum Beispiel vom Bestsellerautor Johannes Mario Simmel: »Doch mit den Clowns kamen die Tränen«. Die Information konnte 1987 auf einer Konferenz der Nichtpaktgebundenen Staaten in Harare/Simbabwe von zehn KGB- und vier HVA-Spezialisten erfolgreich verbreitet werden. Im Westen wurde die These mit Hilfe von Aids-Forschern popularisiert. »Wir haben die Amerikaner nachhaltig beschädigt«, so ein Stasi-Offizier.

› Gefälschter Brief Uwe Barschels an Gerhard Stoltenberg, der am 18. Oktober 1988 in der ARD-Sendung »Panorama« nach Prüfung eines Schriftsachverständigen als »echt« veröffentlicht wurde. Große Medienresonanz in der Bundesrepublik.

Nach der deutschen Einheit wurde gegen mehr als siebentausend Personen wegen Spionage für die DDR ermittelt. Über viertausend davon waren ehemalige DDR-Bürger. Ermittelt wurde ferner gegen rund dreitausend Bundesbürger mit westdeutscher Vergangenheit. Die »Aktion Wundertüte« im Jahre 1993 war die größte Ermittlungsaktion in der Justizgeschichte der Nachkriegszeit. Sie führte am Ende zu mehreren Dutzend Verurteilungen. Zweiundsechzig Deutsche mussten nach dem Ende der Teilung als verurteilte Spione hinter Gittern. Mit am längsten saß NATO-Spion Reiner Rupp mit sieben Jahren. Laut Strafgesetzbuch verjährt Landesverrat nach zwanzig Jahren. Am 2. Oktober 2010 ist somit in der Regel die Verjährungsfrist in Bezug auf den deutsch-deutschen Spionagekrieg erreicht.

Die DDR-Spionage funktionierte wie ein Herzschrittmacher, sie verlängerte das Leben eines kranken Gebildes. Der Meinungswandel gegenüber der DDR und ihre westliche Wahrnehmung als »zehntstärkste Industrienation der Welt« war ein Glanzstück der DDR-Strategen. Hier ruht die Wurzel eines weiteren Mythos: die Außendarstellung einer DDR als intaktes, stabiles und sozial gerechtes Gefüge.

Der Theologe und frühere SPD-Politiker Richard Schröder geht noch einen Schritt weiter: »Der Einfluss war erheblich. Die SED-Desinformationspolitik hat allzu oft Entrüstungspotenziale erfolgreich aktiviert, denn für so etwas sind linke Intellektuelle immer zu haben. Es muss nur antiamerikanisch, antikapitalistisch oder antifaschistisch sein, dann springen sie. Die Stasi hat abgehörte Politikergespräche an Zeitungen weitergegeben und diese glauben gemacht, der BND hätte abgehört. Sie hat antisemitische Briefe an Juden geschrieben und westdeutsche Absender fingiert. Die SED hat Gruppen im Westen finanziell und ideologisch unterstützt, darunter solche der Friedensbewegung. Da gibt es eine Menge aufzuarbeiten im Westen: Aber die Bereitschaft, einzugestehen, dass man fehlgeleitet war, ist im Westen so selten wie im Osten, oder seltener.«

Nur mit langem Atem

Akten allein können das Leben nicht beschreiben. Es gilt, sie zu dechiffrieren. Was heute historisches Material ist, war damals Herrschafts- und Arbeitsmittel. Mein Ansatz war von Anfang an, die »Akten zum Sprechen zu bringen«, die betroffenen Menschen sollten selbst zu Wort kommen. Zu untersuchen war, wie sich Differenzen zwischen der Darstellung in den Protokollen der Politischen Polizei und der subjektiven Wahrnehmung der Betroffenen erklären.

Ab Herbst 2004 begannen erste Kontaktaufnahmen mit Menschen, die in den Dokumenten als Informanten, Betroffene oder Zeugen erwähnt wurden. Wir wollten die interessantesten Fälle für Fernsehinterviews gewinnen. Ein heikles Unterfangen, denn wer geht schon freiwillig bei diesem Thema vor die Kamera? Wer gibt öffentlich Auskunft zum Thema Verrat?

Die meisten der früheren Spitzel wehrten ab oder drohten mit Verleumdungsklagen. In den wenigen Fällen, in denen nicht sofort die Tür zugeschlagen wurde, haben wir Vorgespräche geführt, Gesprächsnotizen angefertigt und bei Einverständnis Interviews mit der Kamera dokumentiert. Das Vertrauen der ehemaligen IM für Zeitzeugengespräche zu gewinnen benötigte bis zu zwei Jahre, erst dann war eine einigermaßen stabile Verbindung geknüpft. Immer wieder wurde die Sorge geäußert, man werde als IM »mit der Stasi-Keule« an den Pranger gestellt, man fürchte bei einer Enttarnung um die bürgerliche Existenz. Einige der früheren Agenten erklärten, sie seien damals unter Druck gesetzt worden oder man habe sie ohne ihr Wissen zum IM gemacht, sie verstünden sich selbst als Opfer. Andere betonten, sie trügen die DDR weiter »in ihrem Herzen«. Die Zahl derjenigen, die zu offenen Gesprächen bereit war, verminderte sich am Ende auf rund zwei Dutzend.

Im Sommer 2005 wurden in der Birthler-Behörde Zehntausende Seiten Überwachungsdossiers entdeckt. Dabei handelte es sich um Video-, Foto-, Abhör- und Beobachtungsprotokolle, die zum ZDF-Büro in Ost-Berlin angelegt worden waren. In der Folge konnten zum ersten Mal entsprechende Unterlagen der Hauptabteilung IX erschlossen werden. Diese Abteilung war die Strafverfolgungseinrichtung der Staatssicherheit. Deren Ermittlungsakten ermöglichten den Zugang zu einem weiteren geheimen Krieg der DDR gegen das eigene Volk, zu Operationen gegen sogenannte Anläufer. Nach Stasi-Definition waren »Anläufer« Personen, die Kontakte zu westlichen Einrichtungen gesucht hatten. Diese DDR-Bürger wurden als Staatsfeinde und Verräter kriminalisiert. Im Zusammenhang mit dem ZDF sind mindestens 672 Ermittlungsverfahren durchgeführt worden, die Höhe der verhängten Haftstrafen liegt bei insgesamt mehreren Tausend Jahren.

Über einhundert dieser Schicksale wurden eingehender recherchiert und kontaktiert. Wieder konnten Lebensgeschichten des Kalten Krieges gesammelt werden. Besonders interessierte uns der Fall von Kerstin Starke. Die Ost-Berliner Betriebswirtin erhielt für die Weitergabe von selbst verfassten Manuskripten an einen westlichen Journalisten sieben Jahre Haft, obwohl keiner ihrer Texte veröffentlicht worden war. Auch sie hatte lange Zeit Bedenken, über ihre Geschichte zu reden. Niemand hatte sich vor uns um ihr Schicksal gekümmert. Zur Rechenschaft wurde keiner der Verantwortlichen gezogen. Einer ihrer früheren Stasi-Ermittler brachte es im vereinten Deutschland bis in die Vorstandsetage eines großen Unternehmens. Kerstin Starke ist bis heute erschüttert angesichts der Gleichgültigkeit in der gesamtdeutschen Gesellschaft. Sie fühlt sich ein zweites Mal »verraten und verkauft«.

Bei den Recherchen stießen wir auf einige Hundert Mitarbeiter der Staatssicherheit, die als Aktenführer oder Verantwortliche fungierten. Ihre Namen waren in den Unterlagen der Birthler-Behörde weder verschlüsselt noch geschwärzt. Auch hier wurde das persönliche Gespräch gesucht. Einige wenige Offiziere der Abteilung »Aktive Maßnahmen« waren nach komplizierten Kontaktversuchen bereit, über ihre Arbeit Auskunft zu geben.

Unser kleines Team diskutierte von Anfang an den politischen Kern des Begriffs Verrat. Der Verrat ist eines der großen Motive in der Weltliteratur. Er begegnet uns im »Nibelungenlied«, bei Shakespeare im »Julius Cäsar«, bei Schillers »Räubern« und in vielen Werken, die meist den Liebesverrat zum Thema haben. Mit der Frage des politischen Verrats im Kalten Krieg waren die üblichen Dimensionen einer Fernsehrecherche längst überschritten. Was ist politischer Verrat? Wie wird er gerechtfertigt? Was zeichnet ihn aus? In welche Abgründe von Täuschung und Selbsttäuschung verstrickt sich derjenige, der ihn ausübt?

2006 war der Vorsatz gereift, den gehobenen »Schatz« von Biografien, Geschichten und Schicksalen nicht im Papierkorb verschwinden zu lassen. Ein Buch erschien uns nach vielen Gesprächen mit Beteiligten und Betroffenen als angemessene Form der Beschäftigung mit diesem sensiblen Thema. Menschen sollten sich erklären können, ohne den Druck, Quote oder Schlagzeilen machen zu müssen.

Der Rechercheweg führte über die Akten zu den Menschen. Ich sprach mit Arbeitern, Ärzten, Anwälten, Bauern, Fischhändlern, Hausmeistern, Ingenieuren, Funktionären, Journalisten, Krankenschwestern, Künstlern, Offizieren, Pfarrern, Politikern, Professoren und Schriftstellern. Ich stellte Fragen, die tief ins Herz reichten. Ich musste lernen, dass meine Helden mir weitaus wichtiger waren als ich ihnen. Die Kommunikation war bis auf wenige Ausnahmen eine Einbahnstraße. Allerdings haben wir uns auf diesem Weg oft gesehen und gesprochen. Einige Protagonisten hatten zwanzig, dreißig oder noch mehr Jahre geschwiegen. Dazu hatten sie sich einmal gegenüber ihren Führungsoffizieren verpflichtet.

Mein Motiv war die Suche nach dem Schlüssel zum System Verrat. Gibt es in unserer Nation eine spezifische Anpasser- und Blockwartmentalität? Erachten wir den Ruf nach Sicherheit des Staates im Zweifelsfall höher als die Freiheitsrechte des Einzelnen? Wie denkt die schweigende Mehrheit wirklich?

Ich wollte wissen, welche Gesichter der Verrat hat. Die ganze Zeit fragte ich mich, ob Spione eine Seele haben und wie es möglich ist, dass manche aus besten Vorsätzen schlimmste Verletzungen zufügen können, wie den besten Freund, die eigene Schwester oder engste Kollegen zu hintergehen, ohne Skrupel zu zeigen. Nur die wenigsten haben sich nach ihrer Enttarnung entschuldigt.

Hat speziell in Ostdeutschland eine Verstaatlichung des Gewissens durch jahrzehntelange Indoktrination stattgefunden? Ist ein Kollektivbewusstsein entstanden, das ermöglicht, persönliche Verantwortung für die Folgen des eigenen Handelns abzulehnen?

Am Ende der langjährigen Recherche wurden aus insgesamt eintausend Biografien sechs Beispiele für dieses Buch ausgewählt. Wir haben uns für diese Geschichten entschieden, weil sie erzählbar waren. Voraussetzung für die Auswahl war das Einverständnis der Betreffenden. Wir führten wiederum stundenlange Gespräche, manche erstreckten sich über Tage und Nächte. Es gab in diesen Stunden keine Tabus. Was daraus vertraulich bleiben sollte, steht nicht auf diesen Seiten. Viele spannende und aussagekräftige Fälle konnten nicht erzählt werden. Persönlichkeitsrechtliche Einwände oder entsprechende juristische Schritte, auch von Randfiguren, haben eine Veröffentlichung zu verhindern gewusst.

»Ich war dabei. Ich habe mitgemacht«, lautet am Ende das Fazit. Keineswegs laut, eher verschämt, fast trotzig treten die Menschen aus ihrem Schatten heraus, von Agentenromantik kann keine Rede sein. »Die Worte fallen in das Getriebe der Welt uneinholbar«, sagte einmal der Dramatiker Heiner Müller. Wenn Worte dem Verrat dienen, das habe ich im Laufe der Jahre gelernt, treffen sie die verwundbarste Stelle in einem Menschen, die Seele. Die Bereitschaft, das Thema peinlich berührt oder beleidigt zur Seite zu schieben, ist hoch.

Doch es gibt Hoffnung. Einige Menschen wagen mit diesem Buch einen Anfang. Sie geben Auskunft. Mit ihren Worten können sie die Gesetze der Geheimdienste brechen. Denn nichts fürchten die Schattenmänner der Welt mehr als den freien Willen, als das freie Wort.

ZEITTAFEL

1945

8. Mai   Bedingungslose Kapitulation Deutschlands.

5. Juni   Die Siegermächte Frankreich, Großbritannien, Sowjetunion und USA übernehmen die oberste Regierungsgewalt in Deutschland und bilden den Alliierten Kontrollrat.

1.–4. Juli   Rückzug der Westalliierten aus den von ihnen besetzten Gebieten in Sachsen, Sachsen-Anhalt, Thüringen und Mecklenburg. Im Gegenzug werden von ihnen die Westsektoren Berlins besetzt.

17. Juli–2. August   Konferenz der Siegermächte (außer Frankreich) in Potsdam, Abschluss des Potsdamer Abkommens.

1946

21./22. April   Gründung der Sozialistischen Einheitspartei Deutschlands (SED).
Auf dem Vereinigungsparteitag werden Wilhelm Pieck (KPD) und Otto Grotewohl (SPD) als Vorsitzende gewählt.

1948

21. Juni   In den Westzonen wird die Währungsreform durchgeführt.

23. Juni   Währungsreform in der Sowjetischen Besatzungszone (SBZ).

1949

25.–28. Januar   1. Parteikonferenz der SED: Einführung des demokratischen Zentralismus als Organisationsprinzip.

23. Mai   Grundgesetz tritt in Kraft. Gründung der Bundesrepublik Deutschland aus den drei westlichen Besatzungszonen. Im September wird Konrad Adenauer (CDU) erster Bundeskanzler.

7. Oktober   Gründung der Deutschen Demokratischen Republik aus der Sowjetischen Besatzungszone. Wilhelm Pieck wird Präsident der DDR, Otto Grotewohl Ministerpräsident. Stellvertretender Ministerpräsident Walter Ulbricht.

1950

8. Januar   Die provisorische Volkskammer beschließt das Gesetz zur Bildung des Ministeriums für Staatssicherheit (MfS).

26. April   Beginn der Waldheimer Prozesse. In Waldheim in Sachsen werden von der sowjetischen Besatzungsmacht nach Auflösung der Internierungslager nicht freigelassene Gefangene der deutschen Gerichtsbarkeit übergeben. Vor einem Sondergericht werden bis Juni mehr als 3400 Menschen im Schnellverfahren abgeurteilt und 32 Todesstrafen verhängt.

| 25. Juli | Das Zentralkomitee der SED wählt das Politbüro, das Sekretariat des ZK und die Zentrale Parteikontrollkommission. Vorsitzende werden Wilhelm Pieck und Otto Grotewohl, Generalsekretär des ZK wird Walter Ulbricht. |

1951

| 1. März | Das zentrale sowjetische Untersuchungsgefängnis in Berlin-Hohenschönhausen wird dem Ministerium für Staatssicherheit übergeben und als zentrales Untersuchungsgefängnis des MfS weitergeführt. |

1952

10. März	Stalin-Note (Entwurf für einen Friedensvertrag mit Deutschland) der UdSSR an die drei Westmächte: Forderung nach einem neutralen, einheitlichen Deutschland. Die Westmächte lehnen am 25. März die Stalin-Note ab: Wertung als Störmanöver gegen die Westintegration der Bundesrepublik, Forderung nach freien Wahlen unter UN-Aufsicht.
26. Mai	Unterzeichnung des Deutschlandvertrages. Er tritt am 5. Mai 1955 in Kraft und regelt die Beziehungen zwischen der Bundesrepublik Deutschland und den USA, Großbritannien und Frankreich. Der Vertrag löst das Besatzungsstatut ab und gibt der Bundesrepublik eine – eingeschränkte – Souveränität.
Mai/Juni	Aktion Ungeziefer: 11 000 Menschen – von den DDR-Behörden als feindliche, verdächtige und kriminelle Elemente bezeichnet – werden aus dem innerdeutschen Grenzgebiet zwangsausgesiedelt.

| 11. Dezember | DDR-Handelsminister Karl Hamann wird wegen Sabotage an der Versorgung verhaftet und 1954 zu zehn Jahren Haft verurteilt. |

1953

Der Außenpolitische Nachrichtendienst (APN) in Ost-Berlin wird als Hauptabteilung XV in das MfS eingegliedert und 1956 in Hauptverwaltung Aufklärung (HVA) umbenannt.
Ihr Chef wird Markus Wolf, Generalmajor und Stellvertreter des Ministers.
Seine Spionagestrategie liegt vor allem im Eindringen in westliche Führungszentren und dabei besonders der bundesdeutschen Gesellschaft.

| 17. Juni | Arbeiterunruhen in der ganzen DDR, ausgelöst durch eine Erhöhung der Arbeitsnormen. Sowjetische Truppen schlagen den Aufstand blutig nieder. Das ZK der SED erklärt den Volksaufstand zu einem vom Westen gelenkten faschistischen Putsch. |

1954

| 9. Juni | Der ehemalige Außenminister der DDR Dertinger wird wegen Spionage zu 15 Jahren Zuchthaus verurteilt. |

1955

| 25. Januar | Die Sowjetunion erklärt den Kriegszustand mit Deutschland für beendet. |

| 9. Mai | Die Bundesrepublik Deutschland wird Mitglied der NATO. |

14. Mai	Die Deutsche Demokratische Republik gehört zu den Gründungsmitgliedern des Warschauer Vertrages.
20. September	Die DDR erhält die staatliche Souveränität.
10. Dezember	Die DDR erklärt die Zonengrenze zur Staatsgrenze und übernimmt deren Bewachung von der Sowjetarmee.

1956

1. März	Bildung der Nationalen Volksarmee (NVA) aus den Einheiten der kasernierten Volkspolizei (KVP); Gründung des Ministeriums für Nationale Verteidigung.
1. April	Gründung des Bundesnachrichtendienstes (BND). Auf Beschluss des Bundeskabinetts erfolgt die Gründung eines eigenen Auslandsnachrichtendienstes für den westdeutschen Staat. Der Erlass verfügt zugleich die Übernahme der bislang von den USA – zuletzt seit 1949 von der CIA – geführten Organisation Gehlen in den BND.
14.–25. Februar	XX. Parteitag der KPdSU in Moskau; Geheimrede Chruschtschows markiert den Beginn der Entstalinisierung in den staatssozialistischen Ländern.
21. Juli	Der Bundestag verabschiedet das Gesetz über die allgemeine Wehrpflicht, das Recht auf Wehrdienstverweigerung wird eingeräumt.
17. August	Die Kommunistische Partei Deutschlands wird in der Bundesrepublik verboten.
Oktober	Volksaufstand in Ungarn wird durch sowjetische Truppen niedergeschlagen.

29. November	Wolfgang Harich (gründete gemeinsam mit Ernst Bloch die »Deutsche Zeitschrift für Philosophie«, Cheflektor des Aufbau-Verlages in der DDR) wird wegen »Bildung einer staatsfeindlichen Gruppe« festgenommen und zu zehn Jahren Zuchthaus verurteilt. Der Leiter des Aufbau-Verlages Walter Janka wird am 6. Dezember festgenommen und zu fünf Jahren Zuchthaus verurteilt.

1957

	Erich Mielke wird Minister für Staatssicherheit.
11. Dezember	Die Volkskammer beschließt ein neues Passgesetz, um u. a. die Zahl der Westreisen zu reduzieren. Republikflucht wird kriminalisiert.

1958

	Chruschtschow-Note: Nikita Chruschtschow fordert, West-Berlin zur Freien Stadt zur erklären.
29. Mai	In der DDR werden die Lebensmittelkarten abgeschafft.

1960

12. September	Nach dem Tod des Staatspräsidenten Pieck wird Walter Ulbricht Vorsitzender des neu geschaffenen Staatsrates der DDR.
14. April	Abschluss der Kollektivierung der Landwirtschaft in der DDR.

1961

24. Januar   Die Volkskammer beschließt das Gesetz über die allgemeine Wehrpflicht in der DDR einschließlich Ost-Berlin.

16. Juni   Das MfS entführt den ehemaligen SED-Funktionär und Gewerkschafter Heinz Brandt aus West-Berlin in die DDR. Am 10. Mai 1962 wird er zu 15 Jahren Zuchthaus verurteilt.

13. August   Beginn des Baus der Berliner Mauer, die von der DDR Antifaschistischer Schutzwall genannt wird.

September   Verlegung von Bodenminen an der innerdeutschen Grenze durch die DDR.

1962

17. August   Der 18-jährige Ost-Berliner Peter Fechter wird bei einem Fluchtversuch an der Berliner Mauer angeschossen und verblutet.

1964

Robert Havemann, Professor an der Humboldt-Universität und unter den Nazis zum Tode verurteilt, wird als Wortführer eines oppositionellen demokratischen Kommunismus in der DDR aus der SED ausgeschlossen und von seinen Verpflichtungen an der Universität entbunden.

7. September   Einführung des Wehrdienstes als Bausoldat ohne Waffe in der NVA.

1965

3. Dezember — Erich Apel, Kandidat des Politbüros und Vorsitzender der Staatlichen Plankommission, begeht Selbstmord. Nachfolger wird Gerhard Schürer.

15.–18. Dezember — 11. Plenum des ZK beschließt die zweite Etappe des Neuen ökonomischen Systems und übt rigorose Kritik an unbotmäßigen Schriftstellern und Künstlern. In der Folge werden viele Filme und Bücher in der DDR nicht mehr aufgeführt oder verboten.

1967

1. Juni — Erlass der MfS-Mobilmachungsdirektive 1/67, die u. a. die Planung von Isolierungslagern für Regimegegner vorsieht.

18. August — Verurteilung von 37 Fluchthelfern. Beginn einer Prozesswelle in der DDR.

1968

6. April — Volksentscheid über eine neue DDR-Verfassung, in der die führende Rolle der SED verankert ist.

11. Juni — Die DDR führt den Pass- und Visumzwang für Besucher aus dem Westen ein. Außerdem wird der Güterverkehr nach Berlin (West) durch die DDR besteuert, und die Autobahngebühren werden erhöht.

August — Niederschlagung des Prager Frühlings durch Truppen des Warschauer Vertrages.

1969

21. Oktober   In der Bundesrepublik wird Willy Brandt zum Kanzler einer sozialliberalen Koalitionsregierung gewählt.

1970

19. März   In Erfurt treffen sich Bundeskanzler Brandt und DDR-Ministerpräsident Stoph zu Gesprächen. Unter der Bevölkerung kommt es zu Sympathiebekundungen durch DDR-Bürger.

1971

Ausbau der innerdeutschen Grenze mit den Selbstschussautomaten SM 70.

3. Mai   16. Plenum des ZK der SED: Walter Ulbricht tritt als Erster Sekretär des ZK zurück, bleibt aber Staatsratsvorsitzender. Sein Nachfolger wird Erich Honecker.

1972

6. Januar   In einer Rede vor NVA-Soldaten bezeichnet DDR-Staats- und Parteichef Erich Honecker die Bundesrepublik als »imperialistisches Ausland«.

21. Januar   Brief an Breschnew, in dem 13 von 20 Mitgliedern und Kandidaten des Politbüros der SED den »freiwilligen« Rücktritt Ulbrichts fordern.

31. Januar   Der Telefonverkehr zwischen beiden Teilen Berlins wird nach 19-jähriger Unterbrechung wiederaufgenommen.

3. Juni	Das Transitabkommen zwischen der Bundesrepublik Deutschland und der DDR tritt in Kraft.
1. September	An der Staatsgrenze West der DDR werden Schutzstreifen und Sperrzonen festgelegt. Die Anwendung der Schusswaffe durch die DDR-Grenztruppen ist gemäß den Bestimmungen des Ministeriums für Nationale Verteidigung zulässig.
6. Oktober	Im Vorfeld des deutsch-deutschen Grundlagenvertrages beschließt der Staatsrat der DDR eine umfassende Amnestie für politische und kriminelle Straftäter, ungefähr 32 000 Personen werden entlassen, davon ca. 2000 in die BRD.
16. Oktober	Die Volkskammer verabschiedet das Gesetz zur Regelung von Fragen der Staatsbürgerschaft. Personen, die vor dem 1. 1. 1972 die DDR verlassen haben, werden aus der Staatsbürgerschaft entlassen.
21. Dezember	Unterzeichnung des Grundlagenvertrages durch Bundesminister Egon Bahr und DDR-Staatssekretär Michael Kohl. Darin werden die Anerkennung der Vier-Mächte-Verantwortung, die Unverletzlichkeit der Grenzen, die Beschränkung der Hoheitsgewalt auf das jeweilige Staatsgebiet, der Austausch ständiger Vertreter, die Beibehaltung des innerdeutschen Handels und der Antrag beider Staaten auf Aufnahme in die UNO festgeschrieben.

1973

2. Februar	Die DDR schließt sich der Wiener Konvention über diplomatische Beziehungen an. Die Vereinbarung regelt die durch das Völkerrecht gewährte Befugnis, Gesandte zu entsenden und zu empfangen.

21. Februar	Verordnung über die Tätigkeit von Publikationsorganen anderer Staaten und deren Korrespondenten in der DDR wird erlassen. In der Folge werden die Korrespondenten von ARD und ZDF sowie von Zeitungen und Zeitschriften aus der Bundesrepublik in der DDR akkreditiert.
28. Juli–5. August	X. Weltfestspiele der Jugend und Studenten in Ost-Berlin. Walter Ulbricht stirbt am 1. August. Nachfolger als Staatsratsvorsitzender wird Erich Honecker.
18. September	Die DDR und die Bundesrepublik Deutschland werden Mitglieder der Vereinten Nationen (UNO).
19. Dezember	DDR-Bürger dürfen mit Devisen in Intershops einkaufen.

1974

1. Januar	Einführung des Autokennzeichens DDR statt D.
14. März	Der stellvertretende Außenminister der DDR, Kurt Nier, und der Staatssekretär der Bundesrepublik, Günter Gaus, unterzeichnen in Bonn das Protokoll über die Errichtung Ständiger Vertretungen.
24. April	Günter Guillaume, persönlicher Referent von Bundeskanzler Willy Brandt, wird als DDR-Spion enttarnt und verhaftet.
2. Mai	Die Ständigen Vertretungen der Bundesrepublik Deutschland (Ost-Berlin) und der DDR (Bonn) werden eröffnet.

3. Mai	Der Nationale Verteidigungsrat der DDR bestätigt den Schusswaffeneinsatz gegen Grenzverletzer.
6. Mai	Bundeskanzler Willy Brandt tritt im Verlauf der Agentenaffäre um den DDR-Spion Günter Guillaume überraschend zurück. In seinem Rücktrittsschreiben erklärt Brandt, er übernehme damit die Verantwortung für Fahrlässigkeiten im Zusammenhang mit der Affäre, und betont, dass ein Kanzler nicht erpressbar sein dürfe. Nachfolger als Bundeskanzler wird Helmut Schmidt.
13. Juni–7. Juli	In der Bundesrepublik Deutschland findet die X. Fußballweltmeisterschaft statt. Die DDR besiegt durch ein Tor von Sparwasser die Bundesrepublik mit 1:0.
21. August	Die Genfer Abrüstungskonferenz beschließt die Erweiterung ihres Teilnehmerkreises auf 31 Länder. Neue Mitglieder werden zum 1. Januar 1975 u. a. die Bundesrepublik Deutschland und die DDR.
27. September	Die Volkskammer beschließt eine Änderung der DDR-Verfassung; danach wird der Begriff »deutsche Nation« aus dem Text getilgt.
7. Oktober	Eine Verfassungsänderung erklärt die DDR zum sozialistischen Staat.

1975

30. Juli–1. August	Abschlusskonferenz der KSZE in Helsinki; Unterzeichnung der Schlussakte. Am Rande der KSZE finden Gespräche zwischen Bundeskanzler Helmut Schmidt und DDR-Staats- und Parteichef Erich Honecker statt.

August	Befehl zur Bildung der Zentralen Koordinierungsgruppe (ZKG) im MfS zur Bekämpfung von Westfluchten und Ausreiseanträgen.
15. Dezember	Günter Guillaume wird wegen Spionage für die DDR zu 13 Jahren Haft und seine Ehefrau zu acht Jahren Haft verurteilt.
16. Dezember	Der Korrespondent des Nachrichtenmagazins »Der Spiegel« in Ost-Berlin, Jörg Mettke, wird wegen grober Verleumdung aus der DDR ausgewiesen. Er hatte in einem Artikel über Zwangsadoption von Kindern berichtet, deren Eltern in den Westen geflüchtet waren oder einen Fluchtversuch unternommen hatten.

1976

30. März	Zwischen der Bundesrepublik und der DDR wird in Bonn ein Abkommen über die Verbesserung der Post- und Fernmeldeverbindungen zwischen den beiden deutschen Staaten unterzeichnet.
23. April	Auf dem Platz des ehemaligen Berliner Stadtschlosses in Ost-Berlin wird der Palast der Republik eingeweiht. Das Gebäude ist unter anderem auch Sitz der Volkskammer.
24. Juli	Wegen schwerer Grenzzwischenfälle, in denen Grenzsoldaten der DDR von der Schutzwaffe Gebrauch machten, kommt es zu erheblichen Belastungen des Verhältnisses zwischen der DDR und der Bundesrepublik.
18. August	Der Pfarrer Oskar Brüsewitz setzt sich auf dem Marktplatz der Stadt Zeitz aus Protest gegen die DDR-Regierung selbst in Brand. Vier Tage später erliegt er seinen Verletzungen.

16. November	Dem Liedermacher Wolf Biermann wird nach einem Gastspiel in der Bundesrepublik Deutschland die Wiedereinreise in die DDR verweigert und das Recht auf weiteren Aufenthalt in der DDR entzogen. Begründet wird die Entscheidung damit, dass sich sein Programm in der Bundesrepublik gegen die DDR und den Sozialismus richte. In der DDR kommt es zu zahlreichen Protesten. Auch viele Künstler solidarisieren sich mit Biermann. In der Folge verlässt fast die gesamte Kunstelite die DDR, u. a. Manfred Krug, Angelika Domröse, Hilmar Thate, Armin Müller-Stahl, Günter Kunert, Jurek Becker, Nina Hagen.
26. November	Der DDR-Dissident Robert Havemann wird für etwa drei Jahre unter Hausarrest gestellt.

1977

1. Januar	Gründung der Menschenrechtsgruppe Charta 77 in der Tschechoslowakei.
11. Januar	Die DDR-Volkspolizei beginnt mit der aktiven Behinderung von DDR-Bürgern, die die Ständige Vertretung der Bundesrepublik aufsuchen wollen. Die DDR-Regierung will damit die Kontaktaufnahme ausreisewilliger DDR-Bürger mit der Bundesrepublik verhindern.
17. Februar	Der DDR-Staats- und Parteichef Erich Honecker bestätigt in einem Interview mit der Saarbrücker Zeitung, dass rund 10 000 DDR-Bürger Ausreiseanträge gestellt hätten. Eine großzügigere Reiseregelung in das westliche Ausland könne es aber nur bei Anerkennung der DDR-Staatsbürgerschaft durch die Bundesregierung geben.

23. August	Rudolf Bahros regimekritisches Buch »Die Alternative« wird in der Bundesrepublik veröffentlicht. Bahro wird vom MfS festgenommen und im Juni 1978 zu acht Jahren Haft verurteilt. 1979 wird er aus der DDR ausgebürgert und reist in die Bundesrepublik aus.
26. August	Der Schriftsteller Jürgen Fuchs sowie die Musiker Christian Kunert und Gerulf Pannach, die Ende 1976 von der Staatssicherheit wegen Protesten gegen die Ausbürgerung Biermanns verhaftet worden waren, werden entlassen und nach West-Berlin abgeschoben.
7. Oktober	In Ost-Berlin kommt es am Rande eines Konzerts auf dem Alexanderplatz im Rahmen der Festveranstaltungen zum Nationalfeiertag der DDR zu schweren Zusammenstößen zwischen Jugendlichen und der Volkspolizei. Es werden Sprechchöre gerufen wie: »Die Mauer muss weg«, »Biermann zurück in die DDR« und »Russen raus«. Drei Menschen werden getötet und 200 verletzt.
12. Dezember	In Bonn wird die Sekretärin im Verteidigungsministerium, Renate Lutze, festgenommen. Sie steht unter dem Verdacht, jahrelang für den DDR-Staatssicherheitsdienst spioniert zu haben.

1978

10. Januar	Das Büro des Nachrichtenmagazins »Der Spiegel« in Ost-Berlin wird durch die DDR-Behörden geschlossen. Damit reagiert die SED-Führung auf die Veröffentlichung eines regimekritischen Manifests einer bislang unbekannten SED-Oppositionsgruppe durch den »Spiegel«.

6. März	Staats- und Parteichef Erich Honecker trifft sich zu Gesprächen mit dem Vorstand der Evangelischen Kirchenleitung in der DDR. Daraufhin wird der Kirche mehr Spielraum eingeräumt.
9. März	Die drei Nachrichtendienste der Bundesrepublik – Militärischer Abwehrdienst (MAD), Bundesnachrichtendienst (BND) und Bundesamt für Verfassungsschutz – werden per Gesetz der parlamentarischen Kontrolle unterworfen.
26. August	Als erster Deutscher nimmt der DDR-Kosmonaut Sigmund Jähn an einem Weltraumflug teil, der am 3. September mit der erfolgreichen Landung auf der Erde endet.
1. September	In den Schulen der DDR wird in den Klassen 9 und 10 der Wehrunterricht eingeführt. In acht Doppelstunden pro Schuljahr werden die Schüler über Waffengattungen, moderne Kriegsführung und die militärische Situation in Mitteleuropa informiert. Außerdem werden praktische Übungen an Waffen im Gelände und Übungen zur Zivilverteidigung durchgeführt.
16. November	Im DDR-Außenministerium in Ost-Berlin unterzeichnen Vertreter der Bundesrepublik und der DDR das Verkehrsabkommen zwischen beiden Ländern. Darin werden der Bau einer neuen Transitautobahn zwischen Berlin und Hamburg, die Wiedereröffnung des Teltowkanals für die Binnenschifffahrt und die Neuregelung der Transitpauschale an die DDR vereinbart.
29. November	Vertreter der Bundesrepublik Deutschland und der DDR unterzeichnen im Kanzleramt in Bonn ein Regierungsprotokoll, in dem der Verlauf der innerdeutschen Grenze festgelegt wird. Ausgeklammert bleibt der strittige Verlauf der Elbgrenze.

1979

17. Januar	Die Bundesregierung verabschiedet neue Grundsätze, die sich auf das Verfahren zur Überprüfung der Verfassungstreue im öffentlichen Dienst beziehen. Danach entfällt künftig die Regelanfrage beim Verfassungsschutz.
19. Januar	Aufgrund der Hinweise des in den Westen übergelaufenen DDR-Geheimdienstleutnants Werner Stiller werden in der Bundesrepublik fünf mutmaßliche DDR-Spione festgenommen. Bis zum Monatsende gelingt es der Spionageabwehr, insgesamt 14 Spione zu enttarnen.
19. März	Im Nachrichtenmagazin »Der Spiegel« berichtet die 1977 in die Bundesrepublik geflohene frühere DDR-Sprinterin Renate Neufeld über Doping im DDR-Sport.
11. April	Die DDR-Regierung verschärft die Arbeitsbedingungen für westliche Korrespondenten in der DDR. Unter anderem werden alle geplanten Interviews genehmigungspflichtig (sog. Maulkorb-Erlass).
16. April	DDR-Bürger dürfen in den Intershops nicht mehr mit D-Mark bezahlen. Einführung von sogenannten Forumschecks.
22.–25. April	Prozesse gegen den DDR-Schriftsteller Stefan Heym und den Regimekritiker Robert Havemann. Beide werden wegen Devisenvergehen zu einer Geldstrafe verurteilt.
14. Mai	Ausweisung des ZDF-Korrespondenten Peter van Loyen wegen grober Verstöße gegen die neue Journalistenverordnung. Van Loyen hatte ohne staatliche Genehmigung den Schriftsteller Stefan Heym interviewt.

7. Juni	Wegen angeblicher Verletzungen der Statuten werden in Ost-Berlin neun Autoren aus dem Schriftstellerverband der DDR ausgeschlossen.
28. Juni	Die Volkskammer der DDR beschließt das dritte Strafrechtsänderungsgesetz, eine erhebliche Verschärfung des politischen Strafrechts.
16. September	Zwei Familien gelingt in einem selbst gebastelten Heißluftballon die Flucht aus der DDR in die Bundesrepublik. Die abenteuerliche Fahrt der beiden Familien sorgt weltweit für Schlagzeilen.
11. Oktober	Amnestie anlässlich des 30. Jahrestages der Gründung der DDR. Über 20000 DDR-Strafgefangene werden amnestiert.

1980

1. Januar	Die DDR wird für zwei Jahre Mitglied des UNO-Sicherheitsrates.
30. Januar	Bundeskanzler Helmut Schmidt sagt wegen der sowjetischen Invasion in Afghanistan ein Treffen mit dem Staats- und Parteichef der DDR, Erich Honecker, ab.
13. Oktober	Vor Parteifunktionären in Gera hält Staats- und Parteichef Honecker eine Abgrenzungsrede gegenüber der Bundesrepublik. Er erklärt unter anderem die Anerkennung einer eigenen DDR-Staatsbürgerschaft ausdrücklich als Voraussetzung für die Normalisierung der deutsch-deutschen Beziehungen.
30. Oktober	Der visafreie Reiseverkehr zwischen der DDR und Polen wird aufgehoben.

1981

9. Februar	Der neue Ständige Vertreter der Bundesrepublik Deutschland in der DDR, Staatssekretär Klaus Bölling, überreicht in Ost-Berlin sein Beglaubigungsschreiben.
10. April	Matthias Domaschk, Mitglied der Jungen Gemeinde in Jena, wird festgenommen und stirbt wenig später in der Untersuchungshaftanstalt Gera des MfS unter ungeklärten Umständen.
26. Juni	Hinrichtung von MfS-Hauptmann Werner Teske, wegen Fluchtvorbereitung in den Westen (letztes Todesurteil der DDR-Justiz).
1. Oktober	Der frühere Referent des Bundeskanzlers Willy Brandt, Günter Guillaume, der 1975 wegen DDR-Spionage zu 13 Jahren Freiheitsstrafe verurteilt worden war, wird im Zuge eines Agentenaustausches in die DDR entlassen.
10. Oktober	In Deutschland, wie in vielen anderen westeuropäischen Ländern, wächst die Angst vor einem Atomkrieg. Rund 300 000 Menschen protestieren im Bonner Hofgarten gegen den NATO-Doppelbeschluss und fordern atomare Abrüstung. Der Rüstungswettlauf der Supermächte bringt Anfang der achtziger Jahre Schwung in die Friedensbewegung.
	In der DDR formiert sich eine vom Staat unabhängige Friedensbewegung. Ihr Slogan lautet »Schwerter zu Pflugscharen«. Unter dem Dach der evangelischen Kirche bilden sich DDR-weit Friedens-, Umwelt-, Menschenrechtsgruppen. Der Staat reagiert auf diese emanzipatorische Bewegung mit starken Repressionen.

| 11.–13. Dezember | Bundeskanzler Helmut Schmidt reist zum dritten innerdeutschen Gipfeltreffen in die DDR. Die Gespräche mit Staats- und Parteichef Erich Honecker finden am Werbellinsee und am Döllnsee statt. |

13. Dezember · Der polnische Partei- und Regierungschef Wojciech Jaruzelski verhängt in Polen das Kriegsrecht. Ein Militärrat der nationalen Rettung übernimmt die Regierung, beendet den Demokratisierungsprozess und verbietet jede Aktivität der im September 1980 gegründeten Gewerkschaft Solidarność.

1982

25. Januar · Der Berliner Appell »Frieden schaffen ohne Waffen« wird auf Initiative von Pfarrer Rainer Eppelmann und Robert Havemann veröffentlicht. Eppelmann wird daraufhin kurzzeitig verhaftet.

14. Februar · Friedensforum mit etwa 5000 meist jugendlichen Teilnehmern aus unabhängigen Friedensgruppen in der Kreuzkirche in Dresden.

25. März · Die DDR-Volkskammer verabschiedet ein Wehrpflichtgesetz, das die vormilitärische Ausbildung von Jugendlichen und für den Verteidigungsfall die Einbeziehung von Frauen in die allgemeine Wehrpflicht festschreibt.

9. April · In Grünheide bei Berlin stirbt 72-jährig der Philosoph und Naturwissenschaftler Robert Havemann. Der überzeugte Kommunist zählte zu den bekanntesten Regimekritikern der DDR, die er trotz Lehrverbots und Hausarrests nicht verlassen wollte.

18. Juni · Die DDR garantiert Straffreiheit für DDR-Flüchtlinge vor 1980.

| 1. Oktober | Regierungswechsel: Helmut Kohl wird mit der neuen CDU/CSU-FDP-Mehrheit durch ein konstruktives Misstrauensvotum der sechste Bundeskanzler der Bundesrepublik. |

1983

6. März	Bei den vorgezogenen Neuwahlen zum zehnten Bundestag ziehen erstmals die Grünen mit 5,6 Prozent der Stimmen in den Bundestag ein.
10. April	Ein Transitreisender aus der Bundesrepublik Deutschland stirbt während der Vernehmung durch DDR-Sicherheitsorgane an Herzversagen. Am 26. April stirbt ein weiterer deutscher Transitreisender bei der Zollabfertigung überraschend an einem Herzschlag.
22. April	Schriftsteller aus Ost und West treffen sich in Ost-Berlin zur zweiten Berliner Begegnung zum Thema Frieden und Abrüstung.
28. April	Wegen der gestörten Beziehungen zwischen den beiden deutschen Staaten nach dem Tod von zwei Transitreisenden sagt DDR-Staats- und Parteichef Erich Honecker den geplanten Besuch in der Bundesrepublik ab.
12. Mai	Bundestagsabgeordnete der Grünen demonstrieren auf dem Ost-Berliner Alexanderplatz für Abrüstung in Ost und West. Sie werden kurzzeitig festgenommen.
8. Juni	Roland Jahn, Mitglied der Jenaer Friedensgruppe, wird aus der Haft gewaltsam in die Bundesrepublik abgeschoben. Damit sind bereits 20 Mitglieder der Friedensbewegung aus der DDR abgeschoben worden.

29. Juni	Bürgschaft der Bundesregierung für einen vom bayrischen Ministerpräsidenten Franz Josef Strauß (CSU) vermittelten Milliardenkredit an die DDR.
24. Juli	Im Rahmen einer als privat bezeichneten Reise in die Tschechoslowakei, Polen und in die DDR trifft der bayerische Ministerpräsident Franz Josef Strauß mit dem Staats- und Parteichef der DDR, Erich Honecker, im Schloss Hubertusstock am Werbellinsee zusammen.
1. September	Mitglieder der unabhängigen Friedensbewegung der DDR versuchen, am Weltfriedenstag in Ost-Berlin aus Protest gegen das Wettrüsten eine Menschenkette zwischen den Botschaften der USA und der UdSSR zu bilden. Polizei und Staatssicherheit beenden die Aktion gewaltsam.
5. Oktober	In einem Gespräch mit österreichischen Journalisten räumt der Staats- und Parteichef der DDR, Erich Honecker, erstmals die Existenz von Selbstschussanlagen an der innerdeutschen Grenze ein. Gleichzeitig kündigt er den Abbau dieser Anlagen an. Die Arbeiten werden am 30. November 1984 beendet.

1984

13. Januar	Das Konzert der Kölner Gruppe BAP auf der DDR-Veranstaltung »Rock für den Frieden« wird überraschend abgesagt. Die Musiker hatten sich nicht auf Zensurmaßnahmen eingelassen.
6. April	35 DDR-Bürger, die vor fünf Wochen in die bundesdeutsche Botschaft in Prag flüchteten, kehren in die DDR zurück, nachdem ihnen die baldige Ausreise in die Bundesrepublik Deutschland zugesichert wurde.

8. Mai	Die geplante DDR-Tournee des bundesdeutschen Rockmusikers Udo Lindenberg wird von den Organisatoren der Freien Deutschen Jugend abgesagt, da der Musiker sich weigert, sein Programm nach den Wünschen der Funktionäre auszurichten.
25. Juni	Die Ständige Vertretung der Bundesrepublik in Ost-Berlin stellt den öffentlichen Besucherverkehr wegen Überlastung ein. Mehr als 50 DDR-Bürger halten sich in der Vertretung auf und wollen von dort ihre Ausreise erzwingen. Nach Zusicherung von Straffreiheit und baldiger Ausreise verlassen sie die Ständige Vertretung am 5. Juli. Am 31. Juli wird die Vertretung unter verstärkten Sicherheitsmaßnahmen wieder geöffnet.
25. Juli	Wie schon 1983 verbürgt sich die Bundesregierung für einen 950-Millionen-DM-Kredit an die DDR. Gleichzeitig werden Erleichterungen im innerdeutschen Verkehr bekannt gegeben.
4. September	Honecker sagt seine für Ende September geplante Reise in die Bundesrepublik ab. Begründung: Der Stil der Diskussion um seinen Besuch sei äußerst fragwürdig und im Verkehr zwischen souveränen Staaten absolut unüblich.
4. Oktober	Die Botschaft der Bundesrepublik Deutschland in Prag, in der sich über 150 ausreisewillige DDR-Bürger aufhalten, wird wegen Überfüllung vorübergehend geschlossen. Auch in Bukarest, Warschau und Budapest haben DDR-Bürger in den diplomatischen Vertretungen Schutz gesucht.
30. November	Die DDR baut die letzten Selbstschussanlagen an der innerdeutschen Grenze ab.
31. Dezember	Die DDR-Regierung lässt 40 900 Antragsteller in den Westen ausreisen.

1985

11. März   Michail Gorbatschow wird in der Sowjetunion zum
              Staats- und Parteichef gewählt. Es beginnt die Pe-
              riode von Glasnost und Perestroika.

11. Juni   Auf der Glienicker Brücke in Berlin findet der größ-
              te Agentenaustausch seit 1945 statt. 25 West-Agen-
              ten werden gegen vier Ost-Agenten ausgetauscht.

22. August   Das Bundesamt für Verfassungsschutz gibt das Ver-
              schwinden von Hansjoachim Tiedge bekannt, der
              für die Abwehr der DDR-Spionage zuständig war.
              Am 23. August teilt der DDR-Nachrichtendienst
              ADN den Übertritt Tiedges in die DDR mit. Der
              Fall entwickelt sich zu einem der größten Spionage-
              skandale der deutschen Nachkriegszeit.

Oktober   In Ost-Berlin gründet sich die erste von der evan-
              gelischen Kirche unabhängige Oppositionsgruppe
              »Initiative Frieden und Menschenrechte«. Zu ih-
              nen gehören u.a. Bärbel Bohley, Katja Havemann,
              Gerd und Ulrike Poppe, Wolfgang Templin, Wer-
              ner Fischer, Ralf Hirsch. Ihre politischen Ziele und
              Aktionen sind mit denen der Charta 77 vergleich-
              bar.

1986

9. Februar   Die DDR erweitert die Reisemöglichkeiten in drin-
              genden Familienangelegenheiten.

19. Februar   Der Präsident der DDR-Volkskammer, Horst Sin-
              dermann, trifft zu einem viertägigen Besuch in
              Bonn ein. Er ist der ranghöchste DDR-Politiker, der
              bisher die Bundesrepublik besucht hat.

17.–21. April	XI. Parteitag der SED in Ost-Berlin, Gorbatschow fordert zur Selbstkritik auf.
26. April	Im Atomkraftwerk Tschernobyl bei Kiew explodiert ein Reaktorblock, große Mengen Radioaktivität treten aus.
2. September	Eröffnung der oppositionellen Umweltbibliothek in Ost-Berlin.
15. September	Proteste von Greenpeace in Ost-Berlin werden von Sicherheitskräften unterbunden.
10./11. November	Gipfeltreffen der Warschauer-Pakt-Staaten, Gorbatschow kündigt Liberalisierung der sowjetischen Osteuropapolitik an.
15. November	Der stellvertretende Minister und Leiter der Hauptverwaltung Aufklärung im MfS, Generaloberst Markus Wolf, scheidet aus dem aktiven Dienst aus. Nachfolger wird Generalleutnant Werner Großmann.

1987

4. Januar	Auf dem Deutschlandtreffen der CDU in Dortmund bezeichnet Bundeskanzler Helmut Kohl die DDR als Regime, das politische Gefangene in Gefängnissen und Konzentrationslagern hält. Wegen der Nennung des Begriffs Konzentrationslager legt der Ständige Vertreter der DDR in Bonn zwei Tage später offiziellen Protest ein.
10. April	SED-Chefideologe Kurt Hager vergleicht in einem Interview die Perestroika mit einem Tapetenwechsel, den der Nachbar DDR nicht nachahmen muss.

8. Juni	Sicherheitskräfte versuchen, etwa 3000 junge DDR-Bürger, die östlich vom Brandenburger Tor aus ein Rockkonzert vor dem Reichstagsgebäude in West-Berlin mithören wollen, den Zutritt zu verwehren. Trotz des großen Polizeiaufgebots fordern die Menschen in der Straße Unter den Linden den Abriss der Mauer und Freiheit, auch Gorbatschow-Rufe werden laut.
17. Juni	Aus Anlass des 38. Jahrestages ihrer Gründung beschließt die DDR-Regierung die Abschaffung der Todesstrafe.
27. August	SED und SPD veröffentlichen ein gemeinsames Papier mit dem Titel »Der Streit der Ideologien und die gemeinsame Sicherheit«. In dem Papier wird zum ersten Mal versucht, die ideologischen Gegensätze zwischen Sozialdemokraten und Kommunisten herauszuarbeiten und gleichzeitig ein Konzept für eine langfristige Zusammenarbeit zu entwerfen.
7.–11. September	Erich Honecker reist zu einem offiziellen Arbeitsbesuch in die Bundesrepublik Deutschland. Es werden Abkommen zum Umwelt- und Strahlenschutz sowie über die Zusammenarbeit in Wissenschaft und Technik vereinbart.
1.–18. September	Olof-Palme-Friedensmarsch in Ost-Berlin und mehreren Orten der DDR unter Beteiligung unabhängiger Friedensgruppen.
24./25. November	Die Räume der evangelischen Zionsgemeinde in Ost-Berlin, in denen sich die Umweltbibliothek befindet, werden von Mitarbeitern des Generalstaatsanwaltes und der Staatssicherheit durchsucht. Sieben festgenommene Personen müssen nach Protesten wenige Tage später freigelassen werden. Es folgen Aktionen gegen oppositionelle Gruppen in weiteren Städten der DDR.

1988

17. Januar   Anlässlich der Gedenkdemonstration für Rosa Luxemburg und Karl Liebknecht werden über 100 Personen festgenommen, die für die Freiheit der Andersdenkenden demonstrieren. Beginn einer Verhaftungs- und Ausbürgerungswelle. 54 Personen werden zur Ausreise in die Bundesrepublik und andere Staaten genötigt.

25. Januar   Exponierte Mitglieder der »Initiative Frieden und Menschenrechte« wie Bärbel Bohley, Werner Fischer, Wolfgang Templin und Ralf Hirsch werden unter dem Vorwurf landesverräterischer Agententätigkeit verhaftet.

2. Februar   In einem internen Bericht des DDR-Staatssicherheitsdienstes wird die Zahl der rechtsradikalen Skinheads in der DDR mit rund 800 beziffert. Offiziell wurde die Existenz von Neonazis in der DDR bisher geleugnet.

3. März   Erstmals nach zehn Jahren kommt es zu einem Spitzentreffen von Vertretern der Regierung und der Evangelischen Kirche in der DDR.
Der evangelische Bischof Leich fordert von Honecker die Eröffnung eines Dialogs zwischen SED und Gesellschaft und den Beginn einer Reformpolitik.

3. August   Bärbel Bohley und Werner Fischer kehren nach einem halben Jahr Aufenthalt in London nach Ost-Berlin zurück. Sie waren aus der Haft mit einem Reisepass und dem Versprechen, nach einem Jahr wieder einreisen zu dürfen, entlassen worden. Ein einmaliger Vorgang in der DDR. Diese Reisepassregelung war bis dahin nur einigen Künstlern vorbehalten, nicht aber Oppositionellen.

9. November	Kanzleramtsminister Wolfgang Schäuble trifft sich zu Gesprächen über deutsch-deutsche Beziehungen mit Erich Honecker und dem Außenminister der DDR, Oskar Fischer, in Ost-Berlin.
18. November	Die deutsche Ausgabe der sowjetischen Monatszeitschrift »Sputnik« wird von der Postzeitungsliste gestrichen. Am 21. November werden fünf antistalinistische sowjetische Filme verboten.
14. Dezember	Die neue DDR-Verordnung über Reise- und Ausreiseangelegenheiten enthält kein generelles Recht auf Reisen.

1989

11. Januar	In Ost-Berlin verlassen 20 ausreisewillige Bürger der DDR die Ständige Vertretung Bonns in der DDR. Ihnen waren zuvor Straffreiheit und die Überprüfung ihrer Ausreiseanträge zugesichert worden.
19. Januar	Erich Honecker versichert, die Mauer werde in 50 und auch in 100 Jahren noch bestehen bleiben, wenn die dazu vorhandenen Gründe noch nicht beseitigt sind.
6. Februar	Der 20-jährige Chris Gueffroy wird bei einem Fluchtversuch an der Mauer von Grenzsoldaten erschossen. Er ist der letzte Mauertote.
3. April	Der Schießbefehl an der innerdeutschen Grenze wird ausgesetzt.
7. Mai	Bei den Kommunalwahlen in der DDR können von Bürgerrechtlern massive Fälschungen nachgewiesen werden.

8. Juni	Die Volkskammer wertet das Massaker auf dem Pekinger Platz des himmlischen Friedens am 4. Juni als Niederschlagung einer Konterrevolution.
27. Juni	In einem symbolischen Akt zerschneiden der ungarische Außenminister Gyula Horn und sein österreichischer Kollege Alois Mock bei Sopron den Stacheldrahtzaun an der gemeinsamen Grenze. Beseitigt werden nur die Grenzsperren, die Grenzkontrollen bleiben. In der DDR löst dies dennoch einen verstärkten Urlauber- und Flüchtlingsstrom nach Ungarn aus.
ab Juli	DDR-Bürger flüchten über Ungarn nach Österreich oder suchen Zuflucht in der Ständigen Vertretung der Bundesrepublik in Ost-Berlin und in den bundesdeutschen Botschaften in Budapest und Prag.
8. August	In Ost-Berlin muss die Ständige Vertretung der Bundesrepublik wegen Überfüllung vorübergehend geschlossen werden. Über 130 DDR-Bürger halten sich in der Vertretung auf, um ihre Ausreise zu erzwingen.
13. August	Auch die Bonner Botschaft in Budapest muss wegen Überfüllung geschlossen werden. Von dort wollen rund 180 Bürger der DDR ausreisen.
19. August	In Sopron/Ungarn kommt es zur größten Massenflucht von Bürgern der DDR seit dem Mauerbau. Etwa 900 Menschen nutzen ein Paneuropäisches Picknick zur Flucht über die ungarisch-österreichische Grenze.
30. August	In Bayern wird mit den Vorbereitungen zur Errichtung von Notaufnahmelagern für DDR-Flüchtlinge begonnen.

7. September	Auf dem Ost-Berliner Alexanderplatz wird gegen die Wahlfälschung bei den Kommunalwahlen vom 7. Mai protestiert. DDR-Sicherheitskräfte nehmen etwa 80 Personen vorübergehend fest.
9./10. September	Das Neue Forum veröffentlicht seinen Gründungsaufruf. Am 20. September wird der Antrag vorerst abgelehnt, da die Gruppe staatsfeindlich sei.
19. September	Auch die bundesdeutsche Botschaft in Warschau muss wegen Überfüllung mit ausreisewilligen Bürgern der DDR den Publikumsverkehr vorübergehend einstellen.
25. September	Erste Montagsdemonstration in Leipzig, mit mehreren Tausend Teilnehmern.
30. September	Bundesaußenminister Hans-Dietrich Genscher verkündet am Abend auf dem Balkon der bundesdeutschen Botschaft in Prag, dass alle DDR-Flüchtlinge, die sich in den deutschen Botschaften in Prag und Warschau befinden, ausreisen dürfen. Die Ausreiseerlaubnis ist das Ergebnis von Verhandlungen zwischen den Außenministern der UdSSR, DDR, ČSSR, Polens und der Bundesrepublik in New York am Rande der UN-Vollversammlung.
	5500 DDR-Bürger werden ab dem 4. Oktober mit DDR-Sonderzügen über das Gebiet der DDR in die Bundesrepublik gebracht.
2. Oktober	In Leipzig demonstrieren 20000 Menschen für Reformen in der DDR. Die bisher größte dortige Demonstration für Demokratie wird von DDR-Sicherheitsorganen gewaltsam aufgelöst.
3. Oktober	Die DDR-Regierung setzt den visafreien Reiseverkehr in die Tschechoslowakei aus.

4.–8. Oktober	In Dresden werden bei Auseinandersetzungen zwischen Ausreisewilligen, Demonstranten und Sicherheitskräften über 1300 Personen festgenommen.
7.–9. Oktober	Die DDR-Führung feiert mit großem Aufwand den vierzigsten Jahrestag der DDR. Bei Demonstrationen gegen die Feiern in Ost-Berlin kommt es zu Übergriffen von Polizei und Staatssicherheit auf Demonstranten. Hunderte Menschen werden verhaftet.
9. Oktober	Leipziger Montagsdemonstration mit über 70 000 Teilnehmern. Aufruf der »Sechs von Leipzig«, u.a. von Kurt Masur, zu friedlichen Veränderungen. Die Verantwortlichen ziehen auf dem Höhepunkt der Proteste ihre starken Einsatzkräfte zurück. Einer der Rufe lautet: »Wir sind das Volk.« Diese Montagsdemo gilt als »Tag der Entscheidung«.
18. Oktober	Auf der 9. Tagung des Zentralkomitees der SED wird Erich Honecker auf eigenen Wunsch von allen Ämtern entbunden. Egon Krenz wird neuer Generalsekretär der SED. In einer Rede räumt Krenz ein, dass die SED in den letzten Monaten die reale Lage verkannt habe. Nun sei aber die Wende eingeleitet, der Sozialismus auf deutschem Boden stehe nicht zur Disposition.
4. November	Auf dem Alexanderplatz in Ost-Berlin demonstrieren etwa 500 000 Menschen für demokratische Reformen in der DDR.
6. November	Erich Mielke gibt an die Dienststellen des MfS in den Bezirken die Weisung, brisantes dienstliches Material zu vernichten oder auszulagern.
7. November	Rücktritt des Ministerrates unter Ministerpräsident Stoph.

Das Neue Forum (NF) wird als Vereinigung zugelassen.

9. November   Günter Schabowski, Mitglied des ZK der SED, verkündet auf einer Pressekonferenz in Berlin eine
neue Reiseverordnung, die ab sofort das freie Reisen erlaubt.
In der Nacht zum 10. November passieren die ersten Ost-Berliner die Grenze nach West-Berlin. Die
Mauer fällt.

13. November   Hans Modrow wird Ministerpräsident der DDR.
Letzter Auftritt Erich Mielkes vor der Volkskam-
mer: »Ich liebe euch doch alle ...«

17. November   Das MfS wird in Amt für Nationale Sicherheit
(AfNS) umbenannt, neuer Leiter wird Generalleut-
nant Wolfgang Schwanitz, der vorher Stellvertreter
Mielkes war.

3. Dezember   Politbüro und Zentralkomitee der SED treten zurück.
Erich Mielke wird aus der SED ausgeschlossen.

4. Dezember   Auf der Montagsdemonstration in Leipzig häufen
sich Forderungen nach der Einheit Deutschlands.

4./5. Dezember   Aufgebrachte Bürger, die die Vernichtung von Be-
weismaterial befürchten, beginnen mit der Beset-
zung von Bezirksämtern und Kreisdienststellen der
Staatssicherheit.

7. Dezember   Erich Mielke wird wegen Machtmissbrauchs ver-
haftet und am 9. März 1990 aus gesundheitlichen
Gründen entlassen.
Erste Sitzung des zentralen Runden Tisches im
Dietrich-Bonhoeffer-Haus in Berlin.
Bis zum 12. März 1990 tagt der zentrale Runde Tisch.
Auch in anderen Städten bilden sich runde Tische.

An ihnen versammeln sich die Vertreter der in der Volkskammer vertretenen Parteien und Organisationen sowie der neu entstandenen Parteien und oppositionellen Gruppen.

1990

13. Januar

Der Ministerrat beschließt, dass das AfNS ersatzlos aufgelöst und vor den Wahlen kein Verfassungsschutz aufgebaut wird.

29./30. Januar

Erich Honecker kommt kurzzeitig in Untersuchungshaft, wird aber aus gesundheitlichen Gründen wieder freigelassen.

15. Januar

Während einer Demonstration vor der Stasi-Zentrale in Berlin-Lichtenberg erstürmen Tausende Menschen den Gebäudekomplex an der Normannenstraße. Ein Bürgerkomitee übernimmt die Kontrolle.

8. Februar

Die Auflösung der Staatssicherheit wird drei zivilen, vom Runden Tisch benannten Regierungsbevollmächtigten unterstellt. Zudem wird ein Komitee zur Auflösung des ehemaligen AfNS eingerichtet.

18. März

Erste freie Wahlen in der DDR.

31. März

Alle Mitarbeiter der Staatssicherheit sind entlassen.

24. August

Die DDR-Volkskammer beschließt das Gesetz zur Sicherung und Nutzung der personenbezogenen Akten des Ministeriums für Staatssicherheit.
Zahlreiche Abgeordnete der PDS, Nachfolgepartei der SED, wirken am Gesetz mit.

4. September	Besetzung und Hungerstreik von Bürgerrechtlern in der ehemaligen MfS-Zentrale, nachdem die Verhandlungsführer Krause (CDU) und Schäuble (CDU) das Gesetz nicht in den Einigungsvertrag aufgenommen hatten. Der Vertreter des Bundesinnenministeriums Eckart Werthebach hatte sich für eine differenzierte Vernichtungsregelung ausgesprochen.
18. September	Per Zusatzklausel zum Einigungsvertrag wird der Auftrag an den Deutschen Bundestag festgeschrieben, ein entsprechendes Gesetz nach den Grundsätzen des DDR-Gesetzes zu schaffen.
3. Oktober	Die DDR tritt nach Artikel 23 GG dem Gebiet der Bundesrepublik Deutschland bei.
	Nach Beschluss der Volkskammer wird der Abgeordnete Joachim Gauck zum Sonderbeauftragten der Bundesregierung für die Stasi-Unterlagen ernannt. Die Behörde nimmt ihre Arbeit mit 52 Mitarbeitern auf, unterstützt von einem Aufbaustab aus dem Bonner Innenministerium.
30. November	Haftbefehl gegen Honecker in seiner Eigenschaft als früherer Vorsitzender des Nationalen Verteidigungsrates der DDR wegen des Tatverdachts des gemeinschaftlichen Totschlags.
	Markus Wolf flüchtet nach der Wiedervereinigung über Österreich in die UdSSR, da in der Bundesrepublik ein Haftbefehl gegen ihn vorliegt. 1991 wird er bei seiner Rückkehr nach Deutschland festgenommen. Nach kurzem Aufenthalt in der Untersuchungshaft darf Wolf sich bis zur Urteilsverkündung wieder frei bewegen.

1991

13. März   Erich Honecker flüchtet vor der deutschen Strafver-
folgung nach Moskau.
Nach dem Ausweisungsbeschluss der russischen
Regierung sucht Honecker am 16. November Asyl
in der chilenischen Botschaft.

14. November   Verabschiedung des Stasi-Unterlagen-Gesetzes
durch den Deutschen Bundestag.

1992

Januar   Die Bundesbehörde für das Stasi-Unterlagen-
Gesetz (BStU) nimmt unter Leitung des Bundesbeauftragten Joachim Gauck ihre Arbeit auf und wird
mit Anträgen auf Akteneinsicht überflutet.

10. März   Der Stolpe-Untersuchungsausschuss des Landtages
Brandenburg beschließt, den Bundesbeauftragten
für die Stasi-Unterlagen mit der Erstellung eines
Gutachtens zu beauftragen. Hintergrund sind An-
schuldigungen, der brandenburgische Ministerpräsident sei als »IM-Sekretär« für das MfS tätig gewesen.

3. Juni   Anklage der Berliner Justiz gegen Honecker wegen des Verdachts der Anstiftung zum Totschlag,
in Zusammenhang mit den Todesschüssen an der
innerdeutschen Grenze.
29. Juli: Rückkehr nach Berlin, Einweisung des er-
krankten Honecker ins Haftkrankenhaus Moabit.

Juni   Insgesamt sind bisher über eine Million Anträge
auf persönliche Akteneinsicht und Ersuchen öffentlicher und nichtöffentlicher Stellen bei der Behörde
eingegangen.

12. November	Beginn des Prozesses gegen Mitglieder des Politbüros der DDR wegen des Schießbefehls an der innerdeutschen Grenze.

1993

13. Januar	Entlassung Erich Honeckers aus dem Haftkrankenhaus, nachdem das Berliner Verfassungsgericht festgestellt hat, dass aufgrund von Honeckers gesundheitlichem Zustand eine Fortsetzung des Verfahrens ein Verstoß gegen die Menschenwürde sei. Anschließend Ausreise nach Chile. Das Verfahren wird im April eingestellt.
	Markus Wolf wird zu sechs Jahren Haft wegen Landesverrates und Bestechung verurteilt. Das Urteil bleibt vorläufig, da das Bundesverfassungsgericht zur Frage der Strafbarkeit von Spionen eines untergegangenen Staates noch keine Entscheidung gefällt hat. Wolf genießt Haftverschonung. Im Oktober 1995 wird das Urteil im Revisionsverfahren durch den 3. Strafsenat des Bundesgerichtshofes aufgehoben. Das Bundesverfassungsgericht hat im Mai den Beschluss veröffentlicht, dass DDR-Bürger nur eingeschränkt für ihre frühere Spionagetätigkeit strafrechtlich verfolgt werden können.
Oktober	Das Landgericht Berlin verurteilt Erich Mielke wegen des Mordes an zwei Polizisten 1931 zu sechs Jahren Haft. Dasselbe Gericht stellt im November 1994 das Totschlagsverfahren (wegen Mitverantwortung an den Todesfällen an der Berliner Mauer und der innerdeutschen Grenze) wegen Verhandlungsunfähigkeit Mielkes ein. Am 1. August 1995 wird er aus dem Gefängnis entlassen.

1994

29. Mai   Erich Honecker stirbt in Santiago de Chile.

1995

November   Egon Krenz wird mit fünf anderen Mitgliedern des
                     letzten Politbüros der SED wegen des Schießbefehls
                     an der innerdeutschen Grenze (Politbüroprozess)
                     angeklagt und im August 1997 zu sechseinhalb
                     Jahren Haft verurteilt. Haftantritt im Januar 2000.
                     Wegen angeblichen Verstoßes gegen das sogenann-
                     te Rückwirkungsverbot reicht Krenz Beschwerde
                     beim Europäischen Gerichtshof für Menschenrech-
                     te in Straßburg ein; die Klage wird im März 2001
                     abgewiesen. Im Dezember 2003 vorzeitige Entlas-
                     sung aus der Haft.

1996

                     Das Oberlandesgericht Düsseldorf erhebt Anklage
                     gegen Markus Wolf wegen des Verdachtes der Kör-
                     perverletzung und der Freiheitsberaubung.

1997

27. Mai   Markus Wolf wird wegen Freiheitsberaubung in
                     vier Fällen zu zwei Jahren Haft verurteilt. Ver-
                     öffentlichung seiner Memoiren unter dem Titel
                     »Spionagechef im geheimen Krieg. Erinnerungen«.

                     Die Generalbundesanwaltschaft hat zwischen 1991
                     und 1997 gegen 7099 Beschuldigte Ermittlungsver-
                     fahren wegen Spionage für die DDR eingeleitet.
                     4171 Personen waren Bürger der ehemaligen DDR.
                     Nach der Entscheidung des Bundesverfassungsge-

richts vom 31. Mai 1995 haben sich DDR-Bürger nicht wegen Spionage strafbar gemacht, wenn sie ausschließlich vom Boden der DDR aus tätig waren. Strafbar bleiben eingeschleuste Agenten, Instrukteure und Kuriere. Davon wurden 23 DDR-Bürger verurteilt (in zwei Fällen Freiheitsstrafen von über zwei Jahren; in 20 Fällen Freiheitsstrafen bis zu zwei Jahren, die zur Bewährung ausgesetzt wurden). In 1761 Fällen wurden die Verfahren aus Opportunitätserwägungen eingestellt.

Von 2928 der Spionage beschuldigten Bundesbürgern wurden 253 Personen verurteilt, davon 62 Bundesbürger zu Freiheitsstrafen von über zwei Jahren. 737 Verfahren wurden eingestellt, zum Teil gegen Geldauflagen in erheblicher Größenordnung.

Geheimdienstliche Agententätigkeit verjährt nach fünf, Landesverrat nach 20 Jahren.

1998

Juli

Das Bundesverfassungsgericht entscheidet, dass Gregor Gysi mit dem Vorwurf leben muss, vor 1989 bei der anwaltlichen Vertretung von Bürgerrechtlern wissentlich als IM mandantenbezogene Informationen an die DDR-Staatssicherheit weitergegeben zu haben. Gysi bestreitet den Vorwurf.

2000

April

Die USA übergeben der Bundesregierung den ersten von etwa 1000 Datenträgern, die Aufschluss über das DDR-Spionagenetz im Westen geben sollen. Die Zentralkartei, die sogenannte Rosenholz-Datei, der Hauptverwaltung Aufklärung (HVA) mit mehr als 300 000 Personeneinträgen und Klarnamen von Agenten und Kontaktpersonen gelangte nach der Wende auf ungeklärte Weise in den Besitz des US-Geheimdienstes CIA.

21. Mai

Erich Mielke stirbt in einem Altenpflegeheim in Berlin.

Oktober

Marianne Birthler, ehemalige Bürgerrechtlerin in der DDR, tritt die Nachfolge von Joachim Gauck als Bundesbeauftragte für die Stasi-Unterlagen-Behörde an.

2006

Das Stasi-Drama *Das Leben der Anderen* wird der erfolgreichste deutsche Spielfilm des Jahres 2006 und erhält zahlreiche Preise und Auszeichnungen sowie den Oscar.
Im Mittelpunkt der Geschichte, die 1984 in Ost-Berlin spielt, stehen ein ostdeutscher Dramatiker, seine Lebensgefährtin und ein Stasi-Offizier, der den Schriftsteller zu überwachen hat.

Bis Ende 2006 gab es in Berlin 22 550 Ermittlungsverfahren gegen hauptamtliche MfS-Mitarbeiter, DDR-Juristen, SED-Funktionäre und Mauerschützen. Daraus entstanden 877 Gerichtsverfahren. Etwa zwei Dutzend ehemaliger Stasi-Offiziere wurden verurteilt.

9. November

Markus Wolf stirbt in Berlin.

2007

Juni

Der Bundestag beschließt die Zahlung einer Opferrente für ehemalige politische Häftlinge der DDR von monatlich 250 Euro.
Voraussetzung: Die Haftzeit betrug länger als ein

halbes Jahr, und es besteht finanzielle Bedürftig-
keit.

September 18 Jahre nach dem Fall der Mauer wünschen sich
23 Prozent der Bewohner von Sachsen-Anhalt die
DDR zurück. Dies geht aus einer gemeinsamen
Studie von Infratest und der Universität Halle-Wit-
tenberg hervor. Obwohl für 82 Prozent der Dikta-
turcharakter des DDR-Regimes außer Frage steht,
urteilen 96 Prozent, dass in der DDR »nicht alles schlecht« gewesen sei. 90 Prozent sagen, in der
DDR habe man »privat ganz gut leben können«.

2008

22. Mai Immer mehr ehemalige Mitarbeiter der Staats-
sicherheit versuchen mit juristischen Mitteln, die
Veröffentlichung ihrer Tätigkeit zu verhindern.
Beispiel: Ein früherer Inoffizieller Mitarbeiter hatte eine von Schülern und ihrem Religionslehrer erarbeitete Ausstellung im Rathaus von Reichenbach
(Sachsen) über »Christliches Handeln in der DDR«
per Gerichtsentscheid zu Fall gebracht.
Vor dem Zwickauer Landgericht unterliegt der ehemalige Stasi-Zuträger: In dem Rechtsstreit über die
Nennung seines bürgerlichen Namens weist das
Gericht den Antrag des Mannes auf Erlass einer
einstweiligen Verfügung aus formalen Gründen ab.

28. Mai Neu vorgelegte Unterlagen der Bundesbeauftragten für die Stasi-Unterlagen belasten den Vorsitzenden der Fraktion Die Linke, Dr. Gregor Gysi. Er
soll als Rechtsanwalt in der DDR Informationen
über seine Mandanten an das MfS weitergegeben
haben.
Die Fraktionen von CDU/CSU und SPD beantragen
dazu eine Aktuelle Stunde im Deutschen Bundestag.

Es ist die erste Debatte über die Vergangenheit eines einzelnen Abgeordneten in der Geschichte dieses Parlaments.
Bereits 1998 sah der Immunitätsausschuss des Bundestages mit einer Zweidrittelmehrheit die IM-Tätigkeit Gysis als erwiesen an.

30. Juni   Die letzten Gefangenen des Kalten Krieges:
Drei ehemalige Agenten der HVA sind im Herbst 1997 in den USA verhaftet und vom Gerichtshof von Virginia wegen Spionage für die DDR zu langen Haftstrafen verurteilt worden.

James Michael Clark, geb. 1949: 12 Jahre und 7 Monate
Seit 1976 Agent der HVA, Mitarbeiter im US-Verteidigungsministerium, von Oktober 1988 bis Mai 1996 arbeitete er als Anwaltsassistent in der U.S. Army.

Theresa Maria Squillacote, geb. 1957: 21 Jahre und 10 Monate
Von 1979–1981 Agentin der HVA, von Mai 1983 bis Oktober 1993 war sie Partner im Committee of Armed Services im US-Repräsentantenhaus, ihr Zielobjekt war die US-Bundesregierung.
Später Mitarbeiterin im US-Verteidigungsministerium.

Kurt Alan Stand, geb. 1954: 17 Jahre und 6 Monate
Seit 1972 Agent der HVA, rekrutierte Clark und Squillacote für die HVA. Gewerkschaftsangestellter mit Kontakt zu höheren Ebenen.
Die Kinder von Stand und Squillacote heißen Karl und Rosa.

1. Juli   2 517 619 Bürger haben bei der Bundesbeauftragten für die Unterlagen des Staatssicherheitsdienstes ihre Akte beantragt und eingesehen.

DANK

Ein Buch schreibt sich nicht von alleine. Eines wie dieses schon gar nicht. Viele haben mitdiskutiert, mitgestritten, mitgeschrieben, einige davon wollen ungenannt bleiben. Ich habe allen für Aufmunterung, Widerspruch und manche Warnung in den zurückliegenden vier Jahren zu danken. Die besondere Wertschätzung gilt meinen Interviewpartnern für intensive Gespräche, entgegengebrachtes Vertrauen und Offenheit.

Für Genauigkeit und Geduld bei den Recherchen danke ich dem engsten Team um Werner Fischer, Jan Dottschadis, Heinz Kerber, Klaus Schrader, Thomas Kraft, Tong Jin Smith, Melanie Haas, Johannes Oschlies, Jörn Mothes, Karl-Heinz Baum, Nenad Popovic, Ina Krauß.

Ohne die Unterstützung meiner ZDF-Kollegen und Vorgesetzten Nikolaus Brender, Christian Dezer, Thomas Euting, Joachim Jauer, Karin Paulick, Claus Richter und vielen anderen hätte sich das Projekt nicht realisieren lassen. Ich danke ferner den Mitarbeitern der Archive in der Birthler-Behörde, im Zweiten Deutschen Fernsehen, im Deutschen Rundfunkarchiv und im Bundesarchiv. Wertvolle Hilfestellungen haben mich entlang des langen Weges begleitet.

Die Recherchen sind in den Jahren 2004 bis 2008 durchgeführt worden. Anregungen, Hinweise und Kritik sind willkommen.

In den letzten Jahren konnte ich auf Barbara Wenner zählen, die das Buch erst ermöglicht hat. Für das sorgfältige Lektorat bin ich Christiane Schmidt verbunden, genauso wie für den Beistand aus dem Hoffmann und Campe Verlag in vielen komplizierten Fragen.

Das Buch widme ich meiner Frau Heike und meinen Söhnen, die mich in all den Jahren bei meiner »Kellerarbeit« und meinem ständigen Ringen um den richtigen Ton ertragen mussten. Tut mir leid, wenn ich manchmal genervt habe, aber ihr habt mir alle Kraft gegeben.